高等职业教育"十三五"精品规划教材（汽车制造类专业群）

汽车鉴定与评估

主　编　赵培全　宿林林
副主编　张玉斌　衣丰艳　高　青　何国颂

中国水利水电出版社
www.waterpub.com.cn

内 容 提 要

本书系统地介绍了汽车鉴定与评估的相关内容，包括汽车鉴定评估的准备、汽车评估的基本原理与方法、汽车技术状况的静态检查和动态检查以及仪器检查、二手车评估、汽车鉴定评估报告书、二手车收购和销售定价以及机动车登记、过户、迁移手续等。

本书可作为汽车运用与维修、汽车技术服务、汽车营销等相关专业的教材，也可作为汽车类其他相关专业的参考用书和从事汽车评估、维修、营销工作的相关从业人员的学习、培训参考用书。

本书配有免费电子教案，读者可以从中国水利水电出版社网站以及万水书苑下载，网址为：http://www.waterpub.com.cn/softdown 或 http://www.wsbookshow.com。

图书在版编目（CIP）数据

汽车鉴定与评估 / 赵培全，宿林林主编. -- 北京：中国水利水电出版社，2016.4
高等职业教育"十三五"精品规划教材. 汽车制造类专业群
ISBN 978-7-5170-4193-1

Ⅰ. ①汽… Ⅱ. ①赵… ②宿… Ⅲ. ①汽车－鉴定－高等职业教育－教材②汽车－价格评估－高等职业教育－教材 Ⅳ. ①U472.9②F766

中国版本图书馆CIP数据核字(2016)第052401号

策划编辑：祝智敏　　责任编辑：陈洁　　封面设计：梁燕

书　名	高等职业教育"十三五"精品规划教材（汽车制造类专业群） **汽车鉴定与评估**
作　者	主　编　赵培全　宿林林 副主编　张玉斌　衣丰艳　高　青　何国颂
出版发行	中国水利水电出版社 （北京市海淀区玉渊潭南路1号D座 100038） 网　址：www.waterpub.com.cn E-mail: mchannel@263.net（万水） 　　　　sales@waterpub.com.cn 电　话：（010）68367658（发行部）、82562819（万水）
经　售	北京科水图书销售中心（零售） 电　话：（010）88383994、63202643、68545874 全国各地新华书店和相关出版物销售网点
排　版	北京万水电子信息有限公司
印　刷	北京泽宇印刷有限公司
规　格	184mm×240mm　16开本　19.5印张　390千字
版　次	2016年4月第1版　2016年4月第1次印刷
印　数	0001—3000册
定　价	49.00元

凡购买我社图书，如有缺页、倒页、脱页的，本社发行部负责调换

版权所有·侵权必究

丛书编委会

主　任　于明进

副主任　雷顺加

委　员　（按姓氏笔画）

　　　　颜　宇　　王林超　　吴芷红　　赵培全

　　　　冉广仁　　刁立福　　李清民　　叶　芳

　　　　田秋荣　　赵长利　　张玉斌　　王　磊

　　　　王国林　　陈　聪　　何全民　　王宝安

　　　　刘照军　　郑　磊　　白秀秀　　王　磊

　　　　张玉斌　　孙　菲　　郭荣春　　潘　毅

　　　　刘家琛　　曾　鑫

秘　书　祝智敏

前　言

进入 21 世纪以来，我国的汽车工业进入了飞速发展阶段。2009 年，我国的汽车年产销量突破 1000 万辆大关，自此以后我国连续六年产销稳居世界第一，2014 年产销突破 2300 多万辆，我国已成为世界汽车生产、消费大国，且私人购车比例占到 80% 以上。新车的生产与销售，也促进了我国居民更换新车的步伐，二手车市场日渐活跃起来，二手车的交易量以年均超过 25% 的速度快速发展。由于我国二手车的交易市场刚刚起步，还有许多问题尚需解决，2005 年国家出台了《二手车流通管理办法》，2014 年国家又颁布了《二手车鉴定评估技术规范》。

为了促进二手车的交易，需要二手车评估人员能够为交易双方提供一个合理的参考价格。为了适应二手车市场的发展，国家采取了二手车评估的职业资格认证制度，并列入了国家职业大典。为了提高二手车评估人员的素质和技能，统一二手车评估标准，规范二手车评估行为，国家颁布了《二手车鉴定评估师国家职业标准》。评估人员经过培训考核，获得二手车评估职业资格证书后，方可从事二手车评估。汽车发生各种事故后，为了保障车主的利益，维修厂和保险公司派出的查勘与定损人员应对事故车辆的损失有明确的认识。

本教材根据汽车专业教学大纲的要求，结合国家对二手车评估人员的职业标准要求以及事故汽车损失的确定标准，以培养学生的综合能力为原则，系统地介绍汽车评估的相关内容，包括汽车鉴定评估的准备、汽车评估的基本原理与方法、汽车技术状况的检查、二手车评估、汽车鉴定评估报告书、二手车交易等。本教材结合国家 2013 年实施的《机动车强制报废标准规定》和 2014 年颁布的《二手车鉴定评估技术规范》，采用了最新的评估案例，内容完善、合理，涵盖汽车评估的各个方面，内容编排合理、深浅恰当、循序渐进、条理清晰、文字规范，并且理论联系实际，在理论讲解过程中列举各种汽车评估的案例，便于学生理解所学知识，每个项目后面安排实训任务，便于学生巩固理论知识，提高实操技能。

本教材是集体智慧的结晶，参加编写工作的有山东交通学院的赵培全、衣丰艳、高青、宿林林，西华大学的蔡云，山东瑞迪汽车销售服务有限公司奥迪品荐二手车总监王磊，四川职业技术学院的何国颂，陕西工业职业技术学院的鲁玺、郭俊利、孙延，最后由赵培全对全书进行统稿。本教材由赵培全、宿林林担任主编，张玉斌、衣丰艳、高青、何国颂担任副主编。

本教材编写过程中参阅了大量教材和相关资料，吸取了许多有益的内容，在此谨向其作者致以诚挚的谢意；本教材的编写同时得到了中国水利水电出版社有关领导和编辑的大力支持，在此特表示衷心感谢。

由于编者水平有限，时间仓促，书中难免有错误和不当之处，恳请使用本教材的广大师生和读者予以批评指正。

编　者

2015 年 10 月

目录

前言

项目一 汽车鉴定评估的准备
【项目导读】 001

任务一 汽车分类及汽车型号编制规则 002
【任务描述】 002
【相关知识】 002
  一、汽车分类 002
  二、汽车型号编制规则 008
  三、发动机型号编制规则 014
  四、车辆识别代号 018
【任务实施】 023

任务二 汽车使用的相关知识 024
【任务描述】 024
【相关知识】 024
  一、汽车的使用寿命 024
  二、汽车的主要技术参数和性能指标 ... 027
  三、汽车的使用可靠性 034
【任务实施】 036

任务三 二手车鉴定评估的基础知识 038
【任务描述】 038
【相关知识】 038
  一、汽车报废标准与报废汽车 038
  二、二手车相关的基本知识 043
【任务实施】 047
【项目总结】 048
【知识拓展】 050
【项目训练】 050

项目二 二手车鉴定
【项目导读】 051

任务一 二手车鉴定评估的业务准备 052
【任务描述】 052
【相关知识】 052
  一、二手车鉴定评估的主体和客体 053
  二、汽车鉴定评估的依据和原则 054
  三、二手车鉴定评估的目的和范围 055
  四、二手车鉴定评估的业务类型和特点 ... 057
【任务实施】 059

任务二 二手车鉴定委托和证件核对 060
【任务描述】 061
【相关知识】 061
  一、接受委托 061
  二、证件核对 065
【任务实施】 074

任务三 二手车技术状况的静态检查 075
【任务描述】 075
【相关知识】 076
  一、静态检查的工具 076
  二、车辆的身份鉴别 076
  三、车辆的外观检查 078
  四、机动车技术状况变化的外观症状 ... 090
  五、机动车外观症状产生的原因 091
【任务实施】 094

任务四 二手车技术状况的动态检查 096
【任务描述】 096
【相关知识】 096
  一、发动机启动和无负荷检查 097
  二、汽车路试检查 099
  三、汽车动态试验后的检查 103
【任务实施】 105

任务五 二手车技术状况的仪器检查 108
【任务描述】 108
【相关知识】 108
  一、汽车动力性检测 108
  二、汽车燃油经济性检测 112
  三、汽车制动性能检测 115
  四、车轮侧滑检测 118
  五、汽车四轮定位检测 119
  六、汽车前照灯检测 121
  七、汽车排气污染物检测 124
【任务实施】 130

任务六 二手车拍照 131
【任务描述】 131
【相关知识】 131
  一、二手车拍照的技术要求 131
  二、二手车拍照的一般要求与拍照位置 ... 132
【任务实施】 133
【项目总结】 134

【知识拓展】 ································· 135
【项目训练】 ································· 135

项目三　二手车评估
【项目导读】 ································· 136

任务一　二手车成新率计算方法 ······ 137
【任务描述】 ································· 137
【相关知识】 ································· 137
　一、使用年限法 ··························· 137
　二、行驶里程法 ··························· 143
　三、部件鉴定法和整车观测法 ······ 145
　四、综合分析法 ··························· 150
　五、综合成新率法 ······················· 155
【任务实施】 ································· 158

任务二　二手车评估的方法 ············ 158
【任务描述】 ································· 158
【相关知识】 ································· 159
　一、重置成本法评估二手车 ·········· 159
　二、收益现值法评估二手车 ·········· 163
　三、现行市价法评估二手车 ·········· 165
　四、清算价格法评估二手车 ·········· 168
　五、折旧法评估二手车 ················ 169
　六、二手车评估方法的联系与区别 ··· 174
　七、二手车评估方法的选用 ·········· 175
【任务实施】 ································· 177

任务三　撰写二手车鉴定评估报告 ··· 178
【任务描述】 ································· 178
【相关知识】 ································· 178
　一、二手车鉴定评估报告的规定 ··· 178
　二、汽车鉴定评估报告书的编制步骤 ··· 181
　三、二手车鉴定评估报告案例 ······ 183
【任务实施】 ································· 192
【项目总结】 ································· 193
【知识拓展】 ································· 193
【项目训练】 ································· 193

项目四　二手车交易
【项目导读】 ································· 195

任务一　二手车交易的工作程序 ······ 196
【任务描述】 ································· 196
【相关知识】 ································· 196
　一、二手车交易基本流程 ············· 196
　二、二手车买卖合同 ··················· 198
　三、二手车居间合同 ··················· 205
　四、机动车过户 ··························· 212
　五、机动车变更登记 ··················· 214
【任务实施】 ································· 214

任务二　二手车转移登记 ················ 215
【任务描述】 ································· 215
【相关知识】 ································· 216
　一、机动车转出和转入登记 ·········· 216
　二、机动车抵押登记 ··················· 217
　三、机动车注销登记 ··················· 218
　四、车辆转移登记程序 ················ 221
【任务实施】 ································· 223

任务三　二手车经销 ······················ 224
【任务描述】 ································· 224
【相关知识】 ································· 224
　一、二手车收购定价 ··················· 224
　二、二手车销售定价 ··················· 230
　三、二手车置换 ··························· 235
　四、范例 ····································· 240
【任务实施】 ································· 242
【项目总结】 ································· 243
【知识拓展】 ································· 245
【项目训练】 ································· 245

附录

参考文献

项目一
汽车鉴定评估的准备

【项目导读】 为了能够对汽车顺利地进行评估，评估师需要具备一些汽车鉴定评估的基本知识，本项目将主要介绍汽车的分类标准和分类方法；汽车和发动机的型号编制规则；车辆识别代号的内容及作用；与汽车使用的相关知识，包括使用寿命、可靠性以及相关的评价指标；另外，评估师还需掌握一些评估的专业术语。

任务一　汽车分类及汽车型号编制规则

【任务描述】

作为一名汽车评估师,首先要掌握基本的汽车知识,例如:汽车分类、汽车编号规则、发动机编号规则以及车辆识别代码等。

【相关知识】

一、汽车分类

汽车的分类方法很多,常见的分类方法如按燃油类别分类、按汽车的用途分类、按发动机的位置分类、按车轮的驱动形式分类、按承载方式分类等。

关于汽车的相关术语和定义在 GB/T3730.1—2001《汽车和挂车类型的术语和定义》中进行了规定,该标准对汽车按用途分类进行了详细表述,并且将汽车细分为有动力的汽车、无动力的挂车以及由有动力的汽车和无动力的挂车又组成的汽车列车,其中将有动力的汽车(下文简称"汽车")分为乘用车和商用车,如图 1-1 所示。

汽车是指由动力驱动,具有 4 个或 4 个以上车轮的非轨道承载的车辆,主要用于载运人员和/或货物、牵引载运人员和/或货物的车辆、特殊用途的车辆,还包括与电力线相联的车辆,如无轨电车,以及整车整备质量超过 400kg 的车辆。

1. 按汽车的用途分类

(1)乘用车。在其设计和技术特性上主要用于载运乘客及其随身行李和/或临时物品的汽车,包括驾驶员座位在内最多不超过 9 个座位。它也可以牵引一辆挂车。乘用车的代表车型为轿车、小型客车、商务车等。

1)普通乘用车。

车身:封闭式,侧窗中柱有或无。

车顶(顶盖):固定式,硬顶。有的车辆顶盖可部分开启。

座位:4 个或 4 个以上座位,至少两排。后排座椅可折叠或移动,以形成装载空间。

车门:2 个或 4 个侧门,可有一后启门。

2）活顶乘用车。

车身：具有固定侧围框架可开启式车身。

车顶（顶盖）：车顶为硬顶或软顶，至少有两个位置，第一个位置封闭；第二个位置可开启或拆除。可开启式车身可以通过使用一个或数个硬顶部件和/或合拢软顶将开启的车身关闭。

座位：4个或4个以上座位，至少两排。

车门：2个或4个侧门。

车窗：4个或4个以上侧窗。

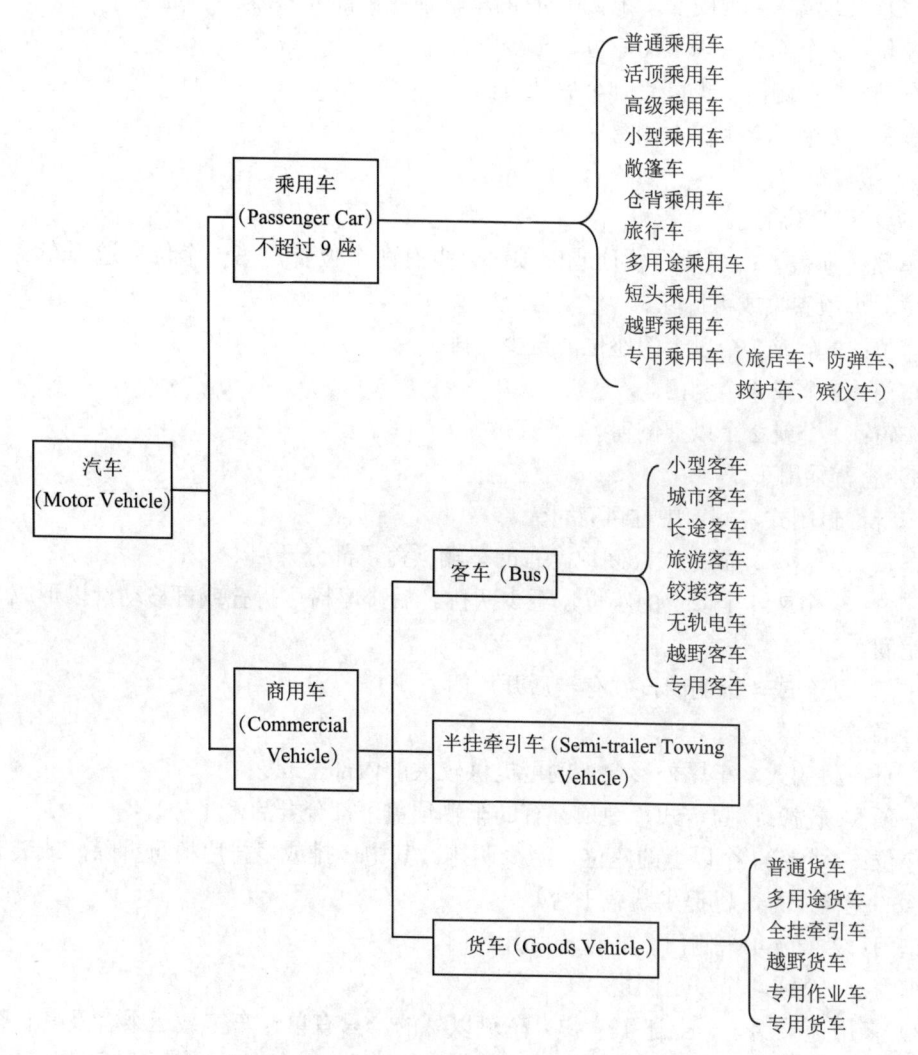

```
汽车                乘用车              普通乘用车
(Motor Vehicle)    (Passenger Car)     活顶乘用车
                   不超过9座            高级乘用车
                                      小型乘用车
                                      敞篷车
                                      仓背乘用车
                                      旅行车
                                      多用途乘用车
                                      短头乘用车
                                      越野乘用车
                                      专用乘用车（旅居车、防弹车、
                                                救护车、殡仪车）

                   商用车              客车（Bus）         小型客车
                   (Commercial                           城市客车
                   Vehicle)                              长途客车
                                                        旅游客车
                                                        铰接客车
                                                        无轨电车
                                                        越野客车
                                                        专用客车

                                      半挂牵引车 (Semi-trailer Towing
                                                Vehicle)

                                      货车 (Goods Vehicle)  普通货车
                                                           多用途货车
                                                           全挂牵引车
                                                           越野货车
                                                           专用作业车
                                                           专用货车
```

图 1-1　汽车的分类（根据 GB/T3730.1—2001 整理）

3）高级乘用车。

车身：封闭式，前后座之间可以设有隔板。

车顶（顶盖）：固定式，硬顶。有的车辆顶盖可部分开启。

座位：4个或4个以上座位，至少两排。后排座椅前可安装折叠式座椅。

车门：4个或6个侧门，也可有一个后开启门。

车窗：6个或6个以上侧窗。

4）小型乘用车。

车身：封闭式，通常后部空间较小。

车顶（顶盖）：固定式，硬顶。有的车辆顶盖可部分开启。

座位：2个或2个以上的座位，至少一排。

车门：2个侧门，也可有一个后开启门。

车窗：2个或2个以上侧窗。

5）敞篷车。

车身：可开启式。

车顶（顶盖）：车顶为软顶或硬顶，至少有两个位置，第一个位置遮覆车身；第二个位置车顶卷收或可拆除。

座位：2个或2个以上的座位，至少一排。

车门：2个或4个侧门。

车窗：2个或2个以上侧窗。

6）仓背乘用车。

车身：封闭式，侧窗中柱可有可无。

车顶（顶盖）：固定式，硬顶。有的车辆顶盖可部分开启。

座位：4个或4个以上的座位，至少两排。后排座椅可折叠或可移动，以形成一个装载空间。

车门：2个或4个侧门，并有一后开启门。

7）旅行车。

车身：封闭式，车尾外形使车辆可提供较大的内部空间。

车顶（顶盖）：固定式，硬顶。有的车辆顶盖可部分开启。

座位：4个或4个以上的座位，至少两排。其中一排或多排座椅可拆除，或装有向前翻倒的座椅靠背，以提供装载平台。

车门：2个或4个侧门，并有一后开启门。

车窗：4个或4个以上侧窗。

8）多用途乘用车。上述1）～7）车辆以外的，只有单一车室载运乘客及其行李或物品的乘用车。但是，如果这种车辆同时具备下列两个条件，则不属于乘用车而属于货车：

① 除驾驶员以外的座位数不超过 6 个；只要车辆具有可使用的座椅安装点，就应算"座位"存在。

② P-(M+N×68) > N×68

式中：P——最大设计总质量；
　　　M——整车整备质量与一位驾驶员质量之和；
　　　N——除驾驶员以外的座位数。

9）短头乘用车。这种短头乘用车，发动机长度的一半以上位于车辆前风窗玻璃最前点以后，并且方向盘的中心位于车辆总长的前四分之一部分内。

10）越野乘用车。在其设计上所有车轮同时驱动（包括一个驱动轴可以脱开的车辆），或其几何特性（接近角、离去角、纵向通过角、最小离地间隙）、技术特性（驱动轴数、差速锁止机构或其他型式机构）和它的性能（爬坡度）允许在非道路上行驶的一种乘用车。

11）专用乘用车。运载乘员或物品并完成特定功能的乘用车，它具备完成特定功能所需的特殊车身和/或装备。例如：旅居车、防弹车、救护车、殡仪车等。

① 旅居车。旅居车是一种至少具有下列生活设施结构的乘用车：座椅和桌子；睡具，可由座椅转换而来；炊事设施；储藏设施。

② 防弹车。用于保护所运送的乘员和/或物品并符合装甲防弹要求的乘用车。

③ 救护车。用于运送病人或伤员并为此目的配有专用设备的乘用车。

④ 殡仪车。用于运送死者并为此目的而配有专用设备的乘用车。

（2）商用车辆。在设计和技术特性上用于运送人员和货物的汽车，并且可以牵引挂车，乘用车不包括在内。

1）客车。在设计和技术特性上用于载运乘客及其随身行李的商用车辆，包括驾驶员座位在内座位数超过 9 座。客车有单层的或双层的，也可牵引一挂车。

① 小型客车。用于载运乘客，除驾驶员座位外，座位数不超过 16 座的客车。

② 城市客车。一种为城市内运输而设计和装备的客车。这种车辆设有座椅及站立乘客的位置，并有足够的空间供频繁停站时乘客上下车走动用。

③ 长途客车。一种为城市内运输而设计和装备的客车。这种车辆没有专供乘客站立的位置，但在其通道内可载运短途站立的乘客。

④ 旅游客车。一种为旅游而设计和装备的客车。这种车辆的布置要确保乘客的舒适性，不载运站立的乘客。

⑤ 铰接客车。一种由两节刚性车厢铰接组成的客车。在这种车辆上，两节车厢是相通的，乘客可通过铰接部分在两节车厢之间自由走动。这种车辆可以按②～④进行装备。两节刚性车厢永久连接，只有在工厂车间使用专用的设施才能将其拆开。

⑥ 无轨电车。一种经架线由电力驱动的客车。这种电车可指定用作多种用途，并

按②、③和⑤进行装备。

⑦越野客车。在其设计上所有车轮同时进行驱动（包括一个驱动轴可以脱开的车辆）或其几何特性（接近角、离去角、纵向通过角、最小离地间隙）、技术特性（驱动轴数、差速锁止机构或其他型式机构）和它的性能（爬坡度）允许在非道路上行驶的一种车辆。

⑧专用客车。在其设计和技术特性上只适用于需经特殊布置安排后才能载运人员的车辆。

2）半挂牵引车。装备有特殊装置用于牵引半挂车的商用车辆。

3）货车。一种主要为载运货物而设计和装备的商用车辆，它能否牵引一挂车均可。

①普通货车。一种在敞开（平板式）或封闭（厢式）载货空间内载运货物的货车。

②多用途货车。在其设计和结构上主要用于载运货物，但在驾驶员座椅后带有固定或折叠式座椅，可载运3个以上乘客的货车。

③全挂牵引车。一种牵引杆式挂车的货车。它本身可在附属的载运平台上运载货物。

④越野货车。在其设计上所有车轮同时进行驱动（包括一个驱动轴可以脱开的车辆）或其几何特性（接近角、离去角、纵向通过角、最小离地间隙）、技术特性（驱动轴数、差速锁止机构或其他型式机构）和它的性能（爬坡度）允许在非道路上行驶的一种车辆。

⑤专用作业车。在其设计和技术特性上用于特殊工作的货车，例如消防车、救险车、垃圾车、应急车、街道清洗车、扫雪车、清洁车等。

⑥专用货车。在其设计和技术特性上用于运输特殊物品的货车，例如罐式车、乘用车运输车、集装箱运输车等。

（3）挂车。为了便于理解和内容上的衔接，在本章中顺便讲解一下挂车和汽车列车的相关术语。

挂车就其设计和技术特性是需由汽车牵引才能正常使用的一种无动力的道路车辆，用于载运人员和/或货物或者特殊用途。

1）牵引杆挂车。至少有两根轴的挂车，其中一轴可转向；通过角向移动的牵引杆与牵引车连接；牵引杆可垂直移动，连接到底盘上，因此不能承受任何垂直力。具有隐藏支地架的半挂车也作为牵引杆挂车。

①客车挂车。在其设计和技术特性上用于载运人员及其随身行李的牵引杆挂车。它可按半挂牵引车和货车装备。

②牵引杆货车挂车。在其设计和技术特性上用于载运货物的牵引杆挂车。

③通用牵引杆挂车。一种在敞开（平板式）或封闭（厢式）载货空间内载运货物的牵引挂车。

④专用牵引杆挂车。一种牵引杆挂车，根据其设计和技术特性，需经特殊布置后才能载运人员和/或货物；只执行某种规定的运输任务（例如乘用车运输挂车、消防挂

车、低地板挂车、空气压缩机挂车等）。

2）半挂车。车轴置于车辆重心（当车辆均匀受载时）后面，并且装有可将水平或垂直力传递到牵引车的连接装置的挂车。

① 客车半挂车。在其设计和技术特性上用于载运乘客及其随身行李的半挂车。这种半挂车可按客车、半挂牵引车和货车加以装备。

② 通用货车半挂车。一种在敞开（平板式）或封闭（厢式）载货空间内载运货物的半挂车。

③ 专用半挂车。一种半挂车，根据其设计和技术特性，需经特殊布置后才能载运人员和/或货物；只执行某种规定的运输任务。例如原木半挂车、消防半挂车、低地板半挂车、空气压缩机半挂车等。

④ 旅居半挂车。能够提供活动睡具的半挂车。

3）中置轴挂车。牵引装置不能垂直移动（相对于挂车），车轴紧靠挂车的重心（当均匀载荷时）的挂车，这种车辆只有较小的垂直静载荷作用于牵引车，不超过相当于挂车最大质量的10%或1000N的载荷（两者取较小者）。其中一轴或多轴可由牵引车来驱动。

旅居挂车属于能够提供活动睡具的中置轴挂车。

（4）汽车列车。

一辆汽车与一辆或多辆挂车组合而成的车辆。

① 乘用车列车。乘用车和中置轴挂车组合而成的车辆。

② 客车列车。一辆客车与一辆或多辆挂车组合而成的车辆。各节乘客车厢不相通，有时设有服务走廊。

③ 货车列车。一辆货车与一辆或多辆挂车组合而成的车辆。

④ 牵引杆挂车列车。一辆全挂牵引车与一辆或多辆挂车组合而成的车辆。

⑤ 铰接列车。一辆半挂牵引车与具有角向移动连接的半挂车组成的车辆。

⑥ 双挂列车。一辆铰接式列车与一辆牵引杆挂车组合而成的车辆。

⑦ 双半挂列车。一辆铰接式列车与一辆半挂车组合而成的车辆。两辆车的连接是通过第二个半挂车的连接装置来实现的。

⑧ 平板列车。一辆货车和一辆牵引杆货车挂车组合而成的车辆；在可角向移动的货物承载平板的整个长度上，载荷都是不可分地置于牵引车和挂车上。为了支承这个载荷可以使用辅助装置。这个载荷和/或它的支撑装置构成了这两个车辆的连接装置，因此不允许挂车再有转向连接。

2. 按结构分类

（1）按汽车行走方式分类。

1）轮式汽车：用车轮作为行走装置的汽车。

2）履带式汽车：用履带作为行走装置的汽车。

（2）按动力装置分类。

1）内燃机汽车。用内燃机作为动力装置的汽车。它又分为：

①汽油机汽车：用汽油作为发动机燃料的汽车。

②柴油机汽车：用柴油作为发动机燃料的汽车。

③气体燃料汽车：用天然气、煤气等气体作为发动机燃料的汽车。

④液化气体汽车：用液化气体（液化石油气）作为发动机燃料的汽车。

⑤双燃料汽车：用两种燃料（如汽油和天然气）作为发动机燃料的汽车。

2）电动汽车。由电动机作为动力装置的汽车。根据电源的形式，电动汽车可分为：

①无轨电车：从高空架线接受电力，以电动机带动的城市公交车。

②电动车：以蓄电池为电源的电动汽车，又称纯电动汽车。

3）混合动力汽车。混合动力车采用传统的内燃机和电动机作为动力源，通过混合使用热能和电能两套系统开动的汽车，即油电混合动力汽车（Hybrid-Electric Vehicle，HEV）。

混合动力车在动力性能、续行里程、使用方便性、环保性等方面具有显著优势，因而具有商业和实用价值。目前，世界各国都对混合动力汽车给予极大关注，我国的汽车厂家也在纷纷进入这一新兴领域。

（3）按驱动方式分类。

1）前轮驱动汽车：用前轮作为驱动轮的汽车。

2）后轮驱动汽车：用后轮作为驱动轮的汽车。

3）全轮驱动汽车：前后轮都可以作为驱动轮的汽车。

（4）按发动机的位置和驱动方式分类。

1）前置前驱（FF）汽车：发动机前置，由前轮驱动的汽车。

2）前置后驱（FR）汽车：发动机前置，由后轮驱动的汽车。

3）后置后驱（RR）汽车：发动机后置，由后轮驱动的汽车。

4）中置后驱（MR）汽车：发动机中置，由后轮驱动的汽车。

（5）按承载方式分类。

1）承载式车身汽车：车身作为承载的基础件，无车架的汽车。

2）非承载式车身汽车：车架作为承载基础件的汽车。

二、汽车型号编制规则

为了便于汽车在生产、管理、使用、维修过程中的识别，我国于1988年制定了新的国家标准GB9417—88《汽车产品型号编制规则》，用简单的汉语拼音字母和阿拉伯数字来编号表示国产汽车的企业代号、类型代号、主要特征参数代号、产品序号和企业自定代号等。必要时附加企业自定代号，对于专用汽车及专用半挂车增加专用汽车分类代号。

如图1-2所示，汽车型号需表明汽车的生产企业、汽车类型和主要的特征参数以及产品序号和企业自定代号等内容。完整的汽车型号包括五部分内容：企业名称代号、车辆类别代号、主参数代号、产品序号和企业自定代号。

□：用汉语拼音字母表示
〇：用阿拉伯数字表示
▢：用汉语拼音字母或阿拉伯数字表示均可

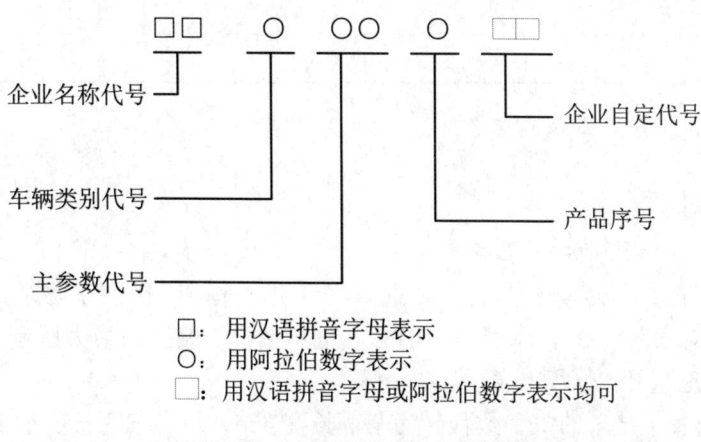

图1-2 汽车型号组成示意图

1. 企业名称代号

企业名称代号位于产品型号的第一部分，用代表企业名称的两个字的汉语拼音首字母表示。

如：CA——一汽集团公司；
　　EQ——东风汽车集团公司；
　　BJ——北京汽车集团公司；
　　NJ——南京汽车集团公司；
　　SH——上海汽车工业（集团）总公司；
　　TJ——天津汽车工业有限公司；
　　ZZ——中国重汽集团有限公司。

2. 车辆类别代号

车辆类别代号表明车辆分属的种类，用一位阿拉伯数字表示。我国的车辆类别代号见表1-1。

表 1-1　我国车辆类别代号

车辆类别代号	车辆种类	车辆类别代号	车辆种类
1	载货汽车	6	客车
2	越野汽车	7	轿车
3	自卸汽车	8	
4	牵引汽车	9	半挂车及专用半挂车
5	专用汽车		

注：上表也适用于所列车辆的底盘。

3. 主参数代号

主参数代号用两位阿拉伯数字表示。

（1）载货汽车、越野汽车、自卸汽车、牵引汽车、专用汽车与半挂车的主参数代号为车辆的总质量（t），牵引汽车的总质量包括牵引座上的最大质量。当总质量在 100t 以上时，允许用 3 位数字表示。

（2）客车及半挂车的主参数代号为车辆长度（m）。当车辆长度小于 10m 时，表示汽车长度的单位是 0.1m。当车辆长度等于或大于 10m 时，表示汽车长度的单位是 m。

（3）轿车的主参数代号为发动机排量（L），精确到小数点后一位，并以其数值的 10 倍数值表示。如 7180 表示发动机排量为 1.8L 的轿车。

（4）专用汽车及专用半挂车的主参数代号，当适用定型汽车底盘或定型半挂车底盘改装时，若其主参数与定型底盘原车的主参数之差不大于原车的 10%，则沿用原车的主参数代号。

（5）主参数不足规定位数时，在参数前以"0"占位。

4. 产品序号

产品序号用阿拉伯数字表示，数字由 0、1、2……依次使用。0 表示第一代产品，1 表示第二代产品，以此类推。

当车辆主参数有变化，但变化不大于原定型设计主参数的 10% 时，其主参数代号不变；如果主参数的变化大于 10%，则应改变主参数代号，若因为数字修约而主参数代号不变时，则应改变其产品序号。

5. 企业自定代号

企业自定代号用汉语拼音字母或阿拉伯数字表示均可，位数由企业自定，主要用于区别结构略有变化的同一种汽车，如单排座与双排座、单卧铺与双卧铺、普通驾驶室与高顶驾驶室、方向盘左置与右置等。供用户选装的零部件（如暖风装置、收音机、地毯、绞盘等）不属结构特征变化，不给予企业自定代号。

应用举例：

BJ2020S——BJ 代表北京汽车制造厂，2 代表越野车，02 代表该车总质量为 2 吨，0 代表该车为第一代产品，S 为厂家自定义。

TJ7131U——TJ 代表天津汽车制造厂，7 代表轿车，13 代表排气量为 1.3 升，1 代表该车为第二代产品，U 为厂家自定义。

如果是专用汽车，则在汽车型号的中间加了 3 位"专用汽车分类代号"（包括专用汽车结构特征代号 1 位和专用汽车用途特征代号 2 位），如图 1-3 所示。专用汽车结构特征代号（见表 1-2）和专用汽车用途特征代号用汉语拼音表示，详见表 1-3（a）~（f）。

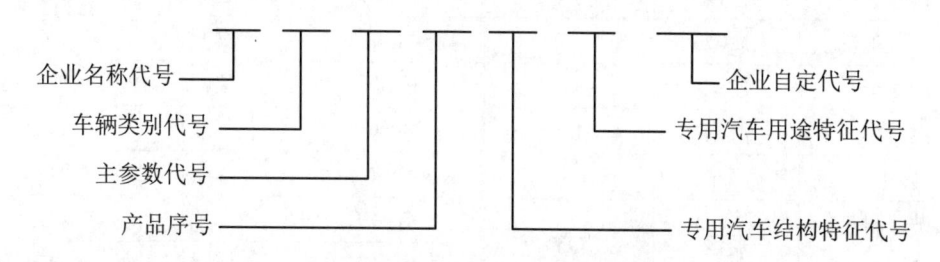

图 1-3　专用汽车型号组成示意图

表 1-2　专用车结构特征代号

结构特征	厢式汽车	特种结构汽车	罐式汽车	起重举升汽车	专用自卸车	仓栅式汽车
代号	X	T	G	J	Z	C

表 1-3（a）　厢式汽车用途特征代号

术语	汉字缩写	用途特征代号	术语	汉字缩写	用途特征代号
保温车	保温	BW	售货车	售货	SH
殡仪车	殡仪	BY	手术车	手术	SS
餐车	餐车	CC	计划生育车	生育	SY
厕所车	厕所	CS	图书馆车	图书	TS
电视车	电视	DS	通讯车	通讯	TX
防疫车	防疫	FY	厢容可变车	厢变	XB
工程车	工程	GC	宣传车	宣传	XC
化验车	化验	HY	消毒车	消毒	XD

术语	汉字缩写	用途特征代号	术语	汉字缩写	用途特征代号
警备车	警备	JB	通讯指挥消防车	消防	XF
检测车	检测	JC	勘察消防车		
监测车	监测	JE	宣传消防车		
救护车	救护	JH	血浆运输车	血浆	XJ
计量车	计量	JL	修理车	修理	XL
警犬运输车	警犬	JQ	厢式运输车	厢运	XY
检修车	检修	JX	运钞车	运钞	YC
冷藏车	冷藏	LC	翼开启厢式车	翼开	YK
勘察车	勘察	KC	仪器车	仪器	YQ
淋浴车	淋浴	LY	邮政车	邮政	YZ
囚车	囚车	QC	X射线诊断车	诊断	ZD
爆破器材运输车	器运	QY	指挥车	指挥	ZH
			住宿车	住宿	ZS
伤残运送车	伤残	SC	地震装线车	装线	ZX

表1-3（b） 罐式汽车用途特征代号

术语	汉字缩写	用途特征代号	术语	汉字缩写	用途特征代号
油井液处理车	处理	CL	清洗车	清洗	QX
散装电石粉车	电粉	DF	散装水泥车	水泥	SN
低温液体运输车	低液	DY	洒水车	洒水	SS
粉粒物料运输车	粉料	FL	吸粪车	吸粪	XE
粉粒食品运输车	粉食	FS	水罐消防车	消防	XF
供水车	供水	GS	泡沫消防车		
化工液体运输车	化液	HY	供水消防车		
混凝土搅拌运输车	搅拌	JB	下灰车	下灰	XH
飞机加油车	机加	JJ	吸污车	吸污	XW
加油车	加油	JY	液化气体运输车	液气	YQ
沥青洒布车	沥青	LQ	液态食品运输车	液食	YS
沥青运输车	沥运	LY	运油车	运油	YY
绿化喷洒车	喷洒	PS			

表 1-3（c）专用自卸汽车用途特征代号

术语	汉字缩写	用途特征代号	术语	汉字缩写	用途特征代号
摆臂式自装卸车	摆臂	BB	污泥自卸车	污卸	WX
摆臂式垃圾车	摆式	BS	厢式自卸车	厢式	XS
背罐车	背罐	BG	车厢可卸式垃圾车	厢卸	XX
粉粒物料自卸车	粉料	FL	运棉车	运棉	YM
车厢可卸式汽车	可卸	KX	压缩式垃圾车	压缩	YS
自卸式垃圾车	垃圾	LJ	自装卸式垃圾车	自装	ZZ

表 1-3（d）起重举升汽车用途特征代号

术语	汉字缩写	用途特征代号	术语	汉字缩写	用途特征代号
高空作业车	高空	GK	随车起重运输车	随起	SQ
后栏板起重运输车	后起	HQ	登高平台消防车		
飞机清洗车	清洗	QX	举高喷射消防车	消防	XF
汽车起重机	起重	QZ	云梯消防车		
航空食品装运车	食品	SP	翼开启栏板起重运输车	翼开	YK

表 1-3（e）仓栅式汽车用途特征代号

术语	汉字缩写	用途特征代号
畜禽运输车	畜禽	CQ
散装粮食运输车	粮食	LS
散装饲料运输车	饲料	SL
养蜂车	养蜂	YF
散装种子运输车	种子	ZZ

表 1-3（f）特种结构汽车用途特征代号

术语	汉字缩写	用途特征代号	术语	汉字缩写	用途特征代号
井架安装车	安装	AZ	试井车	试井	SJ
测井车	测井	CJ	扫路车	扫路	SL

续表

术语	汉字缩写	用途特征代号	术语	汉字缩写	用途特征代号
车辆运输车	车辆	CL	沙漠车	沙漠	SM
测试井架车	测试	CS	固井水泥车	水泥	SN
静力触探车	触探	CT	输砂车	输砂	SS
采油车	采油	CY	通井车	通井	TJ
氮气发生车	氮发	DF	投捞车	投捞	TL
地锚车	地锚	DM	调剖车	调剖	TP
电源车	电源	DY	泵浦消防车		
氮气增压车	氮增	DZ	联用消防车		
油井防砂车	防砂	FS	二氧化碳消防车		
固井管汇车	管汇	GH	机场消防车		
锅炉车	锅炉	GL	照明消防车	消防	XF
供液泵车	供液	GY	抢险救援消防车		
混凝土泵车	混泵	HB	干粉消防车		
混砂车	混砂	HS	后援消防车		
炸药混装车	混装	HZ	排烟消防车		
洗井车	井车	JC	修井车	修井	XJ
井控管汇车	井控	JK	洗井清蜡车	洗蜡	XL
集装箱运输车	集装	JZ	抽油泵运输车	运泵	YB
机场客梯车	客梯	KT	放射性源车	源车	YC
立放井架车	立放	LF	压裂管汇车	压管	YG
连续管作业车	连管	LG	路面养护车	养护	YH
排液车	排液	PY	压裂车	压裂	YI
清蜡车	清蜡	QL	压缩机车	压缩	YS
抢险车	抢险	QX	运材车	运材	YA
清障车	清障	QZ	钻机车	钻机	ZJ
照明车	照明	ZM	可控震源车	震源	ZY

三、发动机型号编制规则

内燃机型号由阿拉伯数字（以下简称数字）、汉语拼音字母或国际通用的英文缩略字母（以下简称字母）组成。由国外引进的内燃机产品，允许保留原产品型号或在原型号基础上进行扩展。经国产化的产品宜按 GB/T 725—2008《内燃机产品名称和型号编制规则》的规定编制。

1. 发动机型号组成

按 GB/T 725—2008 的规定，内燃机型号包括下列四部分，见图 1-4。

第一部分：由制造商代号或系列符号组成。本部分代号由制造商根据需要选择相应 1～3 位字母表示。

第二部分：由气缸数、气缸布置型式符号、冲程型式符号、缸径符号组成。

（1）气缸数用 1～2 位数字表示；

（2）气缸布置型式符号按表 1-4 规定。

```
第一部分  第二部分        第三部分  第四部分
 □      □□□□        □□ / □ — □
 │      ││││        ││   │   └── 区分符号（制造商自定）
 │      ││││        ││   └────── 燃料符号
 │      ││││        │└────────── 用途特征符号
 │      ││││        └─────────── 结构特征符号
 │      │││└──────────────────── 缸径或缸径/行程（宜用发动机排量或功率表示）
 │      ││└───────────────────── 冲程型式符号
 │      │└────────────────────── 气缸布置型式符号
 │      └─────────────────────── 缸数
 └────────────────────────────── 制造商代号或系列代号
```

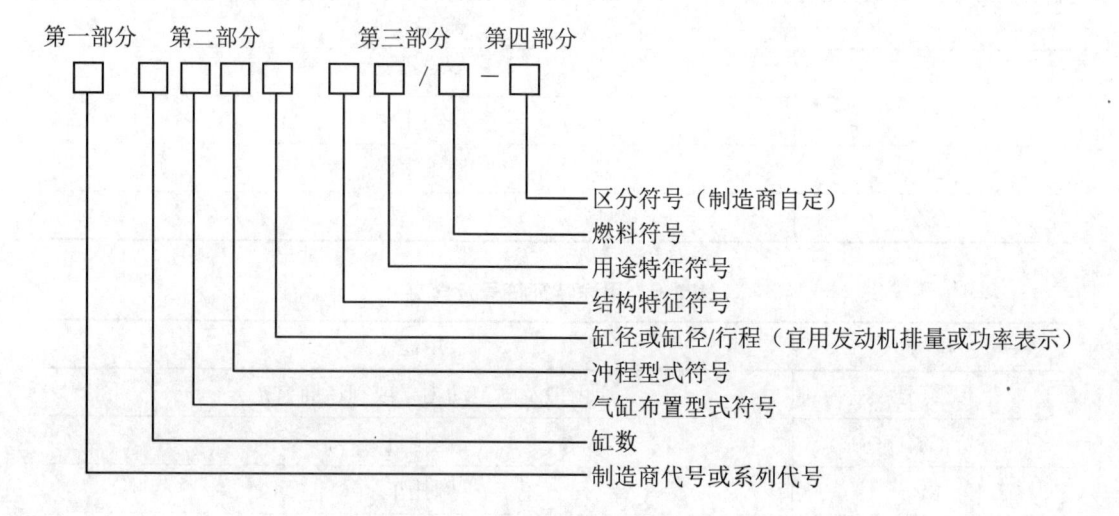

图 1-4　发动机型号的表示方法

表 1-4　气缸布置型式符号

符号	含义
无符号	多缸直列及单缸
V	V 形
P	卧式
H	H 形
X	X 形

注：其他布置型式符号见 GB/T 1883.1。

（3）冲程型式为四冲程时符号省略，二冲程用 E 表示。

（4）缸径符号一般用缸径或缸径/行程数字表示，亦可用发动机排量或功率数表示。其单位由制造商自定。

第三部分：由结构特征符号、用途特征符号组成，其符号分别按表1-5和表1-6的规定。

表1-5　结构特征符号及含义

符号	结构特征
无符号	冷却液冷却
F	风冷
N	凝气冷却
S	十字头式
Z	增压
ZL	增压中冷
DZ	可倒转

表1-6　用途特征符号及含义

符号	用途
无符号	通用型及固定动力（或制造商自定）
T	拖拉机
M	摩托车
G	工程机械
Q	汽车
J	铁路机车
D	发电机组
C	船用主机、右机基本型
CZ	船用主机、左机基本型
Y	农用三轮车（或其他农用车）
L	林业机械

注：内燃机左机和右机的定义按GB/T 726的规定。

第四部分：区分符号。同系列产品需要区分时，允许制造商选用适当符号表示。第三部分与第四部分可用"-"分隔。

2. 发动机型号编制举例

（1）柴油机型号举例。

YZ6102Q——扬州柴油机厂生产的六缸直列、四冲程、缸径 102 mm、冷却液冷却、车用柴油机；

JC12V26/32ZLC——济南柴油机股份有限公司生产的 12 缸、V 型、四冲程、缸径 260 mm、行程 320 mm、冷却液冷却、增压中冷、船用主机、右机基本型柴油机。

（2）汽油机型号举例。

492Q/P-A——四缸、直列、四冲程、缸径 92 mm、冷却液冷却、汽车用（A 为区分符号）。

（3）燃气机型号举例。

12V190ZL/T——12 缸、V 型、四冲程、缸径 190 mm、冷却液冷却、增压中冷、燃气为天然气。

（4）双燃料发动机型号举例。

G12V190ZLS——12 缸、V 型、缸径 190 mm、冷却液冷却、增压中冷、燃料为柴油/天然气双燃料（G 为系列代号）。燃料符号见表 1-7。

表 1-7　燃料符号及含义

符号	燃料名称	备注
无符号	柴油	
P	汽油	
T	天然气（煤层气）	管道天然气
CNG	压缩天然气	
LNG	液化天然气	
LPG	液化石油气	
Z	沼气	各类工业化沼气（农业有机废弃物、工业有机废水物、城市污水处理、城市有机垃圾）允许用 1~2 个字母的形式表示。如"ZN"表示农业有机废弃物产生的沼气
W	煤矿瓦斯	浓度不同的瓦斯允许用 1 个小写字母的形式表示。如"Wd"表示低浓度瓦斯
M	煤气	各类工业化煤气如焦炉煤气、高炉煤气等。允许在 M 后加 1 个字母区分煤气的类型
S SCZ	柴油/天然气双燃料 柴油/沼气双燃料	其他双燃料用两种燃料的字母表示

续表

符号	燃料名称	备注
M	甲醇	
E	乙醇	
DME	二甲醇	
FME	生物柴油	

注：①一般用 1～3 个拼音字母表示燃料，亦可用成熟的英文缩写字母表示。
②其他燃料允许制造商用 1～3 个字母表示。

四、车辆识别代号

车辆识别代号（Vehicle Identification Number，VIN）就像人的身份证一样，具有在世界范围内对某一车辆的唯一识别性。每一辆新出厂的车都会打上 VIN 代号，此代号将伴随着该车辆的注册、保险、年检、维修与保养，直至回收或报废而载入车辆的服役档案。利用 VIN 代码可以方便地查找车辆的制造者、销售者及使用者。使用 VIN 是中国在车辆制造与贸易及管理上同世界接轨的重要体现。国际标准化组织 ISO 在 1976 年制定了 ISO3780《道路车辆——世界制造厂识别代号》后，各主要汽车生产国纷纷制定了自己的标准，建立了世界范围内的车辆识别系统。我国在 1996 年完成了有关车辆识别代号的报批工作，并颁布了标准 GB/T16735—1997 与 GB/T16736—1997，并采用了 ISO 标准。现在新标准为 GB/T16735—2004，代替了 GB/T16735—1997 与 GB/T16736—1997，并成为汽车行业的强制性标准。

车辆识别代号由世界制造厂识别代号（WMI）、车辆说明部分（VDS）、车辆指示部分（VIS）三部分组成，共 17 位字码。

对完整车辆和/或非完整车辆年产量大于或等于 500 辆的车辆制造厂，车辆识别代号的第一部分为世界制造厂识别代号（WMI）；第二部分为车辆说明部分（VDS）；第三部分为车辆指示部分（VIS），如图 1-5 所示。

对完整车辆和/或非完整车辆年产量小于 500 辆的车辆制造厂，车辆识别代号的第一部分为世界制造厂识别代号（WMI）；第二部分为车辆说明部分（VDS）；第三部分的第三、四、五位与第一部分的三位字码一起构成世界制造厂识别代号（WMI），其余五位为车辆指示部分（VIS），如图 1-6 所示。

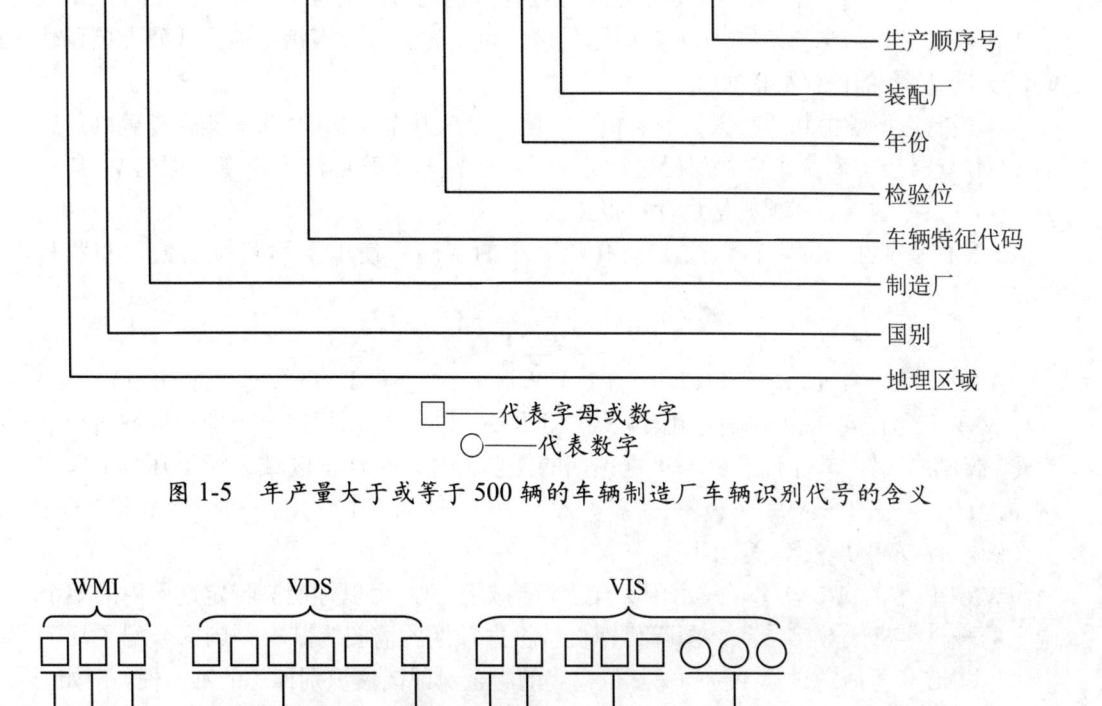

图 1-5　年产量大于或等于 500 辆的车辆制造厂车辆识别代号的含义

图 1-6　年产量小于 500 辆的车辆制造厂车辆识别代号的含义

1. 第一部分：世界制造厂识别代号（WMI）

世界制造厂识别代号（World Manufacturer Identifier，WMI）作为车辆识别代号（VIN）

的第一部分，用以标识车辆的制造厂。当此代号被指定给某个车辆制造厂时，就能作为该厂的识别标志，世界制造厂识别代号在与车辆识别代号的其余部分一起使用时，足以保证30年之内在世界范围内制造的所有车辆的车辆识别代号具有唯一性。

WMI为世界制造厂识别代号，它具有世界车辆制造厂的世界唯一性。ISO组织授权美国汽车工程师学会SAE作为其国际代理，负责为世界各国指定地区代码及国别代码，负责WMI的保存与核对。

车辆制造厂应由其所在国的国家机构分配一个或几个WMI代号。国内车辆制造厂的WMI代号由国家汽车主管部门进行分配，国家汽车主管部门并应将分配的WMI代号向ISO授权的国际代理机构进行申报并核对。

WMI代号由三位字码组成，WMI代号中的字码可使用下列阿拉伯数字和罗马字母：

1 2 3 4 5 6 7 8 9 0

A B C D E F G H J K L M N P R S T U V W X Y Z（字母I、O及Q不能使用）

WMI代号的第1位字码是由国际代理机构分配的，用以标明一个地理区域的一个字母或数字字码，国际代理机构根据预期的需要为某一个地理区域分配了几个字码。例如：1～5——北美，S～Z——欧洲，A～H——非洲，J～R——亚洲，6和7——大洋洲，8、9和0——南美，等等。

WMI代号的第2位字码是由国际代理机构分配的，用以标明某特定地区内的某个国家的一个字母或数字字码，国际代理机构根据预期的需要为某一个国家分配了几个字码。WMI代号应通过第1位和第2位字码的组合保证国家识别标志的唯一性。例如：10～19——美国，1A～1Z——美国，2A～2W——加拿大，3A～3W——墨西哥，W0～W9——德国，WA～WZ——德国，L0～L9——中国，LA～LZ——中国，等等。

WMI代号的第3位字码是由国家机构指定的，用以标明某个特定的制造厂的一个字母或数字字码，WMI代号通过前3位字码的组合保证制造厂识别标志具有唯一性。

国家机构在第3位上使用数字9来识别所有实际年产量小于500辆的制造厂。对于这样的制造厂，VIS的第3、4、5位字码由国家机构指定，以便识别特定的制造厂。

2. 第二部分：车辆说明部分（VDS）

车辆说明部分（Vehicle Descriptor Section，VDS）作为车辆识别代号（VIN）的第二部分，用以说明车辆的一般特征信息，由6位字码组成（即VIN的第4～9位）。

如果车辆制造厂不使用其中的一位或几位字码，应在该位置填入车辆制造厂选定的字母或数字占位。

VDS的第1～5位（即VIN的第4～8位）是对车型特征进行描述，其代码及顺序由车辆制造厂决定。

VDS 从以下几个方面对车型特征进行描述：车辆类型、车辆结构特征（如车身类型、驾驶室类型、货厢类型、驱动类型、轴数及布置方式等）、车辆装置特征（如约束系统类型、发动机特征、变速器类型、悬架类型、制动型式等）、车辆技术特性参数（如车辆最大总质量、车辆长度、轴距、座位数等）。

对于以下不同类型的车辆，在 VDS 中描述的车型特征应包括表 1-8 中规定的内容。

VDS 的最后一位（即 VIN 的第 9 位字码）为检验位。检验位可为 0～9 中任一数字或字母 X，用以核对车辆识别代号记录的准确性，检验位按照以下步骤计算得出：

（1）车辆识别代号中的数字和字母对应值如表 1-9 和表 1-10 所示。

（2）按表 1-11 所示，给 VIN 代号中的每一位字码指定一个加权系数。

表 1-8　VDS 的第 1～5 位（VIN 的第 4～8 位）的含义

车辆类型	车型特征
乘用车	车身类型、发动机特征[①]
载货车（含牵引车）	车身类型、车辆最大总质量、发动机特征[①]
客车	车辆长度、发动机特征[①]
挂车	车身类型、车辆最大总质量
摩托车和轻便摩托车	车辆类型、发动机特征[①]
非完整车辆	车身类型[②]、车辆最大总质量[②]、发动机特征[③]

注：① 发动机特征至少应包括对燃油类型、排量和/或功率的描述。
② 用于制造成为货车的非完整车辆的描述项目。
③ 用于制造成为客车的非完整车辆的描述项目，此时发动机特征至少应包括对燃油类型、发动机布置型式、排量和/或功率的描述。

表 1-9　VIN 代号中的数字对应值

VIN 中的数字	0	1	2	3	4	5	6	7	8	9
对应值	0	1	2	3	4	5	6	7	8	9

表 1-10　VIN 代号中的字母对应值

VIN 中的字母	A	B	C	D	E	F	G	H	J	K	L	M	N	P	R	S	T	U	V	W	X	Y	Z
对应值	1	2	3	4	5	6	7	8	1	2	3	4	5	7	9	2	3	4	5	6	7	8	9

表 1-11 VIN 中每一位字码的加权系数

VIN 中的位置	1	2	3	4	5	6	7	8	9	10	11	12	13	14	15	16	17
加权系数	8	7	6	5	4	3	2	10	*	9	8	7	6	5	4	3	2

（3）将检验位之外的 16 位中每一位的加权系数乘以此位数字或字母的对应值，再将各乘积相加，求得的和被 11 除。

（4）除得的余数即为检验位。如果余数是 10，检验位就为字母 X。

3. 第三部分：车辆指示部分（VIS）

车辆指示部分（Vehicle Indicator Section，VIS）是车辆识别代号的第三部分，为车辆出厂特征的指标部分，由 8 位字码组成（即 VIN 的第 10～17 位）。

VIS 的第 1 位字码（即 VIN 的第 10 位）应代表年份。年份代码按表 1-12 规定使用（30 年循环一次，保证每个车辆制造厂在 30 年之内生产的每辆车辆的车辆识别代号具有唯一性）。

表 1-12 VIN 代码中的年份与字码

年份	字码	年份	字码	年份	字码	年份	字码
1971	1	1981	B	1991	M	2001	1
1972	2	1982	C	1992	N	2002	2
1973	3	1983	D	1993	P	2003	3
1974	4	1984	E	1994	R	2004	4
1975	5	1985	F	1995	S	2005	5
1976	6	1986	G	1996	T	2006	6
1977	7	1987	H	1997	V	2007	7
1978	8	1988	J	1998	W	2008	8
1979	9	1989	K	1999	X	2009	9
1980	A	1990	L	2000	Y	2010	A

VIS 的第 2 位字码（即 VIN 的第 11 位）应代表装配厂。

如果车辆制造厂生产的完整车辆和/或非完整车辆年产量≥500 辆，VIS 的第 3～8 位字码（即 VIN 的第 12～17 位）用来表示生产顺序号。如果车辆制造厂生产的完整车辆和/或非完整车辆年产量<500 辆，则 VIS 的第 3、4、5 位字码（即 VIN 的第 12～14 位）应与第一部分的 3 位字码一同表示车辆制造厂，第 6、7、8 位字码（即 VIN 的第 15～17 位）用来表示生产顺序号。

【任务实施】

(1)老师将学生带到停车场,六个学生一组,每组围绕一辆汽车,并配备资料夹、实训工作页。

(2)各组学生结合本任务的知识学习,利用现场的车辆和工具,对指定车辆的类型、发动机型号、车辆代号等各项参数在车上的位置一一找出,并完成表 1-13 所示的工作单内容的填写。

表 1-13 任务实施工作单

【任务名称】	车辆类型、发动机型号、车辆 VIN 代号的检查				
【任务目标】	通过本次任务的学习,你将能取得以下成果: 1. 明确汽车各参数的位置 2. 掌握汽车各种参数的含义				
【任务实施】	1. 查找并记录车辆型号 2. 查找、记录发动机型号及发动机各参数值 3. 查找并记录车辆 VIN 代号				
【任务总结】	任务内容	2 分钟	3 分钟	5 分钟	6 分钟
	查找并记录车辆型号				
	任务内容	2 分钟	3 分钟	5 分钟	6 分钟
	查找、记录发动机型号及发动机各参数值				
	任务内容	2 分钟	3 分钟	5 分钟	6 分钟
	查找并记录车辆 VIN 代号				

续表

考核项目	评分标准	分数	学生自评	小组互评	教师评价	小计
团队合作	和谐	5				
信息查找	效果良好	5				
安全操作	无安全隐患	10				
现场 5S	做到	10				
操作过程	任务完成	60				
劳动纪律	严格遵守	10				
总评成绩		100				
教师签字：			年　　月　　日			

【任务评价】

注：任务总结一栏中出现的时间为各小组完成任务的时间，要求学生熟练完成。

任务二　汽车使用的相关知识

【任务描述】

要评价一辆汽车的现在价值，主要评估车辆的寿命、性能以及使用的可靠性。作为汽车评估师，必须掌握评价车辆性能的各种性能参数指标、车辆的使用寿命以及车辆可靠性的评价。

【相关知识】

一、汽车的使用寿命

所谓汽车的使用寿命，是指从汽车开始使用到不能使用之间的整个时期，它可以用累计使用年数或累计行驶里程数表示。汽车在使用过程中，由于机械磨损、老化、使用不当、事故损伤等各种原因，致使汽车的性能指标逐渐下滑，到了一定程度就应该报废，这是自然规律。但是，从不同的角度研究，汽车的使用寿命是不同的。不同的使用寿命，带来的经济效益是大不一样的，因此，研究汽车的使用寿命有着重要的经济意义。

1. 汽车的使用寿命分类

汽车的使用寿命可分为汽车的技术使用寿命、经济使用寿命和合理使用寿命。

（1）汽车的技术使用寿命。汽车的技术使用寿命，是指汽车从全新状态投入使用，直到主要机件达到技术极限状态且无法通过修理继续使用，致使汽车丧失使用价值所经历的总时间或总行驶里程。汽车的技术使用寿命，主要取决于汽车各总成及零部件的设计水平、制造工艺及技术、使用条件和保养维修水平。所以，对车辆进行修理已不能恢复汽车的主要使用性能，即汽车达到技术寿命时，应对车辆进行报废处理，并且其零部件也不能再作为配件使用。使用过程中，合理的保养维修能够使汽车的技术寿命适当延长，但是，随着汽车技术的进步和汽车使用时间的延长，车辆维修的费用也会增加，所以，汽车技术进步越快，汽车的技术寿命越短。

（2）汽车的经济使用寿命。汽车的经济使用寿命，是指汽车从全新状态投入使用，到年平均总费用最低时之间的年限。超过这个年限，汽车在技术角度上仍可继续使用，但年平均总费用上升，在经济角度上不宜继续使用。

从汽车使用总成本出发，分析车辆制造成本、使用与维修费、管理费、车辆当前的折旧以及市场价格变化等因素，经过分析做出综合经济评定后，才能确定汽车经济使用寿命。汽车经济使用寿命是汽车经济效益最佳时机。在汽车更新政策允许的情况下，汽车用户在更新车辆时应以经济使用寿命为依据。

（3）汽车的合理使用寿命。汽车的合理使用寿命是以汽车的经济使用寿命为基础，考虑国民经济的发展和节约能源等因素，由国家或企业采取某些技术政策和方针制定出符合我国实际情况的使用期限。也就是说，虽然汽车已经达到了经济使用寿命，但是否要更新换代，还要视国家和当地的实际情况而定，如更新汽车的市场供求状况、更新资金、相关政策等因素。因此，国家根据我国的实际情况制定汽车更新的技术政策，考虑国民经济的可能性并加以修正，规定汽车的合理使用年限。

一般情况下，三者之间的关系为：

汽车的技术使用寿命 > 合理使用寿命 > 经济使用寿命

2. 汽车经济使用寿命常用的评价指标

汽车经济使用寿命的指标主要包括使用年限、行驶里程和大修次数。

（1）使用年限。所谓使用年限就是指汽车从投入运行开始直到报废期间的年数。

这种方法的优点是除了考虑运行时的损耗,还考虑闲置的自然损耗,计算简单。但是,其缺点也很明显,不能充分真实地反映汽车的使用强度和使用条件,导致使用年数相同的车辆之间技术状况差异很大。

考虑上述原因,我们可采用折合使用年限这一指标,所谓折合使用年限就是将汽车累计总的行驶里程与年均行驶里程之比作为车辆的折合使用年限。计算公式如下:

$$T_z = L_z / L_n \qquad (1\text{-}1)$$

式中:T_z——折合年限,年;
$\quad\quad L_z$——累计总的行驶里程,km;
$\quad\quad L_n$——年均行驶里程,km/年。

年均行驶里程是根据各个行业的经营情况,用统计方法得出的,与整个行业车辆的技术状态、完好率、出勤率、行驶速度、行驶路线、道路状况等因素有关。

对于专营车辆和社会零散车辆,使用强度差别很大,年行驶里程相差也很大,采用折合使用年限,其使用年限也就不同,因此,采用折合使用年限更为合理。

(2)行驶里程。汽车从投入运行开始到报废期间总的累计行驶里程。这种方法的优点是反映了汽车的真实使用强度,缺点是不能反映出运行条件的差异以及汽车停驶期间的自然损耗。

对于不同的营运车辆,运行条件不同,虽然使用年数大致相同,但是,其累计行程可能差异很大甚至悬殊,所以,作为考核指标,行驶里程比使用年限更为合理。大多数的汽车运营企业都采用以行驶里程作为车辆考核的指标。二手车评估过程中,会遇到里程表损坏的情况(有时也可能是卖主故意行为哦),此时表上的累计行驶里程已不可靠,仅供参考。

(3)大修次数。汽车在使用过程中,随着行驶里程的增加,动力性和经济性逐渐下降,当下降到一定程度时,正常的维护和小修无法恢复车辆正常的技术状况,就要对车辆进行大修。汽车报废前,就需要权衡"买新车的费用加上旧车折旧造成的损失"与"大修费用加经营费用损失"两者的得失,综合衡量后决定是否要进行大修。可见,经济合理的大修次数是一项重要的技术指标。

3. 影响汽车经济使用寿命的因素

汽车经济使用寿命的长短,主要受车辆的损耗、使用强度、使用条件、当地的经济水平等因素的影响。

(1)车辆的损耗。车辆的损耗包括有形损耗和无形损耗。

有形损耗是指汽车在使用以及闲置过程中的损耗,如磨损、锈蚀、腐蚀、零件变形、疲劳破坏等。有形损耗会导致车辆使用成本增加。

无形损耗是指由于技术进步、生产效率的提高,使得生产同样车型汽车的成本降低,从而导致原车型价格的下降；或者是由于技术进步、生产效率的提高，出现了性能更好、效率更高的新车型，使得原车型价格下跌，促使旧车提前更新。这实际上是原车型相对贬值。

（2）使用强度。不同的汽车、不同的用途、不同的使用者，导致汽车的使用强度差异很大，汽车的经济使用寿命也不一样。各种车辆年均行驶里程从1万至15万km不等，年均行驶里程越长，汽车的使用强度越大，经济使用寿命也越短。表1-14列出了几种常见车辆大致的使用强度。

表1-14 几种常见车辆使用强度

单位：万km/年

私家车	商用车	出租车	公交车	长途客车	大货车
1～3	2～5	10～15	8～12	10～20	8～12

从表中看出：私家车使用强度最低，长途客车的使用强度最高。当然，经常超载的大货车使用强度要大于正常运载的车辆。

（3）使用条件。汽车的使用条件包括道路条件及自然条件。

① 道路条件。道路条件对汽车的有形损耗与汽车的经济使用寿命影响很大。道路对车辆使用寿命的影响主要是道路等级和路面情况等因素。如果道路条件差，一方面，使得车速慢，燃油消耗增加；另一方面，使汽车的磨损增加，最终导致汽车的经济使用寿命下降。

② 自然条件。自然条件的差异主要是由于我国幅员辽阔，各地自然条件、地理环境相差较大，如各地温度、湿度、海拔高度、空气密度、含氧量以及空气中沙尘含量等都各不相同，使得不同地区的汽车的经济使用寿命存在一定的差异。

（4）当地的经济水平。不同的国家或地区，经济发展水平不同。我国各地的经济发展速度及发展水平有很大的差异。东南沿海各省经济发达，中西部地区经济相对落后，从而影响了汽车的经济使用寿命，如各地出租车的使用年限相差较大，3～8年不等，某些地区8年后的出租车可以照常使用。

二、汽车的主要技术参数和性能指标

1. 汽车的主要技术参数

汽车的主要技术性能常用下列结构参数予以表示，详见图1-7。

（1）汽车外形尺寸。汽车外形尺寸主要有车长、车宽、车高，如图1-7所示。

① 车长L。车长是指车辆纵向最外端突出部位的两垂直面之间的距离（mm）。

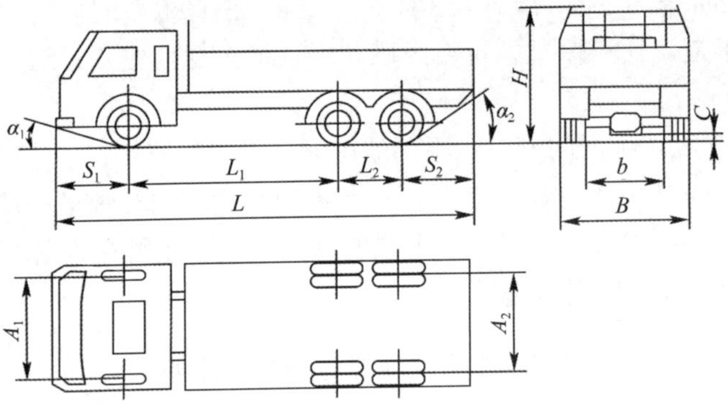

图 1-7 汽车常用主要结构参数示意图

汽车长度大，稳定性高。对于乘用车，车身越长，前后可利用空间越大，后排乘客腿部活动空间越宽敞；但是，车身过长，汽车在转弯、调头、停车时不便利。在 GB1589—2004《道路车辆外廓尺寸、轴荷及质量极限》以及 GB7258—2004《机动车运行安全技术条件》中对各种车辆的车长有明确规定。

② 车宽 B。车宽是指车辆横向最外固定突出部位（除后视镜、标志灯、方位灯、转向指示灯等）的两垂直面之间的距离（mm）。

汽车越宽，稳定性越高。车辆宽度主要影响乘坐空间。对于乘用车，车身宽，后排的乘客就会有足够的乘坐宽度，不会感到拥挤，可以提高乘坐舒适性；但是，车身宽，便会降低车辆行驶、停泊的便利性，特别在市区行驶与停泊。

③ 车高 H。车高是指车辆最高点与车辆支撑平面之间的距离（mm）。

汽车高度越大，车内空间越大，车辆惯性越大，风阻系数也越大，车辆重心也随之提高，稳定性下降；车辆高度降低，可以降低车辆重心，车辆高速转弯时不易发生侧翻，并且可以降低风阻，提高燃油经济性；但是，车辆高度太低，乘客会感到头部空间不足，有压抑感。

（2）轴距 L_1、L_2。汽车轴距是指汽车前后轴中心线的水平距离（mm），如图 1-7 所示。

轴距越长，车辆总成越容易布置，稳定性好，缺点是通过性差。汽车轴距短，车长就小，最小转弯半径小，灵活方便，通过性强，适合在路况较差或行驶空间紧张的市区使用；但是，轴距太短，后悬过长，行驶时摆动较大，操纵性和稳定性下降。

（3）轮距 A_1、A_2。汽车轮距是指汽车同轴左右车轮两轨迹中心间的距离（轴两端为双车轮时，为左右两条轨迹的中间的距离）（mm），如图 1-7 所示。

汽车轮距越大，横向稳定性越好。对于乘用车来说，加大汽车轮距，可以使车内宽度增加，车厢内空间增大，乘坐舒适；但是，轮距增大，车辆的宽度和总质量也随之增大，雨天容易导致侧面甩泥水，同时影响车辆的安全性。

（4）前悬 S_1。汽车前悬是指汽车前端刚性固定件的最前点到通过两前轮轴线的垂直面间的距离（mm），如图 1-7 所示。

汽车的前悬应当足够固定和安装驾驶室、发动机、散热器、转向器、弹簧前托架以及保险杠等零部件。前悬过长，会导致接近角变小，不利于车辆通过坑洼不平路面、上台阶、轮渡等情形。

（5）后悬 S_2。汽车后悬是指汽车后端刚性固定件的最后点到通过最后车轮轴线的垂直面间的距离（mm），如图 1-7 所示。

后悬的大小，GB7258—2004《机动车运行安全技术条件》规定：对于客车及封闭式车厢，后悬不超过 65% 轴距；对于其他机动车，后悬不超过 55% 轴距；同时所有后悬不超过 3.5m；对于多轴汽车，轴距按总轴距计算，后悬从最后一轴算起。

（6）最小离地间隙 C。汽车最小离地间隙是指满载时车辆支撑平面与车辆最低点之间的距离（mm），如图 1-7 所示。

最小离地间隙越大，车辆重心越高，汽车通过性越好，特别是对于有障碍物或坑洼不平的路面；但是，行驶稳定性就会降低。

（7）接近角 α_1、离去角 α_2。接近角 α_1 是指汽车前端突出点向前轮引的切线与地面的夹角（°），如图 1-7 所示；离去角 α_2 是指汽车后端突出点向后轮引的切线与地面的夹角（°），如图 1-7 所示。

接近角和离去角都是反映汽车的通过能力，也就是汽车的最大爬坡度和最大下坡度。汽车的最大爬坡度不可能超过其接近角，汽车的最大下坡度不可能超过其离去角。由于越野车对于车辆的通过性要求较高，因此越野车的接近角和离去角相对较大。

（8）转弯半径 r。车辆的转弯半径是指将车辆的转向盘转到极限位置，外侧转向轮的中心平面轨迹圆半径（mm）。

最小转弯半径说明汽车通过狭窄弯曲地带或绕过障碍物的能力。转弯半径越小，车辆的机动性越高，弯道通过性越强，调头和停车越方便。

（9）质量 M。

① 最大总质量：汽车满载时的质量（kg）。

② 整车整备质量：指完整的设备和辅助设备（燃料、润滑油、冷却液及随车工具等）的质量之和（kg）。

③ 最大装载质量：最大总质量和整车整备质量之差（kg）。

④ 最大轴载质量：汽车单轴所承载的最大总质量（kg）。

2. 汽车的主要性能指标

汽车的主要性能指标包括汽车的动力性、燃油经济性、制动性、通过性、操纵性和稳定性、行驶平顺性、环保性等。

（1）汽车的动力性。动力性是汽车首要的使用性能指标。汽车必须有足够的牵引力才能克服各种行驶阻力,保证车辆能够以尽可能高的平均速度正常行驶。

汽车的动力性可用下面三个指标进行评价:

1)最高车速。汽车最高车速是指在风速小于等于3m/s的条件下,汽车在平坦公路(水泥路面或沥青路面)上行驶时能达到的最高行驶速度(km/h)。

2)汽车的加速能力。汽车的加速能力是指汽车在行驶中迅速增加汽车行驶速度的能力。加速过程越短、加速度越大或加速距离越短,汽车的加速性能越好。常用原地起步加速时间和超车加速时间来评价。

① 原地起步加速时间。原地起步加速时间是指汽车由停车状态起步后以最大的加速度加速,并选择适当的时机逐步换挡到高挡后加速到某一规定车速或达到某一规定距离所需要的时间。常用 0~100km/h 所用的时间表示,有时也用从 0~400m 的距离所需要的时间表示。原地起步加速时间越短,汽车的动力性能越好。

② 超车加速时间。超车加速时间是指汽车用最高挡或次高挡,由某一预定车速(该挡的最低稳定车速或30km/h)全力加速到另一预定速度所需要的时间。超车加速时间越短,说明车辆高挡位加速性能越好,动力性能越强,可以减少超车过程中两车的并行时间,相对提高安全性。

3)汽车的爬坡能力。汽车的爬坡能力一般用汽车最大爬坡度来衡量。

汽车最大爬坡度是指汽车满载时的最大爬坡能力(%),也就是在风速小于等于3m/s的条件下,在干燥、清洁的混凝土或沥青坡道路面上,以最低档行驶能够爬上的最大坡度。

不同类型的汽车对上述三项指标要求有所不同:乘用车偏重于最高车速和加速能力,而商用车特别是载重汽车和越野汽车对最大爬坡度要求较高。不论何种汽车,为了能够在公路上正常行驶,必须具备一定的平均速度和加速能力。

(2)汽车的燃油经济性。汽车在一定的使用条件下,以最少的燃油消耗量完成单位运输工作量的能力,称为燃油经济性。为降低汽车使用成本,要求汽车以最少的燃料消耗,行驶尽量远的路程或完成尽量多的运输量。

汽车的燃油经济性评价指标有两种形式:

1)汽车在一定的使用条件下,每行驶 100km 消耗掉的燃油量,单位 L/100km。我国及欧洲常用此指标。此数值越大,说明汽车的燃油经济性越差。

2)汽车在一定的使用条件下,一定的燃油量能使汽车行驶的里程,单位为 MGP 或 mile/USgal(英里/加仑),即每加仑燃油使汽车能够行驶的里程数。美国常用此指标,此值越高表明汽车的燃油经济性越好。

(3)汽车的制动性。汽车的制动性是汽车安全行驶的保证,也是汽车动力性得以发挥的前提。只有在保证汽车行驶安全的前提下,才能充分发挥汽车的其他性能。

汽车的制动性一般采用制动效能、制动效能的恒定性和制动时的汽车方向稳定性

续表

三个指标进行评价。

1）制动效能。制动效能是汽车迅速降低行驶速度直到车辆停止的能力。制动效能是评价汽车制动性能最基本的指标，一般采用一定初速度下的制动时间、制动减速度和制动距离来评价。

汽车的制动距离与行车安全有直接的关系，评价汽车制动性能非常直观，国家交通管理部门通常也是按照汽车的制动距离制定相关的安全法规。

2）制动效能的恒定性。汽车在高速制动、短时间内连续制动或下长坡连续制动时，制动器温度急剧升高，导致制动效能下降，这称为制动器的热衰退性。

汽车连续制动后，制动效能的稳定程度称为制动效能的恒定性，或者称为制动系统抗热衰退性。

汽车涉水后，由于水进到制动器里也会使制动效能下降。汽车涉水后制动效能的保持程度用汽车制动系抗水衰退性表示。

3）制动时的汽车方向稳定性。制动时的汽车方向稳定性是指汽车在制动过程中按指定轨迹行驶的能力，即不发生跑偏、侧滑和失去转向的能力。检测汽车的方向稳定性时，一般规定符合一定宽度和路面要求的试验通道，根据制动时汽车偏离通道的大小确定其方向稳定性。试验时，制动稳定性良好的汽车不允许产生不可控制的效能使汽车偏离通道。

如果汽车的左右侧的制动力不一样，则会发生跑偏。当汽车车轮因制动而趋于抱死时，易发生侧滑，并失去方向稳定性和操纵性。为防止上述现象发生，现代汽车配置了制动防抱死系统 ABS，防止紧急制动时因车轮抱死而发生危险。

（4）汽车的通过性。汽车的通过性是指在一定载重质量下，汽车能以足够高的平均速度通过各种坏路及无路地带和克服各种障碍的能力。所谓坏路及无路地带，是指松软土壤、沙漠、雪地、沼泽等松软地面及坎坷不平地段；各种障碍是指陡坡、侧坡、台阶、壕沟等。

各种汽车的通过能力是不一样的。轿车和客车由于经常在市区或在路面较好的公路（高速或国道）上行驶，通过能力要求相对较低。而越野汽车、军用车辆、自卸汽车和载货汽车等，工况较差，必须设计有较强的通过能力。

（5）汽车的操纵稳定性。汽车的操纵稳定性包括相互联系的两方面内容：操纵性和稳定性。

1）操纵性。汽车的操纵性是指驾驶员能够以最小的修正而维持汽车按指定的路线行驶，以及按照驾驶员的愿望转动转向盘以改变汽车行驶方向的响应能力，其直接影响行车安全。

2）稳定性。汽车的稳定性是指汽车抵抗力图改变其位置或行驶方向的外界影响的能力，即汽车在受到外界扰动（路面扰动或突然的阵风扰动）后，能自动地尽快恢复到原来的行驶状态和方向，而不发生失控，以及抵御倾覆、侧滑的能力。

对汽车来说，侧向稳定性尤为重要。当汽车在横向坡道上行驶、转弯、侧向风力较大以及受到其他侧向力时，容易发生侧滑或者侧翻。汽车重心的高度越低，稳定性越好。

合适的前轮定位角度可以使汽车具有自动回正和保持直线行驶的能力，提高汽车直线行驶的稳定性。如果汽车装载超高超重、转弯时车速过快、横向坡道角度过大或者偏载，会降低汽车的稳定性，甚至导致汽车发生侧滑及侧翻。

（6）汽车的行驶平顺性。汽车正常行驶时，由于路面不平所产生的冲击会造成汽车的振动，使驾驶员和乘客感到疲劳和不舒服，或者使车载货物发生碰撞甚至损坏；同时，车轮的振动还会对车轮与地面间的附着性能产生不良影响，进而影响到操纵稳定性。振动还会加速汽车零部件的磨损，降低汽车的使用寿命。汽车一般行驶速度范围内对路面不平的隔振、降振程度就称为汽车的行驶平顺性。

汽车行驶平顺性的评价指标有：

① 客车和轿车采用"舒适—降低界限"，当汽车速度超过此界限时，就会降低乘坐舒适性，使人感到疲劳和不舒服。该界限值越高，说明汽车的平顺性越好。

② 货车采用"疲劳—工效降低界限"，在此界限内，驾驶员能够正常进行驾驶，保持较高的工作效率；如果超过此界限，驾驶员就会感到疲劳，工作效率降低。良好的轮胎弹性、性能优越的悬挂装置、座椅的降振性等都能提高汽车的行驶平顺性。

（7）汽车的环保性。汽车的环保性主要包括排放和噪声两个方面。

1）汽车的排放。目前，由于混合动力汽车、燃料电池汽车、电动汽车正处在起步阶段，所以汽车的发动机主要是内燃机，且燃料以汽油和柴油为主，研究汽车的排放污染问题其实就是研究内燃机的排气污染问题。

汽车废气主要有三个排放源：尾气、曲轴箱窜气和油箱油气蒸发。汽车排出的尾气并不全是有害气体，像 N_2、CO_2、O_2、H_2 和水蒸气等对人体和生物不会直接造成危害；尾气中所含的有害物质主要是：汽油车排出的一氧化碳 CO、碳氢化合物 HC、氮氧化物 NO 等；柴油车除了上述有害物质外，还有大量的颗粒物。而曲轴箱窜气和油箱油气蒸发已经得到比较好的控制，被充分循环利用，所产生的污染很小。目前汽车的排放污染物主要来自尾气。

GB18352.1/2—2001 是轻型汽车国家第Ⅰ/Ⅱ阶段排放标准。目前，我国汽车污染物排放的标准为国Ⅲ阶段（中国的第Ⅲ阶段排放标准）。与广大消费者和汽车生产厂家关系密切的是自 2007 年 7 月 1 日起实施的 GB18352.3—2005《轻型汽车污染物排放限值及测量方法》（第Ⅳ阶段排放标准）。关于轻型汽车不同排放标准Ⅰ型试验排放限值的对比见表 1-15。

表 1-15 轻型汽车国 Ⅱ 与国 Ⅲ、Ⅳ 排放标准 Ⅰ 型试验排放限值对比

阶段	类别	级别	基准质量 (RM) (kg)	一氧化碳 (CO) L1 汽油	一氧化碳 (CO) L1 柴油	碳氢化合物 (HC) L2 汽油	碳氢化合物 (HC) L2 柴油	氮氧化物 (NOx) L3 汽油	氮氧化物 (NOx) L3 柴油	碳氢化合物和氮氧化物 (HC+NOx) L2+L3 汽油	碳氢化合物和氮氧化物 (HC+NOx) L2+L3 柴油（非直喷/直喷）	颗粒物 (PM) L4 柴油（非直喷/直喷）
Ⅱ	第一类车	—	全部	2.2	1.0				0.5		0.7/0.9	0.08/0.10
Ⅱ	第二类车	Ⅰ	RM≤1250	2.2	1.0				0.5		0.70/0.9	0.08/0.10
Ⅱ	第二类车	Ⅱ	1250＜RM≤1700	4.0	1.25				0.6		1.0/1.3	0.12/0.14
Ⅱ	第二类车	Ⅲ	1700＜RM	5.0	1.5				0.7		1.2/1.6	0.17/0.20
Ⅲ	第一类车	—	全部	2.30	0.64	0.20	—	0.15	0.50	—	0.56	0.050
Ⅲ	第二类车	Ⅰ	RM≤1305	2.30	0.64	0.20	—	0.15	0.50	—	0.56	0.050
Ⅲ	第二类车	Ⅱ	1305＜RM≤1760	4.17	0.80	0.25	—	0.18	0.65	—	0.72	0.070
Ⅲ	第二类车	Ⅲ	1760＜RM	5.22	0.95	0.29	—	0.21	0.78	—	0.86	0.100
Ⅳ	第一类车	—	全部	1.00	0.50	0.10	—	0.08	0.25	—	0.30	0.025
Ⅳ	第二类车	Ⅰ	RM≤1305	1.00	0.50	0.10	—	0.08	0.25	—	0.30	0.025
Ⅳ	第二类车	Ⅱ	1305＜RM≤1760	1.81	0.63	0.13	—	0.10	0.33	—	0.39	0.40
Ⅳ	第二类车	Ⅲ	1760＜RM	2.27	0.74	0.16	—	0.11	0.39	—	0.46	0.060

注：①轻型汽车指最大总质量不超过 3500kg 的 M1 类、M2 类和 N1 类汽车。

②M1 类车指包括驾驶员座位在内，座位数不超过 9 座的载客汽车。

③M2 类车指包括驾驶员座位在内，座位数超过 9 座，且最大设计总质量不超过 5000kg 的载客汽车。

④N1 类车指最大设计总质量不超过 3500kg 的载货汽车。

⑤第一类车指包括驾驶员座位在内，座位数不超过 6 座，且最大总质量不超过 2500kg 的 M1 类汽车。

⑥第二类车指除第一类车以外的其他所有轻型汽车。

2）汽车的噪声。相关资料表明，城市噪声的 70% 来源于交通噪声，而交通噪声主要是汽车噪声。汽车噪声严重地影响着人们的生活、工作和健康。可见噪声的控制，不仅关系到汽车的乘坐舒适性，还关系到环境的保护。因此，噪声也是汽车设计和使用的一项重要指标。

汽车噪声是一个综合噪声源，包括发动机噪声（由发动机工作引起的燃烧噪声、机械噪声、进气噪声、排气噪声、风扇噪声等）、传动系噪声（变速器噪声、传动轴噪声、驱动桥噪声等）、轮胎噪声（车内噪声、花纹噪声、道路噪声、弹性震动噪声、风噪声等）、车身噪声（共鸣噪声、鼓动噪声、连接件碰撞噪声等）等。

三、汽车的使用可靠性

可靠性是汽车最重要的基本性能之一。高度的可靠性不仅保证汽车能够充分发挥其各项性能，而且还能减少使用费用和维修费用，延长汽车的使用寿命。

汽车的可靠性包括制造和使用两方面的因素，分别用固有可靠性和使用可靠性表示。在设计与生产制造过程中确立的可靠性称为固有可靠性，与使用过程有关的可靠性统称为使用可靠性。

汽车的使用可靠性是指汽车在实际使用过程中所表现出来的可靠性，它体现了使用、维修、保养和使用环境等因素对汽车可靠性的影响。正确的维修方法与工艺能使汽车保持较高的使用可靠性，若维修不当会降低汽车的使用可靠性；特别是汽车大修，大修可以看作是汽车的第二次生产，其质量好坏对大修后汽车的使用可靠性有直接的影响。

汽车的使用可靠性分为狭义的可靠性和广义的可靠性。广义的可靠性是指汽车在规定的使用条件下，在整个寿命期间内完成规定功能的能力。广义的可靠性包括以下内容：可靠性（狭义）、耐久性和维修性。

1. 可靠性（狭义）

狭义的汽车可靠性是指汽车在规定的使用条件下和规定时间或者规定的行程内完成规定功能的能力，即汽车在规定的使用条件和规定行程内，汽车主要的使用性能指标不降低、不发生损坏停车性的故障，或发生的故障容易排除。可靠性高的汽车，在使用过程中发生故障少、汽车的利用率和经济性能都能够维持在较高的水平上。可靠性是评价汽车技术水平的综合性的使用性能指标。

汽车的可靠性主要取决于汽车零件的材料特性、零部件结构的合理性、机构调整的稳定性、各总成的技术水平、生产制造工艺水平和质量以及驾驶水平、汽车维修技术水平和质量。由于零部件结构缺陷和工艺缺点所引起的故障有一定的规律性并具有普遍性，而对于车辆的使用水平所导致的故障具有偶然性。

汽车可靠性的优劣均是用在汽车的一定行程内由结构原因所引起的故障数量来评价。《汽车可靠性行驶试验方法》规定了汽车可靠性的评价指标，常用的评价指标有平均首次故障里程、平均故障间隔行程、当量故障率、千公里维修时间、千公里维修费用、有效度等。

消费者购买汽车最关注的问题之一就是汽车质量，而汽车质量的重要指标就是汽车的可靠性。

2. 耐久性

汽车在正常使用期间（没达到技术文件规定的极限值的状况之前），需要进行维护保养，进行预防性维修（不包括更换主要总成）以维持其正常工作能力的性能。

汽车的耐久性就是指汽车在规定的使用和维修条件下，从投入使用直到某种技术或经济指标极限时，完成规定功能的能力。

《汽车耐久性行驶试验方法》规定了汽车耐久性的综合评价指标是耐久度。

汽车的耐久度是指汽车在规定的使用和维修条件下，能够达到预定的初次大修里程而又不发生耐久性损坏的概率。

汽车的耐久性损坏是指汽车构件的疲劳损坏已变得异常频繁、磨损超过限值、材料锈蚀老化、汽车主要技术性能下降超过规定限值、维修费用不断增长，并已达到继续使用时经济上不合理或不能保证安全的程度。汽车耐久性损坏的结果是更换主要总成或对汽车进行大修。

汽车耐久性的具体评价指标主要有：第一次大修前的平均行程（大修里程）、大修间的平均行程（大修间隔里程）。大修间隔里程是指车辆两次大修之间的行程，主要是用来评价车辆大修的质量。在修理技术水平和配件供应水平相等的条件下，车辆大修间隔里程取决于车辆原有技术水平。由于部分基础件老化变形，车辆第二次大修间隔里程一般低于第一次大修里程。

3. 维修性

汽车的维修性是指汽车产品在规定的条件和规定的时间内，按照规定的程序和方法进行维修时，保持或恢复汽车规定状态的能力。所谓规定的条件是指进行汽车维修所需要的机构和场所，以及相应的人员与设备、设施、工具、备件、技术资料等资源。规定的程序和方法是指按技术文件规定的维修工作内容、步骤和方法。

汽车维修性的评价指标有：汽车的技术利用系数、完好率、汽车工作能力被修复的概率、机构和总成以及汽车的技术维护周期、技术维护和修理的劳动量（单位运行里程的维修工时）、技术维护和修理的比费用（单位运行里程的维修费用）。

【任务实施】

(1) 老师将学生带到停车场，六个学生一组，每组围绕一辆汽车，并配备资料夹、实训工作页。

各组学生结合本任务的知识学习，利用现场的车辆和工具，测量指定车辆的各主要结构参数，并完成表1-16所示的工作单内容的填写。

表1-16 任务实施工作单

【任务名称】	测量指定车辆的主要结构参数		
【任务目标】	通过本次任务的学习，你将能取得以下成果： 1. 掌握汽车结构参数的含义 2. 掌握汽车结构参数的测量方法		
【任务实施】	1. 画出指定车辆的结构示意图并标注各结构参数 2. 记录指定车辆的各结构参数值		
【任务总结】	任务内容	会	不会
	画出指定车辆的结构示意图		
	任务内容	正确	错误（几处）
	标注各结构参数		
	任务内容	正确	错误（几处）
	实测指定车辆的各结构参数值		

续表

	考核项目	评分标准	分数	学生自评	小组互评	教师评价	小计
【任务评价】	团队合作	和谐	5				
	工具使用	效果良好	5				
	安全操作	无安全隐患	10				
	现场 5S	做到	10				
	操作过程	任务完成	60				
	劳动纪律	严格遵守	10				
	总评成绩		100				
	教师签字：		年　　月　　日				

（2）要求各小组制作 PPT 课件，讲述汽车的主要性能指标。小组内指定讲解者，其余成员作为学员，教师考察学生讲解过程，并完成表 1-17 考核表。

表 1-17　教师考核记录表

实训项目：汽车主要性能指标的 PPT 制作及讲述

学号		姓名	
项目	必要的记录	分值	评分
PPT 内容是否全面		10	
PPT 的布局		10	
PPT 的色彩、字体、字号的安排		10	
讲解者仪表		10	
多媒体设备的使用		15	
讲解者的语言是否规范		10	
讲解者的肢体动作		10	
讲述效果		15	
时间安排		10	
总分		100	

任务三　二手车鉴定评估的基础知识

【任务描述】

二手车鉴定评估时，必须遵守相关的法律规定，按照一定的技术规范，通过一定的评估程序，最终出具鉴定评估报告。

【相关知识】

一、汽车报废标准与报废汽车

1. 汽车报废标准

随着使用里程或使用年限的增加，汽车的某些性能将逐渐下降，直到报废，这是自然规律。如果为了某些原因而无限期地延长汽车的使用寿命，将致使其动力性、经济性下降，车辆技术状况大幅下降，维修费用增加，车辆的使用成本增加，并且给社会造成的大气环境污染以及噪声污染加重，因此，根据汽车的使用状况，要制定相应的报废政策。

关于我国的汽车报废政策，1997年国家经贸委等部门颁布了《关于发布＜汽车报废标准＞的通知》，后进行多次修改，分别于1998年颁发了《关于调整轻型载货汽车报废标准的通知》、2000年颁发《关于调整汽车报废标准若干规定的通知》、2001年颁发《关于印发＜农用运输车报废标准＞的通知》《摩托车报废标准暂行规定》、2004颁发 GB/T7258《机动车运行安全技术条件》等文件。

原来的汽车报废标准主要遵循"以使用年限为主、使用里程为辅"的强制报废原则。但是，由于汽车报废标准出台时间较早，而近十年来我国的汽车市场飞速发展，汽车设计技术、生产工艺、制造水平不断发展，导致报废标准在执行过程中遇到许多新问题，以至后来陆陆续续发布一些条例或通知，对原来的标准进行进一步完善。新的汽车报废标准名为《机动车强制报废标准规定》已于2013年5月1日起实施。

凡达到报废标准的机动车，其所有人可以将机动车交售给报废机动车回收拆解企业，由报废机动车回收拆解企业按规定进行登记、拆解、销毁等处理，并将报废的机动车登记证书、号牌、行驶证交公安机关交通管理部门注销。

国家《机动车强制报废标准规定》从累计行驶里程数和（或）使用年限两个方面，对各类汽车的报废年限（里程）做了具体规定。具体规定见表1-18。

表1-18 机动车使用年限及行驶里程参考值汇总

车辆类型与用途					使用年限（年）	行驶里程（万km）
汽车	载客	营运	出租客运	小、微型	8	60
^	^	^	中型	^	10	50
^	^	^	大型	^	12	60
^	^	^	租赁		15	60
^	^	^	教练	小型	10	50
^	^	^	^	中型	12	50
^	^	^	^	大型	15	60
^	^	^	公交客运		13	40
^	^	^	其他	小、微型	10	60
^	^	^	^	中型	15	50
^	^	^	^	大型	15	80
^	^	^	专用校车		15	40
^	^	非营运	小、微型客车，大型轿车 *		无	60
^	^	^	中型客车		20	50
^	^	^	大型客车		20	60
^	载货		微型		12	50
^	^		中、轻型		15	60
^	^		重型		15	70
^	^		危险品运输		10	40
^	^		三轮汽车、装用单缸发动机的低速货车		9	无
^	^		装用多缸发动机的低速货车		12	30
^	专项作业		有载货功能		15	50
^	^		无载货功能		30	50
挂车			半挂车	集装箱	20	无

续表

车辆类型与用途		使用年限（年）	行驶里程（万km）
危险品运输		10	无
其他		15	无
全挂车		10	无
摩托车	正三轮	12	10
其他		12	13
轮式专用机械车		无	50

注：①表中机动车分类主要依据《机动车类型术语和定义》(GA802-2008)进行分类；标注 * 车辆为乘用车。

②对小、微型出租客运汽车（纯电动汽车除外）和摩托车，省、自治区、直辖市人民政府有关部门可结合本地实际情况，制定严于表中使用年限的规定，但小、微型出租客运汽车不得低于6年，正三轮摩托车不得低于10年，其他摩托车不得低于11年。

针对上述规定，《机动车强制报废标准规定》还做了如下相关说明：

（1）机动车使用年限起始日期按照注册登记日期计算，但自出厂之日起超过2年未办理注册登记手续的，按照出厂日期计算。

（2）部分机动车的使用期限既规定了累计行驶里程数，又规定了使用年限，那么当其中的一个指标达到报废标准时，即认为该车辆已达到报废年限。

（3）营运载客汽车与非营运载客汽车相互转换的，按照营运载客汽车的规定报废，但小、微型非营运载客汽车和大型非营运轿车转为营运载客汽车的，应按照如下公式核算累计使用年限，且不得超过15年。

累计使用年限 = 原状态已使用年限 +（1- 原状态已使用年限 / 原状态使用年限）× 状态改变后年限

式中："原状态已使用年限"不足一年的按一年计，例如，已使用2.5年的，按3年计；"原状态使用年限"取定值17；"累计使用年限"计算结果向下回整为整数，且不超过15年。

（4）不同类型的营运载客汽车相互转换，按照使用年限较严的规定报废。

（5）小、微型出租客运汽车和摩托车需要转出登记所属地省、自治区、直辖市范围的，按照使用年限较严的规定报废。

（6）危险品运输载货汽车、半挂车与其他载货汽车、半挂车相互转换的，按照危险品运输载货车、半挂车的规定报废。

（7）距本规定要求使用年限1年以内（含1年）的机动车，不得变更使用性质、转移所有权或者转出登记地所属地市级行政区域。

2. 报废汽车

报废汽车是指已经达到国家《机动车强制报废标准规定》以及各地制定的有关机动车报废规定、报废标准的；或虽未达到报废年限或行驶里程，但因交通事故或车辆超负荷使用造成发动机和底盘严重损坏，经检验不符合国家《机动车运行安全技术条件》规定的有关汽车安全、尾气排放要求的各种汽车、摩托车、农用运输车、拖拉机、轮式专用机械车等机动车辆。

国家实施汽车强制报废制度，依照《报废汽车回收管理办法》和《汽车贸易政策》的规定，报废汽车是一种特殊商品，报废汽车所有人应当将报废汽车及时交售给具有合法资格的报废汽车回收拆解企业，任何单位或者个人不得将报废汽车出售、赠予或者以其他方式转让给非报废机动车回收企业的单位或者个人。国家鼓励老旧汽车报废更新，并制定了老旧汽车报废更新补贴资金管理办法，符合有关规定的报废汽车所有人可申请相应的资金补贴。

报废机动车回收企业严禁从事下列活动：明知是盗窃、抢劫所得机动车而予以拆解、改装、拼装、倒卖；回收没有公安机关交通管理部门出具的《机动车报废证明》的机动车；利用报废机动车拼装整车。

报废汽车的五大总成是指从报废汽车上拆解下来的发动机，前、后桥，变速器，转向机和车架等总成。国家禁止报废汽车整车及其五大总成流入社会。报废汽车的五大总成应当作为废钢铁，交售给钢铁企业作为冶炼原料。报废机动车回收企业对按有关规定拆解的可出售的配件，必须在配件的醒目位置标明其为报废汽车回用件（拆车件）。

报废机动车回收企业凭公安机关交通管理部门出具的"机动车报废证明"收购报废汽车，并向报废汽车拥有单位或者个人出具"报废汽车回收证明"。依据《机动车修理业、报废机动车回收业治安管理办法》，报废机动车回收企业回收报废机动车应如实登记下列项目：报废机动车车主名称或姓名、送车人姓名、居民身份证号码，按照"机动车报废证明"登记报废车车牌号码、车型代码、发动机号码、车架号、车身颜色及收车人姓名等。报废机动车拥有单位或者个人凭"报废汽车回收证明"，向汽车注册登记地的公安机关办理注销登记。

除上述规定外，国家相关法规还规定下述车辆应该报废：

（1）因各种原因造成严重损坏或技术状况低劣、无法修复的车辆；

（2）车型已淘汰、已无配件来源的车辆；

（3）长期使用、油耗超过国家定型出厂标准值15%的车辆；

（4）经修理和调整仍达不到国家标准的车辆。

3. 拼装汽车

拼装汽车是指使用报废汽车的发动机，前、后桥，变速器，转向机，车架以及其他零部件组装的机动车辆。国家《报废汽车回收管理办法》第十五条规定，禁止任何单位或者个人利用报废汽车五大总成及其他零配件拼装汽车，禁止已报废汽车整车和非法拼装车上路行驶，禁止各种非法拼装车、组装车进入旧车交易市场交易或者以其他任何方式交易。

国家《道路交通安全法》第十六条中规定，任何单位或个人不得有下列行为：

（1）拼装机动车或擅自改变机动车已登记的结构、构造或特征；

（2）擅自改变机动车型号、发动机号、车架号或车辆识别代号；

（3）伪造、变造或使用伪造、变造的机动车登记证书、号牌、行驶证、检验合格标志、保险标志。

（4）使用其他机动车的登记证书、号牌、行驶证、检验合格标志、保险标志。如果车主打算变更车身颜色和车身车架，则需向车辆管理所提出申请，获得批准后方能改变，而且还要由修理厂出具合法证明和变更手续。除了改变机动车车身颜色外，更换车身、车架的，更换发动机以及整车的，都必须先向车管所提出申请。对准予变更的，机动车所有人应当在车体变更后向车管所交验机动车，车管所确认变更后的机动车后，要收回原行驶证，重新核发行驶证。

非法拼装汽车的另一种形式是企业采取进口全散件（Completely Knocked Down，CKD）或进口半散件（Semi-Knocked Down，SKD）模式，将整车分拆，并以零部件的名义报关，在缴纳了相对整车低得多的零部件关税进口后，再组装成整车出售，以逃避整车进口的高关税，牟取暴利。CKD 与 SKD 的区别在于：前者是指汽车以完全拆散的状态进口，再把全部零部件组装成整车，后者则是指进口汽车总成（如发动机、底盘等），再装配成整车。国家《构成整车特征的汽车零部件进口管理办法》规定，对汽车生产企业进口汽车零部件在国内生产组装销售的，所进口的汽车零部件凡构成整车特征的，海关实施先保税加工、后征税清关的管理制度。凡构成整车特征的，按整车适用税率征税，不构成整车特征的，按零部件适用税率计征关税。

4. 改装汽车

改装汽车有两种基本类型：一是厂家的改装，使用的是经国家鉴定合格的零配件，对原车重新设计、改装；二是消费者自己或委托汽车改装公司在已购买汽车（主要是轿车和越野汽车等）的基础上，做一些外形、内饰和性能的改装（二手车交易市场经常讲的改装汽车就是指这一类）。改装汽车与拼装汽车是两个不同的概念，前者是合法的，后者则属违法。车辆改装在法规里的描述是车辆变更，其行为是受法律约束的。

5. 相关注意事项

国家《机动车强制报废标准规定》和《报废汽车回收管理办法》等法律法规中的下列几点规定和精神，从事旧车鉴定估价和交易的业务人员，应给予特别的关注：

（1）严禁已报废汽车和拼装汽车继续上路行驶；

（2）严禁给已报废汽车办理注册登记；

（3）严禁已报废汽车整车、五大总成和拼装汽车进入市场交易或者以其他任何方式交易；

（4）车辆达到报废标准后，在定期检验时连续3次不合格，车辆管理所将收回机动车号牌和"机动车行驶证"，强制车辆报废（各地规定不尽相同）；

（5）对排气检测不达标的机动车不予办理年审，对尾气超标却拒不整改或经治理无法达标的车辆将强制报废（各地规定不尽相同）；

（6）汽车改装后的尾气排放要达标，不能对车的外观大幅改动，要与行驶证上的照片一致、不能改变汽车的发动机号和底盘号。

（7）保险公司只按照车辆原来承保的样子进行理赔，对于车主自己改装的部分，保险公司不予赔付。

二、二手车相关的基本知识

1. 二手车

二手车标准术语为旧机动车。商务部、公安部、国家工商行政管理总局、国家税务总局令2005年第2号令《二手车流通管理办法》第二条给出了二手车的定义。所谓二手车，是指从办理完注册登记手续到达到国家强制报废标准之前进行交易并转移所有权的汽车（包括三轮汽车、低速载货汽车即原农用运输车）、挂车和摩托车。

《二手车流通管理办法》取代了1998年出台的《旧机动车交易管理办法》。在以往的国家正式文件中，从没有出现过"二手车"一词，有的只是"旧机动车"。在《二手车流通管理办法》中，首次明确地将"二手车"的内涵与"旧机动车"等同。为了与《二手车流通管理办法》保持一致性，以及人们习惯的叫法，本书全部采用二手车的叫法。

尽管只是提法上的不同，但是"旧机动车"会让人们感觉车辆破旧，毛病众多，从而在一定程度上影响人们的消费情绪。其实二手车并不等于旧车，我们认为只要上了牌照再交易的车就是二手车。现实生活中，有很多七八成新甚至九成新的车进入二手车市场。"二手车"通俗易懂，提法上也更加中性，同时与国际惯例接轨。

在发达国家特别是欧美国家，二手车确实不等于旧车，不少国家对新车销售年限有严格的规定，比如年生产600万辆新车，卖掉了500万辆，剩下的100万辆过了规定的新车销售时间，就不能再进入新车的渠道销售，这些车只能进入拍卖市场，也就归入二手车了。

2. 二手车交易

二手车交易是指以二手车作为交易对象，在国家规定的二手车交易市场或其他经合法审批的交易场所中进行的二手车的商品交换和产权交易。

二手车交易中由于车辆技术状况各不相同，判定难度大，交易价格的构成复杂，因此二手车交易在技术和管理难度上远远超过一般的旧货交易行为。为了规范交易双方的行为、保证交易双方的合法权益，1998年，原国家贸易部发布了《旧机动车交易管理办法》，首次对二手车交易做出了规范。

为适应市场发展，2005年10月1日商务部颁布施行了《二手车流通管理办法》，对二手车交易做出了调整，指出所有二手车交易行为必须在经合法审批设立的二手车交易市场进行，并接受工商、税务、公安机关交通管理部门、环保、治安等部门的相应管理，涉及国有资产的交易行为还要接受国有资产管理部门的监督。所有的交易车辆必须是办理了机动车注册登记等手续，距报废标准规定年限一年以上的汽车（包括摩托车）及特种车辆。交易完成后，还应到相关部门办理过户登记等手续以确保该交易车辆在今后使用过程中责任、权利的明晰。

二手车的经营行为包括二手车经销、拍卖、经纪、鉴定评估等。

（1）二手车经销是指二手车经销企业收购、销售二手车的经营活动。

（2）二手车拍卖是指二手车拍卖企业以公开竞价的形式将二手车转让给最高应价者的经营活动。

（3）二手车经纪是指二手车经纪机构以收取佣金为目的，为促成他人交易二手车而从事居间、经纪或者代理等经营活动。

（4）二手车鉴定评估是指二手车鉴定评估机构（二手车评估师）对二手车技术状况及其价值进行鉴定评估的经营活动。

近年来，市场上出现了一种新的二手车交易模式——二手车置换，并在一些乘用车的品牌专营店中迅速成长起来。置换的概念源于海外，狭义的置换就是"以旧换新"业务，即经销商通过二手商品车的收购与新商品车的对等销售获取利益。广义的置换则是指在以旧换新业务的基础上，还同时兼容二手车的整新、跟踪服务、二手车再销售乃至折抵、分期付款等项目的一系列业务组合，从而成为一种有机而独立运营的营销模式。与以往二手车交易不同的是，由于可以推动新车销售，二手车置换业务往往依托汽车品牌专营店，其背后获得汽车制造厂商的强大技术支持，经销商为二手车的再销售提供一定程度上的质量担保，这大大降低了二手车交易中消费者的购买风险，规范了交易双方的交易行为，其将来发展潜力十分巨大。

3. 二手车交易市场

二手车交易中，每辆二手车在技术状况、使用环境和交易条件上千差万别。交易信息不对称，使交易过程复杂、交易风险增大。为了保护交易双方的合法权益，防止道德风险的发生，国家制定了一系列的法律法规，以规范二手车交易市场和交易双方的行为。

二手车交易必须在依法设立的二手车交易市场进行。根据《二手车流通管理办法》的规定，二手车交易市场是指依法设立、为买卖双方提供二手车集中交易和相关服务的场所，是二手车信息和资源的集散地，是买卖双方进行二手车商品交换和产权交易的场所。二手车交易市场经营者应当为二手车经营主体（从事二手车经销、拍卖、经纪、鉴定评估的企业）提供固定场所和相关设施，并为客户提供办理二手车鉴定评估、转移登记、保险、纳税等手续的条件。二手车经销企业、经纪机构应当根据客户要求，代办二手车鉴定评估、转移登记、保险、纳税等手续。

二手车交易市场经营者和二手车经营主体应建立备案制度。凡经工商行政管理部门依法登记，取得营业执照的二手车交易市场经营者和二手车经营主体，应当自取得营业执照之日起2个月内向省级商务主管部门申请备案。省级商务主管部门应当将二手车交易市场经营者和二手车经营主体有关备案情况定期报送国务院商务主管部门。

二手车交易市场经营者和二手车经营主体应当定期将二手车交易量、交易额等信息通过所在地商务主管部门报送省级商务主管部门。省级商务主管部门将上述信息汇总后报送国务院商务主管部门。商务主管部门定期向社会公布全国二手车流通信息。工商行政管理部门会同商务主管部门建立二手车交易市场经营者和二手车经营主体的信用档案，定期公布违规企业名单。

4. 二手车鉴定评估机构

（1）二手车鉴定评估机构的职能。

1）评估职能。评估即评价、估算，是指对二手车进行评判和预估。评估职能是二手车评估机构的基本职能也是关键职能。广义地讲，二手车鉴定评估机构的评估职能，包括评价职能、勘验职能、鉴定职能、估价职能等。

2）公证职能。二手车鉴定评估机构对二手车评估结论做出符合实际、可以信赖的证明。二手车鉴定评估机构之所以具有公证职能，是因为以下两点：

①二手车鉴定评估人员具有丰富的二手车评估知识和技能，在判断二手车评估结论准确与否上具有资格和权威性。

②作为当事人之外的第三方，二手车鉴定评估机构完全站在中立、公正的立场上就事论事、科学办事。

公证职能是二手车鉴定评估机构的重要职能，具有以下特征：

①公证职能虽不具备定论作用，但却有促成司法结案、买卖成交的作用，因为当事人双方难以找出与评估结论完全不同的原因或理由。

②公证职能虽不具备法律效力，但该结论可以接受法律的考验。这是因为二手车鉴定评估机构的评估结论确定之后，必须经双方当事人接受才能结案或买卖成交。如果双方当事人中的某一方不能接受，则可选择其他途径解决，如调解协商、仲裁或诉讼。期间，二手车鉴定评估机构可以接受委托方的委托出庭辩护，甚至可被聘请为诉讼代理人出庭诉讼，本着对委托方特别是对评估报告负责的原则，促成双方接受既定结论。

3）中介职能。二手车鉴定评估机构作为中介人，从事评估经济活动，不参与相关利益的分配，只为当事人提供服务，具有鲜明的中介职能。这是因为二手车鉴定评估机构可以受托于双方当事人的任何一方；二手车鉴定评估机构以第三方身份从事二手车评估经营活动，从当事人任何一方获得委托，即可以中间人立场进行二手车评估，并收取合理费用。

这样，二手车鉴定评估机构以中间人的身份，独立地开展二手车评估，从而得出评估结论，促成双方当事人接受该结论，为当事人提供中介服务，从而发挥其中介职能。

（2）二手车鉴定评估机构的地位。

二手车鉴定评估机构的地位是独立的。主要表现在以下几方面：

①二手车鉴定评估机构进行评估业务时，既不代表双方当事人，也不受行政权力等外界因素干扰。

②在进行二手车评估业务的整个进程中，二手车评估执业人员保持着独立的思维方式和判断标准。

③二手车鉴定估价人员的评估分析和结论保持独立性，这一特征在二手车鉴定评估机构所出具的评估报告中得以充分体现。

④二手车鉴定估价人员具有知识密集性和技术密集性的特征，在二手车评估领域具有一定的权威地位，但从法律的角度看，这种权威地位是相对的。从市场地位而言，二手车鉴定估价人员必须坚持独立的立场，无论针对哪一方委托的事务都应做出客观、公平的评判。

（3）设立二手车鉴定评估机构的条件和程序。

1）二手车鉴定评估机构应具备的条件。根据《二手车流通管理办法》第九条规定，二手车鉴定评估机构应具备如下条件：

①经营者必须是独立的中介机构；

②有固定的经营场所和从事经营活动的必要设施；

③有3名以上从事二手车鉴定评估业务的专业人员（包括本办法实施之前取得国家职业资格证书的旧机动车鉴定估价师）；

④有规范的规章制度。

2）设立二手车鉴定评估机构程序。根据《二手车流通管理办法》第十条规定，设立二手车鉴定评估机构，应当按下列程序办理：

①申请人向拟设立二手车鉴定评估机构所在地省级商务主管部门提出书面申请，并提交相关材料。

- 经营者是独立的中介机构的证明
- 经营场所说明材料
- 所配置的设施说明材料
- 公司人员配备情况说明材料
- 公司所建立的各项规章制度

②省级商务主管部门自收到全部申请材料之日起20个工作日内做出是否予以核准的决定。对予以核准的，颁发"二手车鉴定评估机构核准证书"；不予核准的，应当说明理由。

③申请人持"二手车鉴定评估机构核准证书"到工商行政管理部门办理登记手续。

外商投资设立二手车交易市场、经销企业、经纪机构、鉴定评估机构的申请人（外资并购二手车交易市场和经营主体及已设立的外商投资企业增加二手车经营范围的），应当分别持符合《二手车流通管理办法》第八条、第九条和《外商投资商业领域管理办法》中有关外商投资法律规定的相关材料报省级商务主管部门。

省级商务主管部门进行初审后，自收到全部申请材料之日起1个月内上报国务院商务主管部门。合资中方有国家计划单列企业集团的，可直接将申请材料报送国务院商务主管部门。国务院商务主管部门自收到全部申请材料3个月内会同国务院工商行政管理部门，做出是否予以批准的决定。对予以批准的，颁发或者换发"外商投资企业批准证书"；不予批准的，应当说明理由。申请人持"外商投资企业批准证书"到工商行政管理部门办理登记手续。

【任务实施】

老师按照班级学生学号单双号分开，单号的为A Group，双号的为B Group，A Group的内容为汽车报废标准，B Group的内容为二手车相关的基本知识；每个Group内六人为一小组，小组成员相互合作，小组内指定讲解者，其余成员作为学员，教师考察学生讲解过程，并完成表1-19的考核记录单。

表 1-19 教师考核记录表

实训项目：汽车主要性能指标的 PPT 制作及讲述

学号		姓名	
项目	必要的记录	分值	评分
PPT 内容是否全面		10	
PPT 的布局		10	
PPT 的色彩、字体、字号的安排		10	
讲解者仪表		10	
多媒体设备的使用		15	
讲解者的语言是否规范		10	
讲解者的肢体动作		10	
讲述效果		15	
时间安排		10	
总分		100	

【项目总结】

汽车的分类方法很多，可以按燃油类别分类、按汽车的用途分类、按发动机的位置分类、按车轮的驱动形式分类、按承载方式分类等，不同分类方法便于不同的研究方式。

《汽车产品型号编制规则》规定用简单的汉语拼音字母和阿拉伯数字编号来表示国产汽车的企业代号、类型代号、主要特征参数代号、产品序号和企业自定代号等。必要时可以附加企业自定代号，对于专用汽车及专用半挂车还增加了专用汽车分类代号。

《内燃机产品名称和型号编制规则》规定了发动机型号的编制规则，由阿拉伯数字、汉语拼音字母或国际通用的英文缩略字母组成发动机编号，编号内容包括制造商代号或系列符号、气缸数、气缸布置型式符号、冲程型式符号、缸径符号、结构特征符号、用途特征符号、区分符号等。

车辆识别代号（VIN）由世界制造厂识别代号（WMI）、车辆说明部分（VDS）、车辆指示部分（VIS）三部分组成，共 17 位字码。

评价汽车技术状况以及性能好坏最重要、最直接的办法就是查看、检测汽车的各种技术参数与性能指标。不同的车型对技术参数和性能指标有着不同的要求。

汽车使用过程中，由于机械磨损、老化、使用不当、事故损伤等各种原因，致使汽车的性能指标逐渐下滑，当技术状况达到一定状态时，便不能继续使用，应将其报废。汽车的使用寿命可分为汽车的技术使用寿命、经济使用寿命和折旧使用寿命。汽车的技术使用寿命，主要取决于各总成及零部件的设计水平、制造工艺及技术、使用条件和保养维修水平。汽车的经济使用寿命，是指汽车从全新状态投入使用，到年平均总费用最低时之间的年限。超过这个年限，汽车在技术上仍可继续使用，但年平均总费用上升，在经济上不宜继续使用。汽车的合理使用寿命是以汽车的经济使用寿命为基础，考虑国民经济的发展和节约能源等因素，由国家或企业采取某些技术政策和方针制定出符合我国实际情况的使用期限。

如果无限期地延长汽车的使用寿命，将导致汽车的动力性、经济性下降，车辆技术状况大幅下降，维修费用增加，车辆的使用成本增加，并且造成大气环境污染以及噪声污染加重，因此，根据汽车的使用状况，各个国家都制定了相应的报废政策。我国原来的汽车报废标准主要遵循"以使用年限为主、使用里程为辅"的强制报废原则。新的汽车报废标准名为《机动车强制报废标准规定》已于2013年5月1日起实施，新标准对汽车的排放要求更为严格，弱化了年限和行驶里程指标，强化了车辆的技术性能指标、环保节能指标。

要评价汽车的技术状态，需要借助一系列的技术参数。汽车技术参数分为汽车结构参数和汽车质量参数。汽车主要结构参数包括车长、车宽、车高、轴距、轮距、前悬、后悬、最小离地间隙、接近角、离去角、最小转弯半径等。汽车质量参数主要包括汽车的最大总质量、整车整备质量、最大装载质量、最大轴载质量等。

汽车的性能指标主要包括汽车的动力性、燃油经济性、制动性、通过性、操纵稳定性、行驶平顺性、环保性等。汽车的动力性可用最高车速、汽车的加速能力、汽车的爬坡能力三个指标进行评价；汽车的燃油经济性可用每行驶100km消耗掉的燃油量或每加仑燃油汽车能够行驶的里程数进行评价。汽车的制动性一般采用制动效能、制动效能的恒定性和制动时的汽车方向稳定性三个指标进行评价。汽车的通过性是指在一定载重质量下，汽车能以足够高的平均车速通过各种坏路及无路地带和克服各种障碍的能力。汽车的操纵稳定性可用操纵性和稳定性两个方面进行评价。对于汽车行驶平顺性的评价，客车和轿车采用"舒适－降低界限"进行评价。该界限值越高，说明汽车的平顺性越好。货车采用"疲劳－工效降低界限"评价，在此界限内，驾驶员能够正常进行驾驶，保持较高的工作效率；如果超过此界限，驾驶员就会感到疲劳，工作效率降低。汽车的环保性主要包括排放和噪声两个方面。

汽车的使用可靠性是指汽车在实际使用过程中所表现出来的可靠性，它体现了使用、维修、保养和使用环境等因素对汽车可靠性的影响。

【知识拓展】

本项目中提到汽车分类是按照 GB/T3730.1—2001 的规定，由于汽车在使用和所有权的转移等环节归公安部门管理，可以学习一下 GA 802—2014《机动车类型术语和定义》。

【项目训练】

一、名词解释

汽车的技术使用寿命　　汽车的经济使用寿命　　汽车的折旧使用寿命
汽车的加速能力　　　　汽车的燃油经济性　　　汽车的操纵稳定性
汽车的行驶平顺性　　　耐久性　　　　　　　　混合动力汽车
制动效能

二、简答题

1. 试说明汽车型号 SX3255BM324、ZZ4181N3611W 的含义。
2. 简述我国的汽车报废标准。
3. 利用所学知识，试述影响汽车使用寿命的因素有哪些？
4. 根据所学知识，说明汽车的主要性能指标有哪些以及分别如何影响车辆性能。

项目二
二手车鉴定

【项目导读】　汽车要鉴定,首先要明确鉴定的目的和原则以及谁有资质鉴定,然后要考虑鉴定的程序和鉴定的内容,最后才实施鉴定任务,鉴定过程大致包括核对证件、静态检查、动态检查、仪器检查几个环节。

任务一　二手车鉴定评估的业务准备

【任务描述】

车主要对自己在用汽车进行鉴定评估，首先得知道哪些机构有能力进行鉴定评估，而鉴定评估机构则首先要明白车主鉴定评估的意图或目的，然后安排有资质的评估师与车主接洽。

【相关知识】

二手车鉴定评估是指二手车鉴定评估机构对二手车技术状况及其价值进行鉴定评估的经营活动。

二手车评估属于资产评估，因此二手车鉴定评估的理论和方法以资产评估学为基础。评估主要由六个要素构成，包括评估的主体、评估的客体、评估的目的、评估的程序、评估的标准和评估的方法。

二手车鉴定评估的主体是指二手车鉴定评估业务的承担者；二手车鉴定评估的客体是指被评估的车辆；二手车鉴定评估的目的是指二手车发生经济行为的性质；评估程序是指二手车鉴定评估工作从开始到结束的工作程序；二手车鉴定评估标准是对鉴定评估采用的计价标准；二手车鉴定评估的方法是指确定二手车评估值的手段和途径。

二手车鉴定估价应当本着买卖双方自愿的原则，不得强制进行；属国有资产的二手车应当按国家有关规定进行鉴定评估。二手车鉴定评估机构应当遵循客观、真实、公正和公开的原则，依据国家法律法规开展二手车鉴定评估业务，出具车辆鉴定评估报告；并对鉴定评估报告中车辆的技术状况包括是否属事故车辆等评估内容负法律责任。需要指出的是，二手车评估定价人员必须经过专业培训，通过国家有关部门组织的资格考试，取得"二手车鉴定评估师"职业资格证书，方可上岗从事有关二手车鉴定评估业务。

一、二手车鉴定评估的主体和客体

1. 二手车鉴定评估的主体

二手车鉴定评估的主体是指二手车鉴定评估业务的承担者，即从事汽车鉴定评估的机构及专业鉴定评估人员。由于二手车鉴定评估直接涉及当事人双方的权益，是一项政策性、专业性都很强的工作，因此无论是对专业评估机构还是对专业评估人员都有较高的要求。

（1）对二手车评估机构的要求。

按照我国1991年11月颁布的《国有资产评估管理办法》第九条的规定，资产评估公司、会计师事务所、审计事务所、财务咨询公司，必须获有省级以上国有资产评估资格证书，才能从事国有资产评估业务。依据我国保险监督委员会2009年公布的《保险公估机构监管规定》设立的保险公估机构，也可经营汽车承保前的估价与出险后的估损等相关业务。

（2）对二手车专业评估人员的要求。

①二手车专业评估人员必须掌握一定的资产评估业务理论，熟悉并掌握国家颁布的与二手车交易有关的政策、法规、行业管理制度及有关的技术标准。

②具有一定的二手车专业知识和实际的检测技能，能够借助必要的检测工具，对二手车的技术状况进行准确的判断和鉴定。

③具有较高的收集、分析和运用信息资料的能力及一定的评估技巧。

④具备经济预测、财务会计、市场、金融、物价、法律等多方面的知识。

⑤具有良好的职业道德，遵纪守法、公正廉明，保证二手车评估质量。

此外，二手车评估的从业人员还需要经过严格的职业资格考试或考核，从事二手车评估定价的从业人员必须取得"二手车鉴定评估师"职业资格证书，从事二手车保险评估的从业人员必须取得保监会颁发的"保险公估从业人员资格证书"。

2. 二手车鉴定评估的客体

二手车鉴定评估的客体是指被评估的车辆，它是鉴定评估的具体对象。被评估车辆又可以按照不同标准分类，可分为汽车、电车、摩托车、农用运输车、拖拉机和挂车等；按照车辆的使用用途，可以将机动车辆分为营运车辆、非营运车辆和特种车辆。二手车鉴定评估的一个主要目的，就是在二手车的交易过程中，准确地确定二手车的价格，并以此作为买卖成交的参考底价。根据商务部于2005年8月发布的《二手车流通管理办法》的规定，以下车辆禁止经销、买卖、拍卖和经纪：

①报废或者达到国家强制报废标准的车辆；

②在抵押期间或者未经海关批准交易的海关监管车辆；

③在人民法院、人民检察院、行政执法部门依法查封、扣押期间的车辆；

④通过盗窃、抢劫、诈骗等违法犯罪手段获得的车辆；

⑤发动机号码、车辆识别代号或者车架号码与登记号码不相符，或者有凿改迹象的车辆；

⑥走私、非法拼（组）装的车辆；

⑦不具有《二手车流通管理办法》第二十二条所列证明、凭证的车辆，车辆法定证明、凭证主要包括："机动车登记证书"、"机动车行驶证"、有效的机动车安全技术检验合格标志、车辆购置税完税证明、养路费缴付凭证（目前已取消）、车船使用税缴付凭证、车辆保险单。

⑧在本行政辖区以外的公安机关交通管理部门注册登记的车辆；

⑨国家法律、行政法规禁止经营的车辆。

二手车交易市场经营者和二手车经营主体发现车辆具有④、⑤、⑥情形之一，应当及时报告公安机关、工商行政管理部门等执法机关。

对交易违法车辆的，二手车交易市场经营者和二手车经营主体应当承担连带赔偿责任和其他相应的法律责任。

此外，车辆上市交易前，必须先到公安机关交通管理部门申请临时检验，经检验合格，在其行驶证上签注检验合格记录后，方可进行交易。

二、汽车鉴定评估的依据和原则

1. 二手车鉴定评估的依据

二手车鉴定评估工作和其他工作一样，在评估时必须有正确的科学依据，这样才能得出较正确的结论。其主要依据包括：

（1）理论依据。二手车鉴定评估的理论依据是资产评估学，其操作按国家规定的方法进行。

（2）政策法规依据。二手车鉴定评估工作政策性强，依据的主要政策法规有：《国有资产评估管理办法》《国有资产评估管理办法实施细则》《二手车流通管理办法》《机动车强制报废标准规定》等，以及其他方面的政策法规。

（3）价格依据。一是历史依据，主要是二手车辆的账面原值、净值等资料，它具有一定的客观性，但不能作为评估的直接依据；二是现实依据，即在评价评估值时都要以基准日这一时点的现时条件为准，即现时的价格、现时的车辆功能状态。

2. 二手车鉴定评估的原则

二手车鉴定评估工作的原则是对二手车鉴定评估行为的规范。为了保证鉴定估价结果的真实、准确、公平、合理，能够被社会承认，二手车的鉴定评估必须遵循一定的原则：

（1）公平性原则。评估人员必须处于中立的立场上对车辆进行评估。这是鉴定估价人员应遵守的一项最基本的道德规范。目前二手车市场中，时有鉴定估价人员和二手车经销经纪人员互相勾结损害消费者利益或"私卖公"高估而"公卖私"则低估的现象，这是严重违反职业道德的行为。

（2）独立性原则。独立性原则要求二手车评估师依据国家有关法律法规及可靠的资料数据对被评估的车辆独立地做出鉴定。坚持独立性原则，是保证评估结果具有客观性的基础。要坚持独立性原则，首先评估机构必须具有独立性，评估机构不应从属于和交易结果有利益关系的二手车市场，目前国家不允许二手车市场建立自己的评估机构。

（3）客观性原则。客观性原则是指评估结果应以充分的事实为依据。评估工作应尊重客观实际，能够反映被评估车辆的真实情况，所收集的信息与被评估车辆相关的数据要准确；要求车辆技术状况的鉴定结果必须详实可靠，只有这样才能达到对被评估车辆现值的客观评估。

（4）科学性原则。科学性原则是指在二手车的评估过程中，必须依据评估的目的，选用合理的评估标准和评估方法，使评估结果准确合理。

（5）专业性原则。专业性原则要求鉴定评估人员，接受国家专门的职业培训，获得国家颁发的统一职业资格证书，如二手车鉴定评估师证、二手车高级鉴定评估师证，才能上岗。

（6）可行性原则。可行性原则也称有效性原则，要求评估人员素质是合格的，有二手车评估师资格证；有可供利用的汽车检测设备；能获取评估工作所需的数据资料，而且这些数据资料是真实可靠的；评估的程序和方法是合法的、科学的。

三、二手车鉴定评估的目的和范围

1. 二手车鉴定评估的意义

对二手车鉴定评估过程不仅仅是原有价值重置和现实价值形成的过程，其背后还隐含着很多深层次的重要意义。

（1）能够促进二手车市场交易。二手车鉴定评估人员以第三方角色进行二手车的鉴定评估，其评估结果容易被交易双方接受，从而有助于促成交易。

（2）保证合理税收。二手车进入市场再流通，属固定资产转移和处置范畴，按国家有关规定应交纳一定的税费。目前各地对这一块税费的征管，基本是以交易额为计征依据，实行比率税（费）率，采用从价计征的办法，而这里的计征依据实质上就是评估价格。因此，二手车鉴定估价的准确与否直接关系到国家税收和财政收入的多少及其公正合理性。

（3）参与国有资产管理。我国是发展中国家，很多车辆为国家和集体所有，这是车辆管理有别于其他发达国家的明显之处。因此对二手车的鉴定估价很大程度上就是对国有资产的评估，评估结果直接关系到国有资产是否流失的问题。

（4）防止非法交易。二手车流通涉及车辆管理、交通管理、环保管理、资产管理等各方面，属特殊商品流通。目前我国对进入二级市场再流通的二手车有严格的规定，鉴定估价是防止非法交易发生的重要环节。

（5）促进相关行业业务的有序开展。二手车鉴定估价还关系到金融系统有关业务的健康有序开展，司法裁决公平、公正进行及企业依法破立、重组等诸多经济和社会问题。目前，二手车市场已成为我国汽车市场不可分割的重要组成部分，科学准确地对二手车进行鉴定估价，能够促进汽车工业进步，有效扩大消费需求，从而保障国民经济持续稳定发展和社会安定。

2. 二手车鉴定评估的目的

二手车鉴定评估的目的是正确反映二手车的价值量及其波动，为交易过程提供公平的价格尺度。具体而言，二手车鉴定评估的目的有以下几点：

（1）车辆交易。车辆交易即二手车的买卖，是二手车业务中最常见的一种经济行为。在二手车的交易过程中，买卖双方对交易价格的期望值是不同的。而二手车鉴定估价人员对欲交易的二手车进行的鉴定估价是作为第三方估价，可以作为双方议价的基础，从而起到协助确定二手车交易成交额的作用，进而协助二手车交易的达成。评估师必须站在公正、独立的立场对交易车辆进行评估，提供一个评估值，作为买卖双方成交的参考价格。

（2）车辆置换。随着2005年《汽车贸易政策》的颁布，越来越多的品牌专卖店（4S店）开展以旧换新的置换业务。为使车辆置换顺利进行，必须对待置换的二手车进行鉴定评估并提供合理的评估值。

（3）企业资产变更。在公司合作、合资、联营、分设、合并、兼并等经济活动中，牵涉资产所有权的转移，车辆作为固定资产的一部分，自然也存在产权变更的问题。在产权变更时，必须对其价值进行评估。

（4）车辆拍卖。法院罚没车辆、企业清算车辆、海关获得的抵税和放弃车辆、个人或单位的抵债车辆、公车改革的公务用车均须经过拍卖市场公开拍卖变现。拍卖前必须对车辆进行评估，提供拍卖的底价。

（5）抵押贷款。银行为了确保放贷安全，要求贷款人以一定的资产作为抵押，如以在用汽车为抵押物，给予贷款人与汽车价格相适应的贷款。因此，需要专业评估人员对汽车的价值进行评估。汽车价格评估值的高低，对贷款人而言，决定其可申请贷款的额度；对放贷者而言，评估的准确性在一定程度上影响着贷款回收的安全性。

（6）机动车保险。保险公司要根据财产价值的大小以及相应的费率收取保费，故车辆投保时必须对车辆进行评估。

（7）司法鉴定。当事人遇到涉及车辆的诉讼时，委托鉴定估价师对车辆进行评估，有助于了解事实真相；同时，法院判决时，可以依据评估结果进行宣判。这种评估也可由法院委托评估机构进行。评估机构也可以接受法院等司法部门或个人的委托，鉴定和识别走私车、盗抢车、非法拼装车等非法车辆。

（8）修复价格评估。汽车修理厂应根据保险公司勘察人员提供的定损清单资料（也就是事故车的损失评估），确定更换部件的名称、数量、金额和修理部件的范围、工时定额费用及附加费，从而控制事故车辆总的修理费用，防止修理范围任意扩大。

3. 二手车鉴定评估的范围

随着汽车与经济和社会活动联系的紧密和功能的拓展，车辆鉴定评估行为也逐步渗透到社会的各个领域，成为资产评估重要组成部分。通过二手车评估目的可见，二手车评估的范围包括以下领域。

（1）在流通领域，二手车在不同消费能力群体中互相转手，需要鉴定估价。

（2）有关企业开展收购、代购、代销、租赁、置换、回收（拆解）等二手车经营业务需要鉴定估价。

（3）在金融系统，银行、信托商店及保险公司开展抵押贷款、典当、保险理赔业务时，需要对相关车辆进行鉴定估价。

（4）有关单位通过拍卖形式处理罚没车辆、抵押车辆、企业清算等车辆时，需要对车辆进行鉴定评估以获取拍卖底价。

（5）司法部门在处理相关案件时，也需要以涉案车辆的鉴定评估结果作为裁定依据。

（6）企业或个人在公司注册、合资、合作、联营及合并、兼并、重组过程中也会涉及二手车鉴定评估业务。

除此以外，二手车鉴定估价的一个重要任务就是要鉴定、识别走私、盗抢、报废、拼装等非法车辆，防止其通过二手车市场重新流入社会。

四、二手车鉴定评估的业务类型和特点

1. 二手车鉴定评估的业务类型

按鉴定评估服务对象的不同，把鉴定评估的业务类型分为交易类业务和咨询服务类业务。

交易类业务是服务于交易市场内部的二手车交易，主要目的是判定二手车的来历、确定收购价格、为交易双方提供交易的参考价格等。

咨询服务类业务是服务于交易市场外部的非交易业务，如资产评估（涉及车辆部分）、抵押贷款估价、法院咨询等。

交易类业务和咨询服务类业务一般都是有偿服务，其评估的程序和作业内容并没

有太大的差别，但评估的目的不同，其评估作业的侧重点有所不周。例如，交易类评估的侧重点是二手车的来历、能否进入二手车市场流通及二手车的估价；而咨询服务类牵涉识伪判定、交易程序解答、市场价格咨询、国家相关法规咨询等方面的内容多些，当然也有一些要求提供正式的车辆评估价。

2. 二手车鉴定评估的特点

由于汽车是高科技产品，二手车流通又属特殊商品流通，与其他资产评估相比，二手车鉴定估价具有以下特征：

（1）涉及知识面广。二手车鉴定评估的理论和方法以资产评估学为基础，涉及经济管理、市场营销、金融、价格、财会及机械原理、汽车构造等多方面知识，技术含量高，因此二手车技术鉴定的知识依赖性较强。

（2）政策性强。对于从事二手车鉴定评估人员既要熟知《拍卖法》《国有资产评估管理办法》《机动车强制报废标准规定》《二手车流通管理办法》等政策法规，还要掌握车辆管理有关规定及各地相关的配套措施。

（3）实践和技能水平要求高。要求从业人员不仅会驾驶汽车，而且还能使用检测仪器和设备，结合目测、耳听、手摸等手段判断二手车外观、总成的基本技术状况，能够通过路试判断发动机、传动系、转向系、制动系、电路、油路等工作情况，甚至对汽车主要部件功能和是否更换也要有一定的了解。评估过程是以人的智力活动为中心开展的，评估质量的高低取决于评估人员掌握的信息、知识结构和经验高低，体现评估人员的主体性。

（4）动态特征明显。目前，汽车产品更新换代快，结构升级、技术创新层出不穷，加之市场经济条件下市场行情的变化莫测，使二手车鉴定评估工作具有极强的动态性、时效性。要求从业人员在具体工作中不仅要掌握有关的账面原值、净值、历史依据，更要结合评估基准日的市场价格和行情，才能准确做出评估结果。

另外，由于被评估对象的类似性、重复性，要求评估机构在评估过程中加强自律性，克服随意性，而且由于汽车产品在不同的环节的价值属性比较复杂，决定了二手车评估的多样性。

3. 鉴定评估的假设

任何一门学科的形成都是有前提的，而一般的前提都是假设。汽车的评估原理也是一样，它的存在需要有一定的前提，这就是假设。汽车评估人员只有理解了假设，才能根据不同的情况下做出最合理的评估。

（1）继续使用假设。即车辆将按现行用途继续使用，或转换用途继续使用。对于车辆的评估只能从继续使用出发，而不能按车辆拆零出售零部件所得收入进行计价。在确定车辆能否继续使用时，必须充分考虑的条件是车辆具有显著的使用寿命；车辆所有权的明确；车辆在法律和经济上允许转让；充分考虑车辆的使用功能。

（2）公开市场假设。即假定上市场交易的车辆交易双方是彼此平等的，他们都能获得足够的市场信息和机会。不同的车辆，其性能用途不同，则交易期望价格也就不同。在车辆评估时，按照公开市场假设处理可做适当的调整，才能获得最佳的效益。

（3）清算清偿假设。即指用车辆所有者在某种压力下被强制进行整体或拆零，经协商，或以拍卖方式在市场上出售。这种情况下的车辆具有一定的特殊性，其估价值可能大大低于继续使用或公开市场的评估价值。

【任务实施】

（1）学生每2人自由结合为一小组，一人扮演车主，一人扮演评估师，模拟二手车评估前的业务接洽情景，并完成表2-1的实训工作单。

表2-1 实训工作单

实训任务：二手车业务洽谈

学号		姓名	
描述车主基本情况				
车主评估的目的				
二手车的基本情况 二手车的类别： 二手车的名称：　　　　型号：　　　　　　生产厂家： 生产日期：　　　　　　初次登记日期： 行驶里程：　　　　　　新车来历：　　　　　　车籍： 使用性质：　　　　　　手续是否齐全： 是否正常年检（若没有进行年检，注明原因）：			

续表

其他信息	
是否达成委托评估意向？　　□是　　□否 如果达成委托意向，记录车主要求的评估时限及期望的价格。 如果没有达成委托评估意向，记录原因。	
自我评价：　　□非常熟练　　□比较熟练　　□一般　　□不熟练 老师评价：	

（2）老师根据学生情景模拟的完成情况给予点评，评价内容见表 2-2。

表 2-2　教师评价记录表

实训项目：二手车业务洽谈

学号		姓名	
项目内容	摘要记录	分值	得分
资料准备		10	
与车主沟通情况		10	
语言表达		10	
工作单填写情况		30	
委托书填写情况		30	
委托书的解释情况		10	
总评成绩		100	
老师意见 年　月　日			

任务二　二手车鉴定委托和证件核对

【任务描述】

二手车鉴定的首要环节就是接受委托后拟定鉴定评估方案，检查核对车主和标的车的相关证件，二手车的法定证件主要有机动车来历证明、机动车行驶证、机动车登记证书、机动车号牌、道路运输证、机动车检验合格标志等，其目的就是确认评估车辆手续的合法性、齐全性及有效性。

【相关知识】

二手车鉴定评估的流程如图 2-1 所示。

接受委托 → 核对证件 → 静态检查 → 动态检查 → 仪器检查 → 车辆拍照

图 2-1　鉴定评估流程图

二手车鉴定工作就是按照二手车鉴定评估作业表的项目进行，主要包括检查核对证件、核查被评估车辆的结构特点、鉴定车辆现时技术状态并做出鉴定结论，同时给车辆拍照存档。

二手车鉴定评估人员通过现场勘察鉴定二手车现时技术状况，其目的是公正、科学地确定委托评估车辆的技术现状及价值。这项工作完成后，鉴定评估人员应客观地给出鉴定评估过程的描述和评估结论。

一、接受委托

1. 业务洽谈

业务洽谈是二手车鉴定评估的第一项工作，也是一项重要的日常工作。业务洽谈工作的好坏直接影响二手车鉴定评估机构的形象和信誉，也是企业生存的基础。因此，二手车鉴定评估人员应该重视并做好业务洽谈工作。

与客户进行业务洽谈的主要内容有：车主基本情况、车辆情况、委托评估的意向、时间要求等。通过业务洽谈，应该初步了解下述情况：

（1）车主单位（或个人）的基本情况。车主即机动车所有人，指车辆所有权的单位或个人。了解洽谈的客人是否是车主，只有车主才有车辆处置权，否则，无车辆处置权。

（2）评估目的。一般来说，委托二手车交易市场评估的业务大多数属于交易类业务，车主要求鉴定评估的目的大都是作为卖买双方成交的参考底价。

（3）评估对象及其基本情况。

①二手车类别。确认被评估车辆是汽车，还是拖拉机，或是摩托车。

②二手车名称、型号、生产厂家、使用燃料种类、出厂日期。

③二手车管理机关初次注册登记的日期、已使用年限及行驶里程。

④二手车来历。是市场上购买，还是走私罚没处理或是捐赠免税车。

⑤车籍。即车辆牌证发放地。

⑥使用性质。是公务用车、商用车，还是专业运输车或是出租营运车，还是私家车。

⑦各种证件税费等是否齐全，是否年检和保险。

⑧事故情况。勘察车辆是否发生过事故，如果发生过事故，确认事故的位置、更换的主要部分和总成情况。

⑨现时技术状况。检查发动机有无异响、排烟、动力、行驶等情况。

⑩大修次数。确认车辆是否大修过以及大修次数等。

⑪选装件情况。是否加装音响、真皮座椅、桃木内饰等选装件，与基本配置的差异等。

在洽谈中，上述基本情况了解清楚以后，就应该做出是否接受委托的决定。如果不能接受委托应该说明原因，客户对交易不清楚的地方应该接受咨询，耐心给予解答和指导；如果接受委托，就要签订二手车鉴定评估委托书。

2. 签订二手车鉴定评估委托书（合同）

二手车鉴定评估委托书又称为二手车鉴定评估委托合同，是指二手车鉴定评估机构与法人、其他组织或自然人之间为实现二手车鉴定评估的目的，明确双方权利义务关系所订立的协议。

二手车鉴定评估委托合同是受托方与委托方对各自权利、责任和义务的协定，是一项具有经济合同性质的契约。二手车鉴定评估委托合同中应写明的内容有：

（1）委托方和二手车鉴定评估机构的名称、住所、工商登记注册号、上级主管单位、二手车鉴定评估人员资格类型及证件编号。

（2）鉴定评估目的、车辆类型和数量。

（3）委托方须做好的基础工作和配合工作。

（4）鉴定评估工作的起止时间。

（5）鉴定评估收费金额及付款方式。

（6）反映协议双方各自的责任、权利、义务以及违约责任的其他内容。

二手车鉴定评估委托合同必须符合国家法律、法规和资产评估业的管理规定。涉及国有资产占有单位要求申请立项的二手车鉴定评估业务，应由委托方提供国有资产管理部门关于评估立项申请的批复文件，经核实后，方能接受委托，签署委托合同。委托合同（书）范例如下：

二手车鉴定评估委托书（示范文本）

委托书编号：_____

委托方名称（姓名）：　　　　　法人代码证（身份证）号：
鉴定评估机构名称：　　　　　　法人代码证：
委托方地址：　　　　　　　　　鉴定评估机构地址：
联系人：　　　　　　　　　　　电话：
因 □交易 □典当 □拍卖 □置换 □抵押 □担保 □咨询 □司法裁决需要，委托人与受托人达成委托关系，号牌号码为_____，车辆类型为_____，车架号（VIN码）为_____的车辆进行技术状况鉴定并出具评估报告书， 年 月 日前完成。

委托评估车辆基本信息

车辆情况	厂牌型号		使用用途	营运 □ 非营运 □
	总质量/座位/排量		燃料种类	
	初次登记日期	年 月 日	车身颜色	
	已使用年限	年 个月	累计行驶里程（万公里）	
	大修次数	发动机（次）	整车（次）	
	维修情况			
	事故情况			
价值反映	购置日期	年 月 日	原始价格（元）	

备注：

委托方：（签字、盖章）　　　　　　　受托方：（签字、盖章）
　　　　　　　　　　　　　　　　　　（二手车鉴定评估机构盖章）

年 月 日　　　　　　　　　　　　　年 月 日

1. 委托方保证所提供的资料客观真实，并负法律责任。
3. 仅对车辆进行鉴定评估。
4. 评估依据：《机动车运行安全技术条件》《二手车鉴定评估技术规范》等。
5. 评估结论仅对本次委托有效，不做它用。
6. 鉴定评估人员与有关当事人没有利害关系。
7. 委托方如对评估结论有异议，可于收到《二手车鉴定评估报告》之日起10日内向受托方提出，受托方应给予解释。

3. 拟订鉴定评估方案

鉴定评估方案是二手车鉴定评估人员进行二手车鉴定评估工作的规划和安排，其主要内容包括评估目的、评估对象和范围、评估基准日、协助评估人员工作的其他人员安排、现场工作计划、评估程序、评估具体工作和时间安排、拟采用的评估方法及其具体步骤等。确定鉴定评估方案后，下达二手车鉴定评估作业表，进行鉴定评估工作。二手车鉴定评估作业表的式样参见表2-3。

表2-3　二手车鉴定评估作业表

车主			所有权性质	
住址				
原始情况	厂牌型号		车牌号码	
	车辆识别代号（VIN）		车身颜色	
	发动机号		使用用途	
	载重量/座位/排量		燃料种类	
	初次登记日期		车辆类型	
	已使用年限（月）		累计行驶里程	
检查核对交易证件	证件	□原始发票□机动车登记证书□机动车行驶证□法人代码证或身份证□其他		
	税费	□购置附加税□车船使用税□其他		
结构特点				
现时技术状况				
维护保养情况			现时状态	

续表

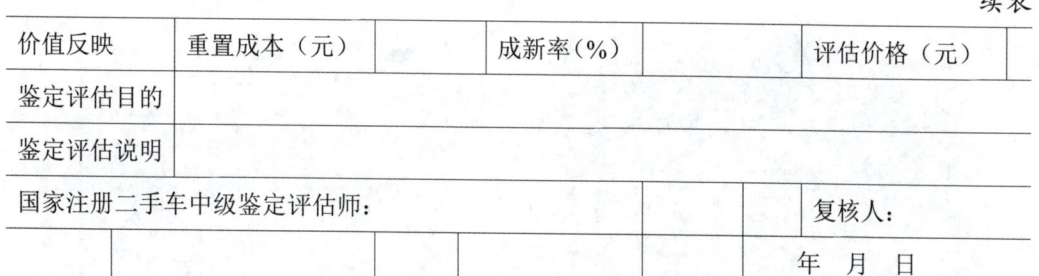

价值反映	重置成本（元）		成新率（%）		评估价格（元）	
鉴定评估目的						
鉴定评估说明						
国家注册二手车中级鉴定评估师：					复核人：	
					年　月　日	

　　二手车鉴定评估人员（签名）　　　　复核人（签名）

　　年　月　日　　　　　　　　　　　　年　月　日

说明：①现时技术状况：必须如实填写对车辆进行技术鉴定的结果，客观真实地反映出二手车主要部件（含车身、底盘、发动机、电气、内饰等）以及整车的现时技术状况。

②鉴定评估说明：应详细说明重置成本的计算方法、成新率的计算方法以及评估价格的计算方法。

二、证件核对

1. 二手车的法定证件

二手车的法定证件主要有机动车来历证明、机动车行驶证、机动车登记证书、机动车号牌、道路运输证、机动车检验合格标志等。

（1）机动车来历证明。

机动车来历证明是二手车来源的合法证明。机动车来历证明主要包括以下几个方面：

1）在国内购买机动车的来历凭证，可分为新车来历证明和二手车来历证明。在国外购买的机动车，其来历凭证是该车销售单位开具的销售发票及其翻译文本。

①新车来历证明。新车来历证明是指经国家工商行政管理机关验证（加盖工商验证章）的机动车销售发票（即原始购车发票），如图2-2所示。通常在购买新车时，可在当地的工商行政管理局机动车市场管理分局办理工商验证手续。

②二手车来历证明。二手车来历证明是指经国家工商行政管理机关验证（加盖工商验证章）的二手车交易发票，如图2-3所示。二手车交易发票反映了即将交易的车辆曾是一辆已经交易过的合法使用的二手车。2005年10月《二手车流通管理办法》颁布施行，全国统一了二手车销售发票，目前国内大部分地区都使用了新版的"二手车销售统一发票"。而在统一发票之前，各地的旧车交易发票样式繁多，也造成了管理上的难度。

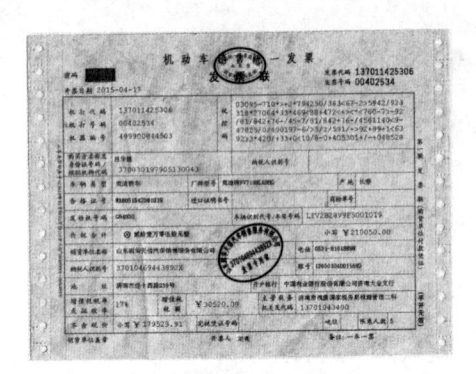

图 2-2　新车来历证明　　　　　　　图 2-3　二手车来历证明

2）人民法院调解、裁定或者判决转移的机动车，其来历凭证是人民法院出具的已经生效的《调解书》《裁定书》或《判决书》以及相应的《协助执行通知书》。

3）仲裁机构仲裁裁决转移的机动车，其来历凭证是《仲裁裁决书》和人民法院出具的《协助执行通知书》。

4）继承、赠予、中奖和协议抵偿债务的机动车，其来历凭证是继承、赠予、中奖和协议抵偿债务的相关文书和公证机关出具的《公证书》。

5）资产重组或者资产整体买卖中包含的机动车，其来历凭证是资产主管部门的批准文件。

6）国家机关统一采购并调拨到下属单位未注册登记的机动车，其来历凭证是全国统一的机动车销售发票和该部门出具的调拨证明。

7）国家机关已注册登记并调拨到下属单位的机动车，其来历凭证是该部门出具的调拨证明。

8）经公安机关破案发还的被盗抢且已向原机动车所有人理赔完毕的机动车，其来历凭证是保险公司出具的"权益转让证明书"。

9）更换发动机、车身、车架的来历凭证，是销售单位开具的发票或者修理单位开具的发票。

（2）机动车行驶证。

机动车行驶证是由公安机关交通管理部门依法对车辆进行注册登记核发的证件。它是机动车取得合法行驶权的凭证，如图 2-4 所示。《中华人民共和国道路交通安全法》第十一条规定，机动车行驶证是车辆上路行驶必须携带的证件。

（3）机动车登记证书。

机动车登记证书是由公安机关交通管理部门核发和管理的，是机动车的"户口本"和所有权证明，具有产权证明的性质，如图 2-5 所示。所有机动车的详细信息及机动车所有人的资料都记载在上面。当证书上所记载的原始信息发生变动时，机动车所有人应当及时到车辆管理所办理变更登记；当机动车所有权转移时，原机动车所有人应当将机动车登记证书做变更登记后随车交给现机动车所有人。因此，机动车登记证书是机动车从"生"到"死"的完整记录。

图 2-4　机动车行驶证

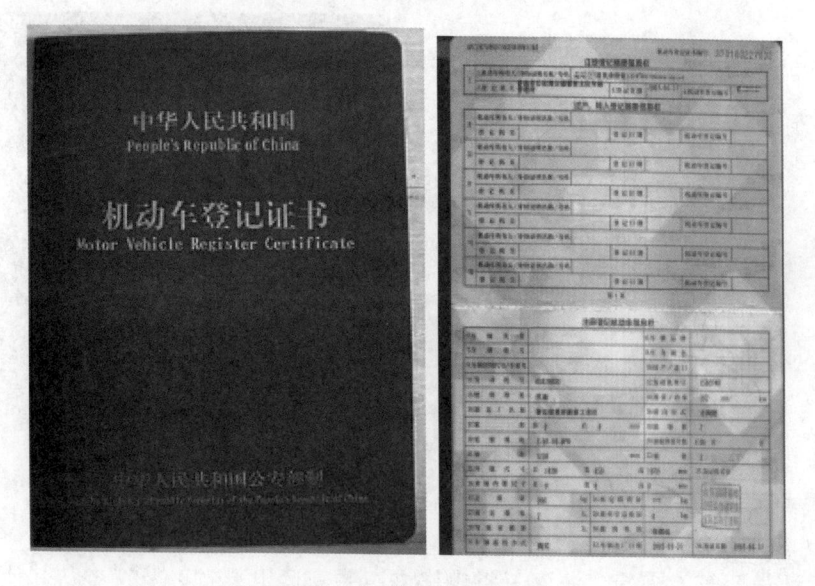

图 2-5　机动车等级证书

（4）机动车号牌。

机动车号牌是由公安局车辆管理机关依法对机动车进行注册登记核发的号牌。它和机动车行驶证一同核发，其号码与行驶证一致。机动车号牌是机动车取得合法行驶权的标志。

（5）道路运输证。

道路运输证是县级以上人民政府交通主管部门设置的道路运输管理机构对从事旅

客运输（包括城市出租客运）、货物运输的单位和个人核发的随车携带的证件，如图2-6所示（各地样式可能有所不同）。营运车辆转籍过户时，应到运管机构及相关部门办理营运过户有关手续。道路运输证只有运营车辆才有，非运营车辆没有此证。

（6）机动车检验合格标志。

①机动车安全技术检验合格标志。机动车必须进行安全技术检验，检验合格后，公安机关发放合格标志，如图2-7所示。根据《中华人民共和国道路交通安全法实施条例》第十三条的规定，机动车检验合格标志应贴在机动车前挡风玻璃右上角。

②营运车辆综合性能检测合格标志。凡在我国境内从事客、货运输的车辆，每年必须经汽车综合性能检测站检测，检测合格后由道路运输管理部门核发"综合性能检测合格"标志，并要求粘贴于前挡风玻璃右上角。

③机动车环保检验合格标志。机动车必须进行环保技术检验，检验合格后，由环保部门核发合格标志，并粘贴在机动车前挡风玻璃右上角。

图2-6　运输证　　　　图2-7　检验合格标志

（7）准运证。

准运证是广东、福建、海南三省口岸进口并需运出三省以及三省从其他口岸进口需销往外省市的进口新旧机动车，必须经国家商务部审批核发的证件。准运证一车一证。

（8）轿车定编证。

轿车是国家规定的专项控制商品之一，轿车定编证是各地政府落实国务院关于严格控制社会集团购买力的通知精神，由各地方政府控制社会集团购买力办公室签发的证件。国家为了支持轿车工业的发展，后来决定取消购买车辆控购审批。各地政府根据当地实际情况，所执行控购情况并不相同。

2. 二手车各种税费单据

二手车的税费包括车辆购置税、车船税和车辆保险费等。

（1）车辆购置税。

车辆购置税是国家向所有购置车辆的单位和个人，包括国家机关和单位以纳税形式征收的一项费用。其目的是解决发展公路运输事业与国家财力紧张的突出矛盾，筹集交通基础建设资金。

1）车辆购置税的计算。车辆购置税的征收标准，目前是按车辆计税价的10%计征，由车辆登记注册地的主管税务机关征收。它是购买车辆后支出的最大一项费用。

车辆购置税应纳税额＝计税价格×10%

计税价格根据不同情况，按照下列情况确定：

①纳税人购买自用应税车辆的计税价格，为纳税人购买应税车辆而支付给销售商的全部价款和价外费用，不包括增值税税款。也就是说按取得的"机动车销售统一发票"上开具的价费合计金额除以（1+17%）作为计税依据，乘以10%即为应缴纳的车购税。

应注意国家对该项税收计税标准的调整政策，如2009年1月20日至12月31日期间，排气量在1.6升及以下的小排量乘用车，车辆购置税税率减半征收（5%），而2010年又提高到7.5%。

②纳税人购买进口自用车辆的应税车辆的计税价格计算公式为：

计税价格＝关税完税价格＋关税＋消费税

③纳税人自产、受赠、获奖或者以其他方式取得并自用车辆，计税依据参照国家税务总局核定的应税车辆最低计税价格核定。

购买自用或者进口自用车辆，纳税人申报的计税价格低于同类型应税车辆的最低计税价格，又无正当理由的，计税依据为国家税务总局核定的应税车辆最低计税价格。最低计税价格是指国家税务总局依据车辆生产企业提供的车辆价格信息并参照市场平均交易价格核定的车辆购置税计税价格。

申报的计税价格低于同类型应税车辆的最低计税价格，又无正当理由的，是指纳税人申报的车辆计税价格低于出厂价格或进口自用车辆的计税价格。

④按特殊情况确定的计税依据。对于进口旧车、因不可抗力因素导致受损的车辆、库存超过三年的车辆、行驶8万km以上的试验车辆、国家税务总局规定的其他车辆，主管税务机关根据纳税人提供的"机动车销售统一发票"或有效凭证注明的价格确定计税价格。

2）车辆购置税的征收范围。车辆购置税的具体征收范围依照《中华人民共和国车辆购置税暂行条例》所附《车辆购置税征收范围表》（见表2-4）执行。

表 2-4　车辆购置税征收范围表

应税车辆	具体范围	注释
汽车	各种汽车	
摩托车	轻便摩托车	最高设计时速不大于 50 km/h，发动机气缸总排量不大于 50 ml 的两个或者 3 个车轮的机动车
	二轮摩托车	最高设计时速大于 50 km/h，或者发动机气缸总排量大于 50 ml 的两个车轮的机动车
	三轮摩托车	最高设计时速大于 50 km/h，或者发动机气缸总排量大于 50 ml，空车质量不大于 400 kg 三个车轮的机动车
电车	无轨电车	以电能为动力，由专用输电电缆线供电的轮式公共车辆
	有轨电车	以电能为动力，在轨道上行驶的公共车辆
挂车	全挂车	无动力设备，独立承载，由牵引车辆牵引行驶的车辆
	半挂车	无动力设备，与牵引车辆共同承载，由牵引车辆牵引行驶的车辆
农用运输车	三轮农用运输车	柴油发动机，功率不大于 7.4 kW，载质量不大于 500 kg，最高车速不大于 40 km/h 的三个车轮的机动车
	四轮农用运输车	柴油发动机，功率不大于 28 kW，载质量不大于 1500 kg，最高车速不大于 50 km/h 的四个车轮的机动车

3）车辆购置税的免税、减税范围。车辆购置税的免税、减税范围按下列规定执行：

①外国驻华使馆、领事馆和国际组织驻华机构及其外交人员自用的车辆免税；

②中国人民解放军和中国人民武装警察部队列入军队武器装备订货计划的车辆免税；

③设有固定装置的非运输车辆免税；

④有国务院规定予以免税或者减税的其他情形的，按照规定免税或者减税；

⑤对于挖掘机、平地机、叉车、装载车（铲车）、起重机（吊车）、推土机等六种车辆免税。

（2）车船税。

车船税征收依据是 2012 年 1 月 1 日起实施的《中华人民共和国车船税法》。根据规定，凡在中华人民共和国境内，车辆、船舶（以下简称车船）的所有人或者管理人为车船税的纳税人，应当依照本法的规定缴纳车船税。车船税由地方税务机关负责征收。车船税征收标准见表 2-5。

表 2-5 车船税税目税额表

税目	计税单位	每年税额	备注
载客汽车	每辆	60 元至 660 元	包括电车
载货汽车	按自重每吨	16 元至 120 元	包括半挂牵引车、挂车
三轮汽车低速货车	按自重每吨	24 元至 120 元	——
摩托车	每辆	36 元至 180 元	——
船舶	按净吨位每吨	3 元至 6 元	拖船和非机动驳船分别按船舶税额的 50% 计算

注：专项作业车、轮式专用机械车的计税单位及每年税额由国务院财政部门、税务主管部门参照本表确定。

《中华人民共和国车船税法》第三条规定，下列车船免征车船税。
①捕捞、养殖渔船。
②军队、武警专用的车船。
③警用车船。
④依照法律规定应当予以免税的外国驻华使领馆、国际组织驻华机构及其有关人员的车船。

《中华人民共和国车船税法》第五条规定，省、自治区、直辖市人民政府可以根据当地实际情况，对公共交通车船、农村车船给予定期减税、免税。

（3）机动车保险费。

机动车保险是各种机动车在使用过程中发生事故，造成车辆本身以及第三者人身伤亡和财产损失后的一种经济补偿制度。机动车保险费是机动车所有人向保险公司所交付的与保险责任相适应的费用，其目的是在机动车发生意外事故时，转嫁风险，使自己避免发生较大损失。机动车保险实际上是一种运用社会集体的力量，共同建立规避风险基金进行补偿或给付的经济保障。

我国机动车保险险种分为基本险和附加险两大类。基本险又称主险，是指不需附加在其他险别之下的，可以独立承保的险别，简单地说，能够独立投保的保险险种称为基本险。附加险是相对于主险（基本险）而言的，顾名思义是指附加在主险合同下的附加合同。它不可以单独投保，要购买附加险必须先购买主险。基本险和附加险又分别有不同险种。基本险分为车辆损失险（简称车损险）、第三者责任险和车辆盗抢险（车辆盗抢险是从 2007 年 4 月 1 日起由附加险升为主险的）。机动车附加险又分为车上人员责任险、无过失责任险、车载货物掉落责任险、玻璃单独破碎险、划痕险、车辆停驶损失险、自燃损失险、新增设备损失险和不计免赔特约险等。如果附加险的条款和基本险条款发生抵触，抵触之处的解释以附加险条款为准；如果附加险条款未作规定则以基本险条款为准。保险人按照承保险别分别承担保险责任。

1) 车损险。车损险是指保险车辆遭受保险责任范围内的自然灾害（不包括地震）或意外事故，造成保险车辆本身损失，保险人依据保险合同的规定给予赔偿的保险。车损险是一种商业险种，车主自愿购买，不能强制购买的。

2) 第三者责任险。第三者责任保险是指保险期间内，被保险人或其允许的合法驾驶人使用被保险机动车过程中发生意外事故，致使第三者遭受人身伤亡或财产直接损毁，承保人依法给予赔偿的经济赔偿责任。保险合同中的第三者是指因被保险机动车发生意外事故遭受人身伤亡或者财产损失的人，但不包括被保险机动车本车上人员、投保人、被保险人和保险人。第三者责任险曾经是我国多数地区强制实行的险种，目前我国机动车第三者责任险分为商业性的第三者责任险（简称三者险）和公益性的机动车交通事故责任强制保险（简称"交强险"）两种。

交强险是我国首个由国家法律规定实行的强制保险制度。交强险是由保险公司对被保险机动车发生道路交通事故造成受害人（不包括本车人员和被保险人）的人身伤亡、财产损失，在责任限额内予以赔偿的强制性责任保险。交强险具有法定性、强制性、广覆性及公益性的特点。交强险与三者险的区别主要表现在以下几个方面：

①实行强制性投保和强制性承保。交强险其强制性一方面体现在所有上路行驶的机动车的所有人或管理人必须依法投保该险种，且保险公司不得拒绝承保和随意解除合同。

②赔偿原则发生变化。目前实行的机动车第三者责任商业保险，保险公司是根据被保险人在交通事故中所承担的事故责任来确定其赔偿责任。交强险实施后，无论被保险人是否在交通事故中负有责任，保险公司均将按照《机动车交通事故责任强制保险条例》（简称《条例》）以及交强险条款的具体要求在责任限额内予以赔偿。

③保障范围宽。为了有效控制风险，减少损失，机动车第三者责任商业保险规定有不同的责任免责事项和免赔率（额）；而交强险除被保险人故意造成交通事故等少数几种情况外，其保险责任几乎涵盖了所有道路交通风险，且不设免赔率与免赔额。

④按不盈不亏原则制定保险费率。交强险不以盈利为目的，并与其他保险业务分开管理、单独核算；而机动车第三者责任商业保险则无需与其他车险险种分开管理、单独核算。

⑤实行分项责任限额。机动车第三者责任商业保险无论人伤还是物损均在一个限额下进行赔偿，并由保险公司自行制定责任限额水平；交强险由法律规定实行分项责任限额，即分为死亡伤残赔偿限额、医疗费用赔偿限额、财产损失赔偿限额以及被保险人在道路交通事故中无责任的赔偿限额。

⑥实行统一条款和基础费率，并且费率与交通违章挂钩。在机动车第三者责任商业保险中不同保险公司的条款费率相互存在差异；而交强险实行全国统一的保险条款

和基础费率。

《条例》规定，公安机关交通管理部门、农业（农业机械）主管部门（以下统称机动车管理部门）应当依法对机动车参加机动车交通事故责任强制保险的情况实施监督检查。对未参加机动车交通事故责任强制保险的机动车，机动车管理部门不得予以登记，机动车安全技术检验机构不得予以检验。

公安机关交通管理部门及其交通警察在调查处理道路交通安全违法行为和道路交通事故时，应当依法检查机动车交通事故责任强制保险的保险标志，如图2-8所示。

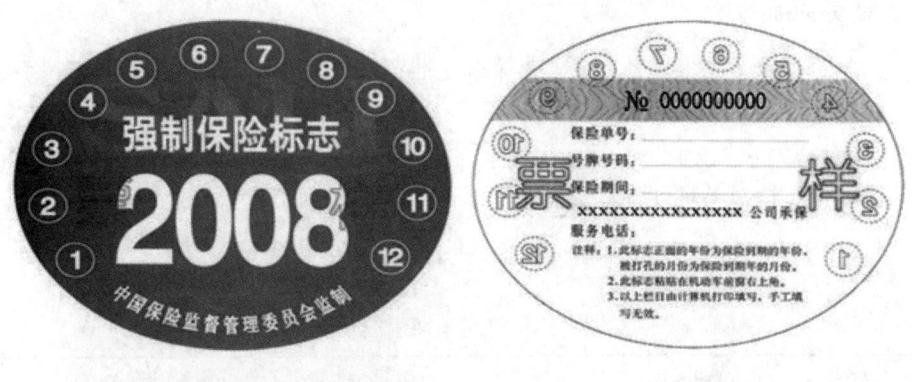

交通事故责任强制保险标志正面图片　　　　　反面图片

图 2-8　交强险标志

上路行驶的机动车未放置保险标志的，公安机关交通管理部门应当扣留机动车，通知当事人提供保险标志或者补办相应手续，可以处警告或者20元以上200元以下罚款。

伪造、变造或者使用伪造、变造的保险标志，或者使用其他机动车的保险标志，由公安机关交通管理部门予以收缴，扣留该机动车，处200元以上2000元以下罚款；构成犯罪的，依法追究刑事责任。

3）盗抢险。盗抢险全称是机动车辆全车盗抢险。盗抢险是一种商业险，不是强制性购买的。机动车辆全车盗抢险的保险责任为全车被盗窃、被抢劫、被抢夺造成的车辆损失以及在被盗窃、被抢劫、被抢夺期间受到损坏或车上零部件、附属、设备丢失需要修复的合理费用。可见，机动车辆全车盗抢险的保险责任包含两部分：一是因被盗窃、被抢劫、被抢夺造成的保险车辆的损失；二是因保险车辆被盗窃、被抢劫、被抢夺造成的合理费用支出。对上述两部分费用由保险公司在保险金额内负责赔偿。

(4)客、货运附加费。

客、货运附加费是国家本着取之于民、用之于民的原则,向从事客、货营运的单位或个人征收的专项基金。它属于地方建设专项基金,各地征收的名称叫法不一,收取的标准也不尽相同。客运附加费是用于公路汽车客运站点设施建设的专项基金;货运附加费是用于港航、站场、公路和车船技术改造的专项基金。

【任务实施】

(1)根据班级人数和分组情况,老师事先准备几辆在用车,包括车辆的相关手续(可以故意安排部分车辆手续不全),以及各项证明材料的标准样本。

(2)老师为学生分组,六人一组,学生结合本任务学过的知识,针对现场指定的车辆,逐项检查核对各种证件和材料,填写表2-6的实训工作单。

表2-6 实训工作单

实训名称:核对车辆手续及证件

学号		姓名	

1. 所核对的车辆是否有来历证明: □有 □没有
(1) 若有来历证明,请说明来历证明是_____,经检验是 □真的 □伪。
(2) 若没有来历证明,原因是_____,能否补办? □可以 □不能。
①如果可以补办,理由是_____,补办的费用需要_____元。
②如果不能补办,理由是_____,可以采取的措施是_____。

2. 所核查的车辆是否有行驶证:□有 □没有
(1) 如果有行驶证,□真 □伪,是否在有效期内:□在 □失效。
(2) 如果没有行驶证,原因是_____,是否可以补办?□可以 □不可以
①如果可以补办,理由是_____,补办的费用需要_____元。
②如果不能补办,理由是_____,可以采取的措施是_____。

3. 所核查的车辆是否有登记证:□有 □没有
(1) 如果有登记证,□真 □伪。
(2) 如果没有登记证,原因是_____,是否可以补办?□可以 □不可以
①如果可以补办,理由是_____,补办的费用需要_____元。
②如果不能补办,理由是_____,可以采取的措施是_____。

续表

4. 所核查的车辆是否有号码牌：□有　□没有
（1）如果有号码牌，号码牌的种类是 _____，□真　□伪。
（2）如果没有号码牌，原因是 _____，是否可以补办？□可以　□不可以
①如果可以补办，理由是 _____，补办的费用需要_____元。
②如果不能补办，理由是 _____，可以采取的措施是 _____。

5. 所核查的车辆各类检验标志是否齐全：□是　□否
（1）如果齐全，是否有伪造证件或标志：□有　□无。如果有伪造的证件或标志，则伪造的证件或标志是 _____，应采取的措施是 _____。
（2）如果证件或标志不齐全，缺少的是 _____，是否可以补办？□可以　□不可以
①如果可以补办，理由是 _____，补办的费用需要_____元。
②如果不能补办，理由是 _____，可以采取的措施是 _____。

6. 所核查的车辆各类税费凭证是否齐全：□是　□否
（1）如果税费凭证齐全，是否有伪造凭证：□有　□无。如果有伪造的凭证，则伪造的凭证是 _____，应采取的措施是 _____。
（2）如果税费凭证不齐全，缺少的是 _____，是否可以补办？□可以　□不可以
①如果可以补办，理由是 _____，补办的费用需要_____元。
②如果不能补办，理由是 _____，可以采取的措施是 _____。

7. 学生自我评价：　　□非常熟练　□比较熟练　□一般　□不熟练

老师评价（包括检查时的语言、方式方法、是否有遗漏、准确程度等内容）

考核成绩：　　　　教师签字：　　　　　年　月　日

任务三　二手车技术状况的静态检查

【任务描述】

静态检查就是指车辆处在静止的状态下，评估人员根据自己的经验和技能，辅以

简单的工具和量具,对车辆的技术状况进行检查。这是汽车鉴定评估的基本检查,也是必须的检查。

【相关知识】

汽车技术状况静态检查的目的是快速、全面地了解汽车的大概技术状况。静态检查主要包括身份辨别和外观检查两大部分内容。

通过初步的全面检查,评估人员可以发现汽车表面上比较明显的缺陷,如是否拼装车辆、车身锈蚀、交通事故碰撞变形、零部件的损坏、发动机的严重磨损等问题。

一、静态检查的工具

二手车静态检查所需工具及用品大致如下:

①一个笔记本和一支签字笔或铅笔。用来记录看到、听到和闻到的异常情况,以及需要让机械师进一步检测和考虑的事情。

②一个手电筒。用来检查发动机舱和汽车下面又暗又脏的地方。

③一些棉丝头或纸巾。用于擦手或用于擦干净将要检查的零件。

④一块大的旧毛毯或帆布。用于仰面检查汽车底盘是否有漏油、磨损或损坏的零件等。

⑤一截 300~400mm 的清洁橡胶管或塑料管。可以当做"听诊器",用来倾听发动机或其他不可见地方是否有不正常的噪声。

⑥一个卷尺或小金属直尺。用于测量车辆和车轮罩之间的距离。

⑦一盒盒式录音带和一个光盘。用来测试磁带收放机和 CD 唱机。

⑧一个小型工具箱,里面应该装有:成套套筒棘轮扳手、一个火花塞筒扳手、各种旋具、一把尖嘴钳子和一个轮胎撬棒。

⑨一个小磁铁,用于检查塑料车身腻子的车身镶板或检查车身的平整度。

⑩一块万用表,用来进行辅助电气测试。

静态检查的目的是快速、全面地了解二手车的大概技术状况。通过全面检查,发现一些较大的缺陷,如严重碰撞、车身或车架锈蚀或有结构性损坏、发动机或传动系严重磨损、车厢内部设施不良、损坏维修费用较大等,为价值评估提供依据。

二、车辆的身份鉴别

车辆的身份鉴别又称识伪检查或车辆合法性检查,主要鉴别车辆的身份是否合法,可分为两大类:一类针对进口汽车,检查其是通过正规渠道进口的车辆,还是非法走私车辆、旧车拼装或者走私散件组装车辆等；另一类针对国产车，检查其是否冒牌车或拼装车等。

进行车辆身份鉴别时，要求检查评估人员凭借专业知识和丰富的市场和社会经验，结合相关部门提供的信息资料，对车辆进行详细的鉴别，特别是有些车辆由于某些原因资料不全或者不同部门提供的资料不吻合的情况，应严格鉴定。

1. 进口车的身份鉴别

正规的进口汽车都是通过正规渠道并符合我国的相关汽车质量标准要求和道路使用条件的，并且带有中文的使用手册和维护保养手册各一本，并且在前挡风玻璃上贴有黄色的商检标志（换过挡风玻璃的车辆可能丢失了商检标志），海关对进口汽车签发进口证明书。

走私汽车指不是通过国家正常的进口渠道进口、偷逃税收的车辆。拼装车是指不法厂商为了谋取高额利润，采取非法组织生产、拼装的方法，生产假冒伪劣汽车，常见的非法手段有：整车走私；境外切割、境内焊接拼装；进口散件国内拼装的外国品牌整车；利用旧车的零部件进行拼装；也有些是利用进口散件和国产零部件共同拼装的汽车等等。

被假冒的生产厂家不承认这些走私车辆，致使这些车辆的性能没有保障，售后服务也无法保障，对以后的汽车使用留下了极大的安全隐患。

评估人员在进行评估前，应将非法走私的车辆以及非法拼装的车辆予以识别，并禁止进行交易。关于进口车的鉴别可以从以下几个方面进行：

（1）检查车辆的产品合格证、维护保养手册是否齐全，并检查是否有商检证明书和商检标志。

（2）检查汽车的车辆识别代号 VIN 编码是否正确，同时确定该车是否在我国进口汽车的产品目录上；通过公安部门的车辆档案资料，查找该车辆的相关信息，确定车辆的合法性。

（3）检查车辆的外观。若是通过境外切割、境内焊接而拼装的车辆，一些小的曲线部位不可能处理得天衣无缝，总会留下一些加工痕迹，通过眼睛观察和用手触摸会发现车辆不是非常平整光滑。检查车身与发动机盖之间的缝隙是否一致整齐、间隙是否过大等现象。

（4）检查发动机室。首先检查发动机型号是否与该品牌汽车型号相符。其次检查各种管线布置是否有条理，是否有重新装配或者改装的痕迹，或者有新旧程度不一的零部件等。

（5）检查变速器，特别是自动变速器，由于我国的交通规则是"靠右行驶"，汽车的方向盘都在左边（中国香港和澳门地区除外），而有些国家和地区的汽车都是右驾车，走私进来的右驾车要改为左驾车很容易，但是为了降低成本获取更高的利润，走私者一般不换自动变速器。这样通过检查变速杆的保险按钮就可以发现——右驾车的变速杆的保险按钮在右侧，而左驾车变速杆的保险按钮在左侧。

2. 国产车的身份鉴别

相对进口车来说，国产车的身份容易鉴别。按照《机动车登记规定》第九条的规定，申请改变机动车车身颜色、更换车身或车架的，应当填写《机动车变更登记申请表》，提交法定证明、凭证。按照《机动车登记规定》第十条的规定，更换发动机的，机动车所有人应当于变更后十日内向车辆管理所申请变更登记，填写《机动车变更登记申请表》，提交法定证明、凭证，并交验机动车。

在鉴别国产车的身份时，首先检查汽车铭牌以及车辆识别代号 VIN 编码是否一致；其次检查发动机号、车架号与行驶证上的内容是否一致，初步判别车辆是否组装车或冒牌车。如果发现有不一致的地方，或者发动机号、车架号有被改动的痕迹，如焊接、凿痕、切割痕迹等，该车有可能是非法车辆，应进一步核实。由于汽车维修厂或改装厂一般搞不到国产车的车身，仿制也比较难，常采用切割、焊接等一系列方法，进行组装或改装车辆，评估人员只要仔细观察和触摸，就会发现改装的痕迹，从而鉴别车辆的假身份。

三、车辆的外观检查

汽车在使用过程中难免出现各种事故，车身的磕碰剐蹭也是比较普遍的。所以，在用车辆有一些做漆的地方也不足为奇（若发现新车有"做漆处理"的现象，则该车有可能是送车或试驾等过程出过事故，应仔细检查），因为它对二手车的价格不会造成多大影响。

车辆在进行外观检查之前通常都要进行外部清洗。外观检查过程中，对于底盘相关项目的检查，应该在设有检测地沟或有汽车举升器的工位上进行。

1. 检查车辆各种标牌

车辆标牌包括商标、铭牌、发动机型号和出厂编号、底盘型号和出厂编号等。检查车辆的发动机型号和出厂编号、底盘型号和出厂编号是否与行车执照上的记载相吻合；检查有无铭牌，是否标明了厂牌、型号、发动机功率、总质量、载质量或载客人数、出厂编号、出厂年、月、日及厂名。

2. 车身的外观检查

通过对车身的检查，特别是轿车和客车的车身，检查是否有严重的碰撞痕迹，可以判断是否曾经发生过严重事故。由于轿车和客车的车身在整车价值中权重较大，维修费用也比较高，故车身检查是技术状况鉴定的重要环节。检查顺序一般从车的前部开始，可以按以下方法进行：

（1）检查车身各处的缝隙。分别站在车的左前部和右前部，从车头往车尾观察车身各处接缝，如出现接缝不直、缝隙不一、线条弯曲、装饰条有脱落痕迹或新旧不一，说明该车的车身可能修理过，如图2-9所示。

图2-9　车身各处缝隙不一、接缝不直

（2）站在车前观察车漆的颜色和车身平整度。后补的油漆色彩往往不同于原车漆色，如果汽车补过漆，通过观察整个车身各个部位漆的颜色，如图2-10所示，通过车身反射光的明暗对比可以判断是否做漆，一般做漆的地方反射光较暗，可以检查是否出过事故。至于车身平整度，特别是有较大面积撞伤的部位，工人在补腻子、打磨腻子时往往磨不平，导致车身漆面看上去有波浪感，漆面凹凸不平。用漆面厚度仪，对车辆的某些部件进行漆面厚度检查，如图2-11所示，也可以用一磁铁沿车身四周移动，如图2-12所示，如果移到某处，感觉磁力突然减小，说明该处打过腻子、补过漆，用手敲击此处，声音较别处发闷。

图2-10　车身不同位置色差明显

图2-11　用漆面厚度仪检查是否打过腻子 　　图2-12　用小磁铁的吸力检验何处打过腻子

（3）检查保险杠。在交通事故中，保险杠是最易、最先被撞坏的易损件，通过检查保险杠是否变形、损坏、重新补漆等痕迹，可以判断汽车是否发生过碰撞事故。

（4）检查车门。站在车门前，观察 B 柱是否呈一直线以及接缝的平整度，若 B 柱不呈直线或者接缝不平整，说明车门经过整形工艺处理过；打开车门，观察门框是否呈一平面，若不平整，则说明进行过钣金处理；另外，可以观看车门附近是否有铆钉痕迹（原车结合时留下的），没有铆钉痕迹说明车子重新烤过漆。

（5）观察车窗、车门的关闭。车窗、车门应关闭灵活、密封严实，锁止可靠，缝隙均匀，胶条无老化现象，如图 2-13 所示，车门关闭不严，要仔细检查是否发生过事故，如图 2-14 所示，用手指按压胶条，检查胶条是否老化。检查前挡风玻璃是否有国家安全认证标志，没有则表明前挡风玻璃已经更换过。

图 2-13　车门关闭不严　　　　　　图 2-14　检查胶条是否老化

（6）检查后视镜、下视镜。汽车必须在左右各设一面后视镜，安装、调节及其视野范围要符合相关规定。车长大于 6m 的平头客车、平头货车应在车前设置一面下视镜。

（7）检查灯光。主要检查灯光是否齐全、有效，光色、光强、光照角度等是否符合国家标准的相关规定。

（8）检查车身金属件的锈蚀情况。随着汽车使用年限的增加，以及各种事故的损害，车身金属零部件逐渐锈蚀，如图 2-15 所示，通过锈蚀的严重程度可以判断该车的使用年限。检查的零部件主要是车门、车窗、排水槽、底板及各接缝处等等。

图 2-15　车身锈蚀

【例 2-1】检查车身的周正情况。

一辆二手车是否发生过碰撞以及碰撞的位置、力度大小、修复状况，如何检查？

方法一：如图2-16所示，在汽车的正前方5～6m远的地方蹲下，沿着轮胎和汽车的外表面向下看汽车的两侧，前、后车轮应排成一线；然后走到汽车后面进行同样的观察，前轮和后轮应该仍然成一条直线。如果不是这样，则说明车架或整体车身弯了。即使左侧前、后轮和右侧前、后轮互相成一条直线，但如果一侧车轮比另一侧车轮更突出车身，则表明汽车曾碰撞过。

图2-16 检查汽车两侧的前后轮是否在同一直线上

图2-17 测量每个车轮后面与轮罩后缘之间的距离

方法二：如图2-17所示，蹲在前车轮附近，检查车轮后面的空间，即车轮后面与车轮罩后缘之间的距离，用卷尺测量这段距离；再转到另一前轮，测量车轮后面和车轮罩后缘之间的距离；该距离应该和另一前轮大致相同。在后轮测量同一间隙；如果左前轮或左后轮和它们轮罩之间的距离与右前轮或右后轮的相应距离差别很大，则说明车架或整体车身弯了。

3. 驾驶室和车厢内部检查

（1）检查座椅。

所有的座椅安装应牢固可靠。驾驶员座椅、副驾驶员座椅及长途客车和旅游客车前面没有座椅或护栏的座椅的安全带应齐全、有效。

（2）查看座椅的新旧程度。

座椅表面应平整、清洁、无破损。若座椅松动或严重磨损，表面凹陷，说明该车经常载人，长时间在较高的负荷下运行，如图2-18所示。

(a) 座椅凹陷 　　　　　(b) 座椅磨损 　　　　　(c) 座椅磨损

图2-18　座椅凹陷、磨损

（3）查看车顶的内篷是否破裂，车辆内部是否污秽发霉，地毡或地板胶是否破损残旧，从地毯的磨痕可以推断车辆的使用频率。如图2-19所示，揭开地毡或地板胶，查看车厢底板是否有潮湿或生锈的痕迹，是否有烧焊的痕迹，如果有的话，说明该车下雨时可能漏水。

图2-19　掀开地毡或地板胶，检查是否有潮湿或锈迹

（4）查看车窗玻璃升降是否灵活。

（5）检查行李箱。

打开（客车）行李箱或（轿车）后备箱，如图2-20所示，检查箱盖防水胶条是否完好；检查行李箱或后备箱是否锈蚀；检查行李箱或后备箱两边的钣金件以及与后保险杠的接合处是否有烧焊的痕迹。

（6）查看仪表盘。

检查仪表盘底部有没有更改线束的痕迹，要求安装汽车行驶记录仪的车辆是否按要求安装，能否正常工作。

(a) 后备箱锈蚀　　　　　　(b) 密封不好，后备箱进水

图 2-20　后备箱的检查

（7）检查各踏板。

检查离合器踏板、制动踏板、加速踏板有无弯曲变形及干涉现象，各踏板胶条是否磨损过度；坐在车上试试所有踏板有没有弹性。离合器踏板应该有小许空间，同时留心听听踏下踏板时有无异常声响。

4. 发动机舱内检查

发动机的外观检查可以通过以下几个方面进行：

（1）检查发动机罩。

首先看外观。仔细查看与翼子板的密合度或发动机留有的缝隙是否一致，是否有大小不一的情形，发动机与挡风玻璃之间的间隙是否一致或留有原车的胶漆，这些都是检查的重点。其次检查内部。发动机罩内的检查是重点中的重点，打开发动机罩时，先检查一下其内侧，如果有烤过漆（或喷漆）的痕迹，表明这片盖板碰撞过，维修时喷过漆。然后检查发动机前部的端框，该部件往往是固定水箱和冷凝器的，同时它还是前大灯定位和调整的基准，所以非常重要。

（2）检查发动机外部清洗状况。

使用中车辆的发动机外部表面有少量的油迹和灰尘是正常现象，但是，如果发动机表面满是油污，说明发动机可能存在漏油现象，并且该车日常维护不到位；如果发动机表面满是灰尘，说明车主日常维护欠佳或者车辆使用环境恶劣；如果发动机表面一尘不染，则说明发动机刚进行过清洁处理，要特别注意卖主可能用蒸汽清洗发动机后才让买方看车，图 2-21 为蒸汽清洗发动机。

（3）检查蓄电池。

现在汽车用蓄电池多为免维护蓄电池，寿命一般在 3～4 年，维护得好寿命可以更长一些。如图 2-22 所示，消费者在检查蓄电池时，可先注意蓄电池上的制造日期，如果已经超过两年，则表示这个蓄电池已经快要报废了。大多数免维护蓄电池在盖上设有一个孔形液体（温度补偿型）比重计，它会根据电解液比重的变化而改变颜色，指示蓄电池的存放电状态和电解液液位的高度。当比重计的指示眼呈绿色时，表明已充足电，蓄电池正常；当指示眼绿点很少或为黑色，表明蓄电池需要充电；当指示眼显示淡黄色，表明蓄电池内部有故障，需要修理或进行更换。检查蓄电池在车上是否固定好，外壳表面是否有磕碰伤；检查蓄电池电缆是否连接可靠，排气孔是否有灰尘；通过蓄电池上的指示眼检查充电情况和质量状态，绿色表示合格，黑色表示亏电，淡黄色或白色表示电池损坏需要更换。

图 2-21　蒸汽清洗发动机

对于电瓶，我们主要看其正负极接线柱是否松动、腐蚀即可，以确保其不会出现断路情况

图 2-22　蓄电池的检查

（4）检查发动机机油状况。

正常情况下，车辆换过机油使用一段时间后，机油颜色会慢慢变黑。检查时，抽出机油尺，观察机油品质及油量，如图 2-23 所示。在白纸上擦一下，如果发现机油的颜色发灰、浑浊或有乳化现象（起水泡），说明机油中混入了水，可能是冷却系统和燃烧系统有联通的状况，致使冷却水进入了曲轴箱。机油尺上一般都有高低油位的指

示孔，如果机油高度在两油位之间，表示正常。如果机油量的高度过低，而换机油的时间和里程正常，说明汽缸可能密封不良，导致机油进入汽缸与汽油一同燃烧，发生发动机"烧机油"现象；若机油量的高度过高，而加入量正常，说明发动机窜气或漏水。

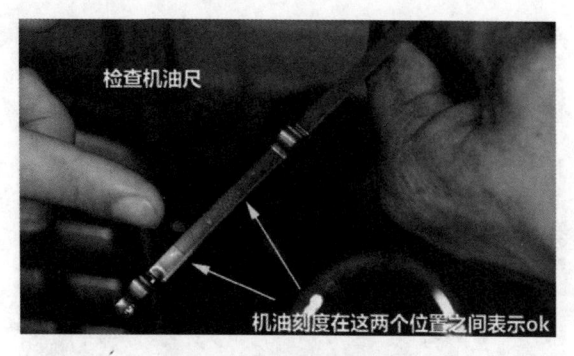

图 2-23　检查机油尺

按照图 2-24 机油加注口的位置，拧下盖子，反过来检查，加油口盖的底部看到旧油迹很正常；但是，如果看到如图 2-25 所示的出现具有粘稠的浅棕色乳状物，或者有小水滴，这说明冷却液已经通过损坏的衬垫或汽缸盖、缸体裂纹等地方进入机油中。这种情况很严重，冷却液污染的机油会对零部件造成危害，如果买了这种二手车，会花掉你一大笔维修费。

（5）检查冷却液状况。

注意一定要在冷车状态，防止温度很高的冷却液溅出烫伤人。打开水箱盖，如果水箱内的水是黄色的铁锈水，或水箱外有锈水漏出，说明水箱内锈蚀或水箱有渗漏现象；如果发现冷却液表面有油污漂浮，表明有机油渗入，可能汽缸垫漏气。水箱的上下两条软管应用力捏一下，看看有没有裂痕。检查水箱盖关闭后是否紧密，胶垫是否有松脱。检查水箱是否有撞过的迹象，散热片是否有烧焊现象。

图 2-24　机油口盖的位置　　　　图 2-25　机油口盖的反面

常见的冷却液有蓝色和红色两种。图 2-26 中为红色，如果发现冷却液的颜色看上去更像水一样，可能是某处有泄漏情况，而车主发现冷却液少了就加水使其保持正常刻度，这就使冷却液的沸点降低，冷却系统就会沸腾，甚至溢出更多的冷却液。

图 2-26　检查冷却液

（6）检查变速箱油。

变速箱油的油位应在 MIN 和 MAX 之间。变速箱油应该呈红色，如果颜色变为棕色，说明变速箱可能发生故障；如果闻到焦糊味，说明变速箱磨损严重。

（7）检查软管、传动带、电缆导线。

如图 2-27 所示，检查进气管、暖风管、水泵管、散热管等有无老化、变硬、变脆迹象；高档汽车还有很多软管连接到空调器、巡航控制器、真空控制器等，检查时用手挤压，看是否富有弹性，不应有硬和脆的感觉。传动带用来带动曲轴、凸轮轴、水泵、动力转向泵、发电机、空调压缩机、风扇等，检查各传动带是否有皮带层脱落、严重开裂等迹象，另外，还要检查皮带轮是否被磨光亮，带轮磨光会引起打滑，表现为启动、怠速时有刺耳的响声。检查电缆线、导线等是否有老化、外皮剥落现象。有的车主购车后加装了防盗器、低音炮、雾灯等，会有绝缘胶带包裹，这些线路应该有条理。

(a) 良好的软管　　　　　(b) 老化的燃油管路

图 2-27　检查各种软管、皮带

(c) 老化的发动机皮带

图 2-27 检查各种软管、皮带（续）

5. 车辆底盘检查

汽车底盘由传动系、行驶系、转向系和制动系四部分组成。底盘检查工作主要就是对这四部分进行检查，通常在地沟或车辆举升器上进行。

（1）传动系的检查。

①检查离合器踏板的自由行程是否符合整车技术条件的要求、离合器的摩擦片磨损状况、铆钉是否松动；弹簧是否发生疲劳折断/开裂；分离拨叉的支点磨损是否严重；分离轴承的磨损情况；若是液压操纵控制的离合器，还要检查液压系统是否漏油等。

②检查变速箱壳体四周、加油口、放油口等处是否存在漏油或渗油现象；换挡控制机构是否顺畅、各连接处磨损是否严重等。

③检查传动轴、中间轴、万向节等处是否有裂痕或者松旷现象；传动轴是否发生弯曲；轴承是否因磨损而松动；连接螺栓是否松动或有裂痕等。

④检查桥壳是否有裂痕；检查桥壳各连接处是否有漏油或渗油迹象。

【例 2-2】检查离合器踏板。

首先，检查离合器踏板的踏板胶皮是否磨损过度，如果已更换了新的踏板胶皮，说明此车至少已行驶了 3 万 km 以上。

然后，轻轻踩下或用手推下离合器踏板，试一试踏板有没有自由行程，如图 2-28 所示，离合器踏板的自由行程一般在 30～45 mm 之间。如果没有自由行程或自由行程小，会引起离合器打滑。如果踩下离合器踏板几乎接触板底时才能分离离合器，说明离合器踏板自由行程过大，可能离合器摩擦片或分离轴承磨损严重，需要进一步检修离合器及其操纵机构。

图 2-28 检查离合器踏板的自由行程

(2) 行驶系的检查。

①检查车架是否有裂纹、锈蚀，是否有影响正常行驶的变形（弯曲、扭曲等）；检查螺栓和铆钉是否齐全并紧固，车架不得进行焊接。

②检查车辆的前后桥是否有裂痕和变形。

③检查车辆的悬架系统是否有损坏、螺栓是否松旷、减震器是否漏油；检查板簧有无裂痕、断片和缺片现象，中心螺栓和U型螺栓是否紧固等。

④检查车架与悬架之间的所有拉杆和导杆是否变形，各连接处是否松旷或移位。

⑤检查轮毂轴承是否磨损、松旷；轮胎螺母以及半轴螺母是否齐全并紧固；检查同一桥上左右轮胎的型号、花纹是否相同；轮胎磨损是否严重、是否翻新轮胎（转向车轮不得使用翻新轮胎）、轮胎的帘线是否外露；检查轮胎是否有异常磨损，若轮胎出现非正常磨损，则说明车轮定位参数不正确或者车辆长期超载运行。

(3) 转向系的检查。

①检查转向盘与前桥的连接是否松旷。

②检查转向器的垂臂轴与垂臂连接是否松旷；检查拉杆球头连接是否松旷；检查拉杆与转向节的连接是否松旷；检查转向节与主销之间是否松旷等。

③检查转向节与主销之间配合是否满足要求；检查转向器的润滑是否适合等。

④检查转向轴是否弯曲。

⑤检查液压助力转向的转向泵驱动带松紧是否合适；油泵、油管是否有漏油现象，软管是否老化。

(4) 制动系的检查。

①检查制动踏板的自由行程是否符合车辆技术条件的要求；检查液压制动系统的总泵、分泵、管路以及管路连接处是否有漏油现象。

②检查油管是否有损伤，特别是凹瘪现象；检查真空管是否有损伤。

③对于气制动车辆应检查储气罐的压力能否达到规定气压，检查制动管路是否有损伤。

【例2-3】检查制动踏板的自由行程以及手刹是否灵活。

（1）检查制动踏板的自由行程。

首先检查制动踏板的踏板胶皮是否磨损过度。通常制动踏板胶皮寿命是3万km左右，如果换了新的，说明此车至少已经行驶了3万km以上。

然后，用手轻压制动踏板，自由行程应在10～20 mm范围内，如图2-29所示，否则，应调整踏板自由行程。并且，踩下制动踏板全程时，制动踏板与地板之间应有一定的距离。踩下液压制动系统的制动踏板时，踏板反应要适当，过软说明制动系统有故障。电气制动系统气路中的工作气压必须符合规定。

图 2-29 检查制动踏板的自由行程

（2）检查手刹是否灵活。

放松手制动，再拉紧手制动，检查手制动操纵杆是否灵活、有效，如图 2-30 所示，检查锁上机构是否正常。

大多数驻车制动拉杆拉起时应在发出五或六次"咔嗒"声后便使后轮制动。如果发出多次"咔嗒"声后不能拉起制动杆可能是因为太紧的缘故。

如果驻车制动杆已经拉起，却没有发出"咔嗒"声或声音很小，后轮制动没有起作用，说明该车以前多次发生过没放下手刹的情况开车或手刹拉得很紧开车，损坏了手刹。

踏板操纵的驻车制动器释放机构实施后轮制动时也应发出五或六次"咔嗒"声，如果用踏板操纵的驻车制动器系统施加制动时，发出更多或更少"咔嗒"声，说明驻车制动器需要检修。

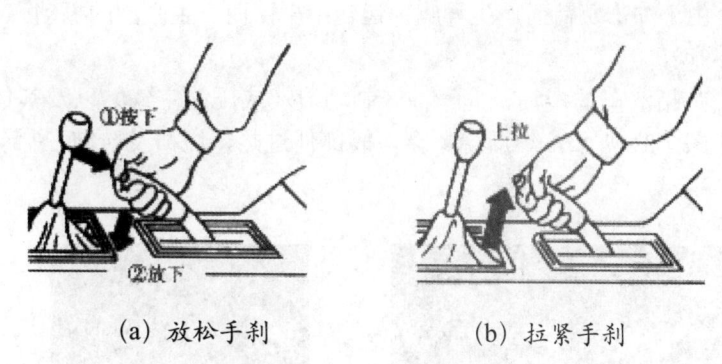

(a) 放松手刹　　　　　　(b) 拉紧手刹

图 2-30 检查手刹操纵杆

6. 汽车电器及其附属装置的检查

检查雨刮器、收音机、仪表、反光镜、加热器、灯具、转向信号、喷水装置、空调设备等是否破损、残缺。检查汽车电路各线束的连接是否牢靠，有无损坏或烧焦痕迹。

四、机动车技术状况变化的外观症状

机动车在使用过程中，随着行驶里程的增长，各部件将会由于磨损量的增大和各种损伤，使零部件原有的尺寸、几何形状、机械性能、配合关系等遭受破坏，从而使机动车技术状况发生变化，机动车失去正常工作的能力，也即机动车有了"故障"。

实践证明，机动车所以故障症状均因其成因不同而不同。我们可通过耳朵（听）、眼睛（看）、鼻子（嗅）、手（摸）、身（受）等来发现外观症状，并根据这些外观症状来断定汽车是否存在故障。归纳起来，这些故障外观症状大致可分为以下几类：

（1）技术性能变坏。

①动力下降。如活塞、活塞环与气缸壁的磨损量超过一定限度后，在进气行程中，气缸内吸力不足，致使进气量减少；而在压缩、做功行程中，造成气缸漏气，爆发力下降，导致发动机功率下降。

②可靠性变差。如制动系相关机件磨损过度，使汽车的制动性能下降，甚至失去制动功能。

③经济性变坏。如发动机燃油供给系的相关机件磨损过度，会造成燃油的雾化不良，燃烧不充分，导致耗油量增加，经济性下降。

（2）声响异常、振动增大。

随着各机件的磨损，相关配合件的配合间隙增大，同时造成机件的磨损变形，在机件运转时，由于冲击负荷而产生异响，运转不平衡而产生强烈的振动。

（3）渗漏现象。

渗漏主要是指汽车的燃油、润滑油、制动液（或压缩空气）以及其他各种液体的渗漏现象，如图2-31所示。渗漏现象会造成部件过热、烧损及转向、制动机件失灵等故障。

(a) 圈中可见渗出的油滴　　(b) 圈中可见油渍

图 2-31　各种渗漏现象

(c) 渗油严重　　　　　　(d) 排气管漏气

图 2-31　各种渗漏现象（续）

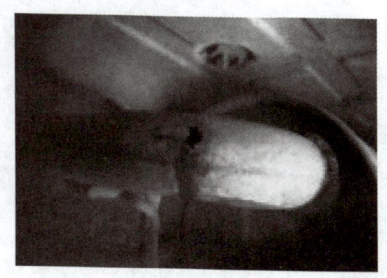

（4）排气烟色异常。

发动机技术状况良好，气缸内可燃混合气燃烧正常时，排气管排出的废气一般呈淡灰色。当气缸出现漏气后，会使燃油雾化不良，燃烧不完全，废气中 CO 量增多，排气呈现黑色；如果活塞与汽缸壁的间隙过大，机油上窜时，排气就会呈现蓝色；当缸套或缸垫破裂，冷却水进入气缸时，大量水蒸气随着尾气排出，尾气就会呈现白色。柴油发动机的排气烟色不正常，通常是发动机无力或不易发动的伴随现象。

（5）气味异常。

当制动出现拖滞，离合器打滑，摩擦片因摩擦温度过高而烧焦时，会散发出焦味；当混合气过浓，部分燃油不能参加燃烧而被排出时，会散发出生油味；电路短路导线烧毁时也有塑料烧焦的异味。

（6）机件过热。

常见的机件过热有发动机过热、轮毂过热、后桥过热、变速器过热、离合器过热等，也就是这些机件运转不正常、润滑不良、散热不好的故障表现。

（7）外观异常。

汽车停放在平坦场地上，如有横向或纵向歪斜等现象，即为外观异常。外观异常多由车架、车身、悬架、轮胎等异常造成，并会导致方向不稳、行驶跑偏、质心偏移、车轮吃胎等故障。

五、机动车外观症状产生的原因

汽车在各种复杂条件下行驶，造成上述各类外观症状而导致故障的因素是多种多样的。有的是因为车辆设计或零部件制造缺陷所致，有的是由于使用不当、维修不良所引起，但大部分是长期运行正常磨损后发生的。

1. 设计制造上的缺陷

汽车在设计制造上的缺陷，会给零部件带来先天性不良，以致使用不久就可能出现故障。另外汽车零部件的制造厂家所生产的配件质量不一致,这也是分析、判断故障时不可忽视的因素之一。

2. 燃油、润滑油品质的影响

燃油和润滑油是引发汽车故障和影响汽车使用寿命的重要因素。合理选用汽车燃油及润滑油是汽车正常行驶的必要条件,因此应选用符合各品牌车型要求的燃油和润滑油,如汽油品质差、燃烧热值低、易爆燃,则发动机的动力小,工作不正常,出现异响,机件易损坏;柴油品质差,蒸发性不好,则易造成着火延迟期增长,使发动机工作粗暴;润滑脂黏度过高或过低,会使运动机件因润滑不良而磨损等。

3. 外部使用条件复杂

汽车外部使用条件主要是指道路及气温、湿度等环境情况。在不平路面上行驶,汽车悬架部分容易损坏,连接部件易松动;高温易使汽油发动机供油系产生气阻;高湿则易使电器系统产生漏电、短路等故障。经常在市区或山路行车,由于传动、制动部分工况变动次数多、幅度大而往往导致早期损坏。

4. 操作不当、保修不善

驾驶人若是技术不熟练,行车中频繁制动,将使制动系和行驶系机件加速磨损;变速换挡不熟练,动作粗暴,易造成齿轮啮合不同步,变速齿轮受损;在使用中经常超载,各机件长时间超负荷工作,易造成早期损伤,导致故障的发生。

汽车保修是确保汽车技术状况完好,减少事故发生的重要技术措施。如果不按时、不按标准对汽车进行维护,故障将不可避免地增加。如不按时加注润滑油,则运动机件的磨损将加快;不按时检查、调整和紧固横直拉杆、钢板弹簧螺栓等有关机件,则将会出现严重故障;不按期维护和及时修理,将造成汽车动力下降、启动困难、燃烧不良、异响严重等故障,甚至会发生严重事故。

【例2-4】案例分析:王女士有一辆朗逸轿车,手动中配,2010年10月8日购买,现在换一辆配置更高的SUV,旧车想卖掉。2014年12月1日,王女士请二手车评估师给她的车进行一下评估,该车如图2-32所示。

(a) 正面照    (b) 侧面照

图2-32 朗逸轿车的各个角度的拍照

(c) 后面照　　　　　　　　(d) 局部照

图 2-32　朗逸轿车的各个角度的拍照（续）

（1）静态检查。

静态检查结果见表 2-7。

表 2-7　朗逸轿车的静态检查作业表

检查内容		检查结果	估算维修费用（元）
车辆外观	车身漆面	前保险杠补漆有色差	300
	车身配合间隙	正常	
	车身尺寸	正常	
	车身防腐情况	正常	
发动机检查	发动机外观	正常	
	润滑系统	正常	
	冷却系统	正常	
	点火系统	正常	
	电源系统	正常	
	供给系统	电动油泵回油，性能下降需要更换	850
	其他部件	正常	
驾驶室和行李箱	驾驶操作机构	正常	
	座椅	正常	
	安全装置	正常	
	内饰	正常	
	开关及仪表	正常	
	行李箱	正常	
底盘外观	减震器	左前漏油，需更换	500
	车轮及轮胎	备胎已坏	400

（2）维修费用估算及结果。

评估师通过对该朗逸车的静态检查，发现存在一些问题，并一一列出，见表2-7。若要恢复问题部件的使用性能，需要更换或调整，所需费用为 300+850+500+400=2050 元。

【任务实施】

老师根据班级学生人数事先准备检查车辆，以及简单的工具如钢卷尺（5m）、皮尺（20m）、铅垂、磁铁、轮胎花纹深度尺、千分表、高度尺等若干组。

学生六人一组，结合所学知识，利用现有工具和设备，对车辆进行静态检查，并完成表2-8所示的实训工作单。

表2-8 实训工作单

实训名称：车辆的静态检查

学号		姓名	

1. 检查车辆的基本情况

车辆类别：　　　　　　车辆名称：

车辆型号：　　　　　　生产企业：

生产日期：　　　　　　登记日期：

行驶里程：　　　　　　VIN 代码：

2. 车辆的身份鉴别

（1）车辆是进口车吗？　□是　□不是

陈述做出判断的理由：

（2）车辆是走私车吗？　□是　□不是

陈述做出判断的理由：

（3）车辆的车身是否更换过？　□是　□不是

陈述做出判断的理由：

续表

3. 目测检查

（1）车辆的标志是否合格？ □是 □不是

陈述做出判断的理由：

（2）车身技术状况的检查情况记录如下：

通过对检查结果的分析，结论是：

（3）驾驶室和车厢内的检查情况记录如下：

通过对检查结果的分析，结论是：

（4）发动机状况的检查情况记录如下：

通过对检查结果的分析，结论是：

（5）对其他附属装置的检查情况记录如下：

通过对检查结果的分析，结论是：

（6）底盘状况的检查情况记录如下：

通过对检查结果的分析，结论是：

（7）对电器设备的检查情况记录如下：

通过对检查结果的分析，结论是：

4. 常用量具、工具检查

（1）对车辆外廓尺寸检查的记录如下：

通过对检查结果的分析，结论是：

（2）对车身周正性检查的记录如下：

通过对检查结果的分析，结论是：

（3）对轮胎检查的记录如下：

通过对检查结果的分析，结论是：

（4）对车轮摆动检查的记录如下：

通过对检查结果的分析，结论是：

续表

5. 车辆静态检查的结论

6. 学生自我评价：　□非常熟练　　□比较熟练　　□一般　　□不熟练　　□无法完成任务

教师评价（包括工作态度、检查方法、工具和量具的使用、操作熟练程度、记录是否详实等）：

实训成绩：　　　　　　　教师签字：　　　年　月　日

任务四　二手车技术状况的动态检查

【任务描述】

二手车技术状况的动态检查就是车辆在工作状态下的检查。通过对各种工况的检查，以鉴定车辆的技术状况。在汽车技术状况的动态检查过程中，根据检查人员的经验和技能，辅之以简单的器具和量具，对车辆进行动态检查，可以进一步确定车辆的各项技术性能状态，这也是汽车鉴定评估必须的重要项目。

【相关知识】

汽车技术状况的动态检查是指汽车在工作状态下进行的各项检查，又称车辆路试检查。动态检查的主要目的是，在一定条件下，通过对汽车的各种工况如发动机启动、怠速、起步、加速、匀速、滑行、强制减速、紧急制动，从低速挡升到高速挡，从高速挡减到低速挡的行驶，检查汽车的操纵性能、制动性能、滑行性能、加速性能、噪声和废气排放情况，以鉴定车辆的技术状况。

在汽车技术状况的动态检查过程中，根据检查人员的经验和技能，辅之以简单的器具和量具，对车辆进行动态检查。检查可分为无负荷检查和路试检查。

一、发动机启动和无负荷检查

无负荷检查就是车辆在原地,检查发动机的性能状况,包括发动机启动、怠速、声响、急加速性、曲轴箱窜油和窜气量、尾气颜色、发动机熄火等项目。

1. 发动机的启动状况检查

正常情况下,用起动机启动发动机时,一般启动不应超过 3 次,每次启动时间不超过 5~10s;若需再次启动,应间隔 15s 以上,启动时,应无异常响声。如果发动机不能正常起动,表明发动机的启动性能不好。

影响发动机启动性能的原因有很多,主要有油路、电路、气路和机械四个方面。如供油不畅、电动汽油泵没有保压功能、点火系统漏电、蓄电池接线柱锈蚀、空气滤清器堵塞、汽缸磨损使汽缸压力过低、气门关闭不严等。发动机启动困难应综合分析各种原因,引起发动机启动困难的原因不同,对车辆价值影响也不同,并且差别很大。

检查导致发动机启动不良的原因时,首先检查蓄电池,其次检查发动机运转的阻力(拆下全部火花塞和喷油器,手动运转曲轴,检查转动阻力大小);再次检查汽油机的点火系(可能点火不正时、火花塞打火弱或者不打火)、燃油系统(混合气体过浓或过稀)、汽缸压力等环节。对于柴油机,则可能汽缸压力过低;燃油中有水或空气;输油泵、喷油泵、喷油器工作不良;或者油路堵塞等原因,应一一排查。

2. 发动机怠速运转检查

发动机启动后,使其怠速运转,此时发动机应在规定的怠速范围内平稳地运转,转速波动应小于 50r/min。发动机怠速时,若出现转速过高、过低、发动机抖动严重等现象,均表明发动机怠速不良,引起发动机怠速不良的原因很多。

对于汽油机,怠速不良的原因主要有点火正时、气门间隙、配气正时、怠速阀调整不当;真空漏气;曲轴箱通风系统(单向阀不密封或卡阻、怠速时不能关闭等)、废气再循环系统、点火系统、供油系统等均可能引起怠速不良,有的汽车怠速不良是顽症,可能生产厂家都无法解决,鉴定评估人员应引起重视。

对于柴油机,怠速不良的原因主要有供油正时、气门间隙、配气正时或怠速调整不当;燃油中有水、空气或黏度不符合要求;各缸的柱塞、出油阀偶件、喷油器工况不一致,或者是调速器松旷、锈蚀、弹簧疲劳失效等因素导致各缸的喷油量不一样;或者各缸的压缩力不一致等。

发动机怠速运转时,同时检查各仪表工作状况,检查电源系统充电情况。

3. 检查发动机声响

让发动机怠速运转,检查人员站在车头旁边听发动机有无异响以及响声大小。然后,用手拨动节气门,适当增加发动机转速,倾听发动机的异响是否加大,或是否有新的异响出现。

技术状况良好的发动机，零部件之间的配合间隙适当、润滑良好、工作温度正常、燃油供给充分、点火正时，无论转速和负荷怎样变化，都发出平稳而有节奏、协调而又平滑的排气声音和运转声。

运转过程中，如果发动机发出一些不协调的声响，如类似金属敲击的声音、咔嗒声、摩擦声等，这些声音统称为异响，说明发动机的某个零部件的技术状况发生变化，导致工作异常；如果听到低频的轰隆声或爆燃声，表明发动机受损严重，需要进行大修了。

常见的发动机异响有：曲轴轴承异响、连杆轴承异响、活塞敲缸异响、气门异响等。这些异响很难排除，特别是发动机内部异响，鉴定评估人员需要特别注意。

4. 检查发动机的急加速性（加速灵敏性）

待水温、油温都正常后，通过改变节气门的开度，检查发动机在各种转速下运转是否平稳，转速变化时应过渡顺畅。迅速踏下加速踏板，发动机由怠速状态猛加速，观察发动机转速由低到高能否灵活反应，此过程中发动机应无"回火""放炮"现象。发动机加速运转过程中，检查发动机有无"敲缸"和气门运动噪声。把加速踏板踩到底然后迅速释放，观察发动机的转速能否由高速迅速降到低速，且灵活反应，发动机是否怠速熄火。在规定转速下，发动机机油压力应符合相关规定。

5. 检查曲轴箱窜油、窜气情况

打开润滑油加注口，慢慢踩踏加速踏板，如果窜气严重，肉眼就能观察到油雾气；若窜气不是很严重，可将一张白纸，平放在润滑油加注口上方5cm左右处，然后踩下加速踏板，若白纸上有油迹，则表明有窜油状况发生，严重时油迹面积会更大。

6. 检查尾气颜色

如果发动机技术状况良好，气缸内的混合气体能够充分燃烧，汽油发动机排出的尾气应该是无色的，在冬季能够看见白色的水汽；柴油机工作时排出的气体一般是淡灰色的，当负荷较大时，灰色加深。无论是汽油机还是柴油机，如果排气颜色呈现蓝色，说明机油窜入了燃烧室；最常见的原因是活塞、活塞环与汽缸之间的密封不良，即因活塞、活塞环与气缸磨损严重导致间隙过大。如果排气管冒黑烟，说明混合气过浓，发动机技术状况欠佳。如果排气管冒白烟，可能是汽缸垫损坏或者缸体有裂缝等原因造成冷却液进入汽缸。

7. 检查发动机熄火情况

对于汽油机，关闭点火开关后，发动机正常熄火；对于柴油机，停机装置应灵活有效。

二、汽车路试检查

汽车路试检查就是通过一定的行驶里程，检查汽车的工况。路试检查应在平坦、硬实、干燥、清洁的道路上进行。检查的内容主要包括以下几个方面：

1. 检查离合器

检查时，检测人员按照正确的汽车起步方法操作，挂低挡平稳起步。正常情况下，离合器应该接合平稳，分离彻底，工作时不得有异响、抖动和不正常打滑现象。踏板自由行程应符合汽车技术条件的有关规定。若自由行程过小，一般说明离合器摩擦片严重。

离合器常出现的故障为打滑和分离不彻底，有的还有异响。这些故障会导致车辆起步困难、行驶无力、爬坡困难、变换挡位时变速器齿轮发出刺耳的撞击声、起步时车身发抖等现象。

（1）离合器分离不彻底检查。

离合器分离不彻底会引起挂挡困难或导致齿轮碰撞。造成离合器分离不彻底的主要原因有：①踏板自由行程过大；②液压系统中有空气；③液压系统漏油；④离合器从动盘翘曲、钢钉松脱或更换了过厚的新摩擦片；⑤分离杠杆内端不在同一平面内，或有的杠杆调整螺帽松动；⑥离合器从动盘毂与变速器输入轴花键磨损、锈蚀而使离合器从动盘滑动不灵活等。

发动机怠速时，踩下离合器踏板几乎触底时，才能断开离合器；或是虽然踩下离合器踏板，但是挂挡困难或变速器齿轮发出刺耳的撞击声；或挂挡后不抬离合器踏板，车子就开始前进或后退，这些现象都表明该车的离合器分离不彻底。其原因是：离合器踏板自由行程过大、离合器压盘限位螺钉调整不当，或是更换了过厚的离合器摩擦片、离合器分离杠杆不在同一平面上等。

（2）离合器打滑检查。

如果离合器打滑，就会出现起步困难、加速无力、重载上坡时有明显没劲甚至发出难闻气味等现象。离合器开始打滑后，使摩擦片磨损加剧甚至烧蚀，离合器各部机件温度增高，压盘弹簧和减震弹簧等受热变软以至退火，不能传递全部动力，继续下去离合器很快就报废。比如在挂上1挡后，抬起离合器，车子没前进，发动机也不熄火，就是离合器打滑的表现。其原因是：离台器踏板自由行程太小、分离轴承经常压在膜片弹簧上，使压盘总是处于半离合状态；离合器压盘弹簧过软或折断；离合器与飞轮连接的螺丝松动等。

（3）离合器异响的检查。

离合器在使用过程中出现异响是不正常的。造成异响的原因大部分都是离合器内部的零件损坏，包括分离轴承磨损严重、轴承回位弹簧折断、膜片弹簧支架故障等。

如踩下离合器踏板时，听到有"沙沙"声，可以断定是分离轴承润滑不良，与分离杠杆内端接触时产生的响声。如果加润滑油后仍然有响声，则表明分离轴承磨损或损坏，应予以更换或修理。

2. 检查变速器

从车辆起步加速升至高速挡，再减速至低速挡，整个过程中检查换挡是否灵活自如；是否有异响；互锁和自锁装置是否有效，是否有乱挡、掉挡现象；换挡操作时，变速杆是否与其他部件干涉。

汽车挂挡行驶时，变速器如出现响声，其主要原因有：

①轴承松旷发响。这是由于轴承日久磨损，轴向或径向间隙过大；轴承内、外座圈与轴颈（孔）配合松动；轴承钢珠（针）破裂，引起响声。

②同步器磨损发响。

③齿轮发响。这是由于齿轮磨损过于严重，间隙增大，运转中齿面啮合不良；齿面有疲劳剥落或个别轮齿损坏折断；齿轮与轴上的花键配合松旷或齿轮轴向间隙过大；轴弯曲或轴承松旷等。

④主轴轴向间隙过大或里程表齿轮磨损。变速器空挡时发响的原因主要是：轴承磨损松动，轴向或径向间隙过大；轴承润滑不良；第二轴磨损或弯曲，止推片或垫片损坏。应根据响声部位出现的故障进行检查、调整、润滑或修复更换。

换挡时，变速器齿轮发出响声，导致换挡困难，原因有换挡机构失调、拨挡叉变形或锈蚀、同步器损坏等。掉挡的原因主要是变速器内部零件磨损严重。如果换挡后变速杆出现抖动现象，说明变速器操作机构的铰链处松旷，磨损严重导致变速杆处的间隙过大。

对于配置自动变速器的车辆来说，正常情况下，起步时不需要踩加速踏板。如果必须踩加速踏板才能起步，说明变速器保养不到位，可能有故障。换挡过程中如果有"发冲"或"顿滞"的感觉，说明变速器需要维护了。

3. 检查汽车的动力性

汽车动力性的好坏直接影响汽车性能的高低，动力性是汽车使用的最重要的基本性能。汽车在使用一段时期后，技术状况会发生某些变化，动力性也会变化。汽车技术状况不良，首要表现为动力性不足，燃料消耗增大。

检测汽车动力性的项目一般有高挡加速时间、起步加速时间、最高车速、陡坡爬坡车速、长坡爬坡车速，有时也检测牵引力。

乘用车的动力性能最常见的指标是从静止状态加速至 100km/h 所需时间和最高车速，其中前者是最具意义的动力性能指标，也是国际流行的轿车动力性能指标。

检测时，汽车起步后，猛踩加速踏板，发动机发出强劲的轰鸣声，车速迅速提高，以此检查汽车的加速性能,各种汽车设计的加速性能不尽相同。有经验的鉴定估价人员,熟悉各种常见车型的加速性能,通过如此检测就可以检查出被检汽车的加速性能与正常的该型号汽车加速性能之间的差距。

检查汽车的爬坡能力。将被检汽车在相应的坡道上,使用相应的挡位时的动力性能与经验值相比较,检查人员可以感觉车辆的爬坡能力的高低。检查汽车是否能够达到设计车速,如果达不到,可以估计一下差距大小。如果爬坡没劲、最高车速与设计的最高车速相差太大,说明该车辆动力性能差。

4. 检查制动性能

(1)制动性能检查的技术要求。

关于汽车的制动性能和应急制动性能在GB7258－2004《机动车运行安全技术条件》中规定,检查应在平坦、硬实、清洁、干燥且轮胎与地面间的附着系数不小于0.7的水泥或沥青路面上进行,检测时发动机与传动泵分离。汽车在规定初速度下的制动距离和制动稳定性应符合表2-9的要求,紧急制动性能应符合表2-10的要求。

表2-9 制动距离和制动稳定性要求

机动车类型	制动初速度(km/h)	满载检验制动距离要求(m)	空载检验制动距离要求(m)	试验通道宽度(m)
三轮汽车	20	≤5.0		2.5
乘用车	50	≤20.0	≤19.0	2.5
总质量不大于3500kg的低速汽车	30	≤9.0	≤8.0	2.5
其他总质量不大于3500kg的低速汽车	50	≤22.0	≤21.0	2.5
其他汽车、汽车列车	30	≤10.0	≤9.0	3.0
两轮摩托车	30	≤7.0		—
边三轮摩托车	30	≤8.0		2.5
正三轮摩托车	30	≤7.5		2.3
轻便摩托车	20	≤4.0		—
轮式拖拉机运输机组	20	≤6.5	≤6.0	3.0
手扶变型运输机	20	≤6.5		2.3

表 2-10　紧急制动性能要求

机动车类型	制动初速度 (km/h)	制动距离 (m)	充分发出的平均减速度 (m/s^2)	允许操纵力不应大于 (N) 手操纵	允许操纵力不应大于 (N) 脚操纵
乘用车	50	≤38.0	≥2.9	400	500
客车	30	≤18.0	≥2.5	600	700
其他汽车(三轮汽车除外)	30	≤20.0	≥2.2	600	700

（2）制动性能的检查内容。

①检查行车制动。如果汽车制动时跑偏，很可能是同一车桥上左右两个车轮的制动力不等；或者是制动力相同但制动时刻不一致导致的。其原因有轮胎气压不一致、制动鼓（盘）与摩擦片间隙不均匀、或是摩擦片上有油污、制动蹄片弹簧损坏等。

汽车起步后，先踩一下制动踏板（俗称点刹），检查是否有制动；然后加速至 20km/h 进行紧急制动，检查紧急制动是否可靠，有无跑偏、甩尾等现象；再加速至 50km/h，先用点刹检查汽车是否能够立即减速、跑偏，再紧急制动检查制动距离和跑偏量。

②检查制动效能。如果在行车过程中进行制动，减速度很小，制动距离很长，说明该车的制动效能欠佳。导致制动效能欠佳的原因有摩擦片与制动鼓（盘）的间隙较大、制动踏板自由行程过大、制动油管内有空气、制动总泵或分泵有故障、制动油管漏油等。

制动时，如果踏下制动踏板时有海绵感觉，说明制动管路内有空气或制动系某处有泄漏，应立即停止路试；如果踩下制动踏板时制动踏板或制动鼓发出尖叫声，说明摩擦片可能磨损，路试结束后应检查摩擦片的厚度是否符合技术要求。

③检查驻车制动（手刹）。检查驻车制动，应选择　坡路。在坡路上，拉紧手刹后观察汽车能否停稳。若发现有溜车现象，说明驻车制动有故障。其原因可能是摩擦片与制动鼓（盘）间隙过大或者有油污、摩擦片磨损严重或打滑等因素造成的。一般地，驻车制动力应不小于整车质量的 20%。

5. 检查行驶稳定性和操纵性

使检查车辆保持 50km/h（中速）左右的速度直线行驶，或空挡滑行，双手松开转向盘，观察汽车行驶状况。无论汽车转向哪一边，都说明该车的转向轮定位不准，或车身、悬架变形、一侧的减震器漏油、两边的轴距不准确、两侧胎压不等。

使检查车辆保持 90km/h（高速）以上的速度行驶，观察转向盘有无摆振现象（俗称汽车摆头）。如果发现汽车有高速摆头现象，则表明可能存在车轮不平衡或不对中、横拉杆球头松旷、轮毂轴承松旷、前束过大等故障。

在比较宽敞的路面上，左右转动转向盘（或做转弯测试），检查转向是否灵活、轻便。若转向沉重，则说明可能存在下列状况：转向节轴承缺润滑油；轮胎气压过低；横拉杆、前桥、车架弯曲变形；前轮定位不准。对于带助力转向的汽车，转向沉重可能是助力转向泵和齿轮齿条磨损严重，或是油路中有空气、驱动皮带打滑、安全阀漏油等原因。

转向时如果发出"嘎吱"的声音，可能是转向油储油罐的液面过低、油路堵塞、油泵噪声等原因。

转向盘最大自由转动量不允许大于20°（最高设计车速不小于100km/h的机动车）。若转向盘的自由转动量过大，意味着转向机构磨损严重，导致转向盘的游动间隙过大，转向不灵。

6. 检查汽车行驶平顺性

驾驶汽车通过粗糙、凹凸不平的路面，或通过公铁路口，感觉汽车通过的平顺性和乘坐舒适性。

当汽车转弯或通过坑洼不平的路面时，仔细听汽车前端是否发出"嘎吱"的声音。若有，则可能是减振器紧固装置松旷，或轴承磨损严重。汽车转弯时，若车身侧倾过大。则可能是横向稳定杆衬套或减振器磨损严重。

7. 检查汽车传动效率

通过做汽车滑行试验，可以检查汽车传动效率。做法是：在平坦的路面上，将汽车加速至50km/h左右，踏下离合器踏板，将变速器挡杆挂空挡滑行。根据经验，通过滑行距离估计汽车传动效率的高低。汽车越重，其滑行距离越远；初始车速越高，其滑行距离越远。

8. 检查风噪声

汽车行驶过程中，逐渐提高车速至高速行驶，倾听车外风噪声。风噪声过大，说明车门密封不严，原因为密封条变质损坏，或车门变形，特别是事故车在整形后，密封问题较难解决。

正常情况下，车速越高，风噪声越大。对于空气动力学性能好的汽车，其密封和隔音性能较好，噪声较小。而对于空气动力学性能较差或整形后的事故车，风噪声一般较大。

三、汽车动态试验后的检查

1. 检查各部件的温度

动态试验结束后，检查人员还要检查润滑油、冷却液的温度，冷却液温度不应超过90℃，发动机润滑油温度不应高于95℃，齿轮油温度不应高于85℃。

检查运动机件是否存在过热情况。查看轮毂、制动鼓、传动轴、变速器壳、中间轴承、驱动桥壳等的温度，不应有过热现象。

2. 检查渗漏现象

在发动机运转及停车时,水箱、水泵、缸体、缸盖、暖风装置以及所有连接部位皆不得有明显的渗水、漏水现象。汽车连续行驶距离不小于10km,停车5min后观察,不得有明显的渗油、漏油现象。气压制动汽车,在气压升至600kPa且不使用制动的情况下,停止空气压缩机3min后,气压的降低值不应大于10kPa。在气压为600kPa的情况下,将制动踏板踩到底,待气压稳定后观察3min,气压的降低值不应大于20kPa。液压制动的汽车,保持踏板力700N,1min以内不允许有缓慢向前移动的现象。

【例2-5】案例分析:王女士有一辆朗逸轿车,手动中配,2010年10月8日购买,现在换一辆配置更高的SUV,旧车想卖掉。2014年12月1日,王女士请二手车评估师给她的车进行一下评估,该车如图2-32所示。

评估师在进行了外观静态检查后,进行了路试,并给出了检查结果,见表2-11。

表2-11 朗逸轿车动态检查作业表

检查内容		检查结果	结果分析
发动机检查	发动机启动性能	第二次启动成功	
	发动机怠速稳定性	轻微发抖	
	发动机曲轴箱窜气量	微量	
	发动机异响	无	
	废气	燃烧异常	空燃比异常
	发动机相关仪表	发动机故障灯亮起	电控系统故障
路试检查	加速性能	不良	
	制动性能	良好	
	操纵稳定性	良好	
	换挡性能	换挡困难	离合器分离故障
	路试后的检查	无明显发热、漏油现象	

评估师通过对该朗逸轿车进行动态检查,该车保养较为不错,不过还是存在一些问题,并一一列出,若要恢复问题部件的使用性能,需进行相应维修,综合车辆使用年限、车辆性能,评定该车成新率为60%。

【任务实施】

(1) 老师根据班级学生人数准备部分车辆,以及钢板尺(300mm)、踏板力计、皮尺(100m),转向参数测试仪等。

(2) 六个学生为一组,利用所学知识和现有的工具量具、设备等,对车辆进行动态检查,并完成表 2-12 的实训工作单。

表 2-12 实训工作单

实训名称:车辆的动态检查

学号		姓名	
一、检查车辆的基本情况			
车辆类别:		车辆名称:	
车辆型号:		生产厂家:	
生产日期:		登记日期:	
行驶里程:			
二、无负荷工况检查			

1. 发动机起动检查

发动机能否顺利起动? □能　　□不能

如果不能顺利起动,请描述一下诊断过程以及得出的结论

2. 发动机怠速运转检查

(1) 发动机怠速运转是否平稳? □是　　□否

如果发动机怠速运转不平稳,请描述一下现象,并分析可能存在的故障原因:

(2) 发动机怠速运转时,各仪表指示是否正常? □是　　□否

如果发动机怠速运转时,各仪表指示不正常,请指出故障仪表的名称,并分析可能存在的故障原因:

续表

3. 发动机加、减速检查

发动机加、减速的现象描述一下，分析可能存在的故障原因：

_____

_____

4. 是否有发动机窜油、窜气的现象？ □是　　□否

如果有发动机窜油、窜气的现象，分析可能存在的故障原因：

_____

_____

5. 发动机排气颜色为____色，说明_____。

6. 发动机熄火是否正常？ □是　　□否

7. 转向系检查

（1）转向盘自由行程是否正常？ □是　　□否

如果转向盘自由行程不正常，分析可能存在的故障原因：

_____

_____

（2）转向系统间隙是否正常？ □是　　□否

如果转向系统间隙不正常，分析可能存在的故障原因：

_____

三、路试检查

1. 离合器的检查

（1）记录离合器的检查结果

_____

（2）可能存在的故障_____

2. 变速器的检查

（1）记录变速器的检查结果

_____

（2）可能存在的故障_____

续表

3. 传动轴及驱动桥的检查

（1）记录传动轴及驱动桥的检查结果

（2）可能存在的故障

4. 制动性的检查

（1）记录制动性的检查结果

（2）可能存在的故障

5. 转向操纵性的检查

（1）记录转向操纵性的检查结果

（2）可能存在的故障

6. 动力性的检查

（1）记录动力性的检查结果

（2）可能存在的故障

7. 其他检查

（1）记录检查结果

（2）可能存在的故障

学生自我评价：□非常熟练　□比较熟练　□一般　□不熟练　□无法完成检查任务

教师评语（包括车辆的操纵、检查的方法、检查的全面性及准确性等）

实训成绩：　　　　　　　　　老师签字：　　　年　　月　　日

任务五　二手车技术状况的仪器检查

【任务描述】

通过静态检查和动态检查，可以对汽车的技术状况进行定性的判断，即初步判定车辆的运行情况是否基本正常、车辆各部件有无故障及导致故障的可能原因等。但要求对汽车进行某些项目的严格鉴定（如司法鉴定）时，仅有定性判断是不够的，这就需要借助某些专用仪器或设备对车辆各项技术性能及各总成、部件的技术状况进行定量、客观的评价。

【相关知识】

检测汽车性能指标的设备有底盘测功机、制动检验台、油耗仪、侧滑试验台、前照灯检测仪、车速表试验台、发动机综合测试仪、示波器、四轮定位仪、车轮平衡仪等设备。这些设备一般在汽车综合性能检测中心（站）或资质较高的汽车修理厂采用，操作难度较大，不要求二手车鉴定评估员一定要掌握这些设备的使用。但对于常规的小型检测设备如汽缸压力表、真空表、万用表、正时枪、燃油压力表、废气分析仪、烟度计、声级计、微电脑故障诊断仪（俗称解码仪）等应熟练掌握，以便能够迅捷地判断汽车技术状况。

一、汽车动力性检测

动力性是汽车重要的基本性能之一，它直接影响汽车运输效率的高低，动力性的高低直接取决于发动机的性能。汽车使用一段时间之后，其技术状况会发生改变，动力性也会发生改变。汽车动力性的检测方法有道路试验和室内台架试验两大类。

1. 汽车动力性台架检测

汽车动力性台架试验，主要是用无外载测功仪（或无负荷测功仪）检测发动机功率，底盘测功机检测汽车的最大输出功率、最高车速和加速能力。室内台架试验不受气候、驾驶人员技术条件等客观因素的影响，只受测试仪本身精度的影响，测试易于控制，所以在汽车检测站广泛应用。

为了使测量结果更为精确，底盘测功机的生产厂家，都在说明书中给出了底盘测功机本身在测试过程中随转速变化机械摩擦所消耗的功率,对风冷式测功机还会给出冷却风扇随转速变化所消耗的功率。此外,底盘测功机的结构不同,对汽车在滚筒上模拟道路行驶时的滚动阻力也不相同,在说明书中还会给出不同尺寸的车轮在不同转速下滚动阻力系数。

(1)汽车底盘输出功率的检测方法。

通过底盘测功机可以检测车辆的最大底盘驱动功率,从而评定车辆的技术状况等级。

底盘测功机又叫底盘测功试验台,是一种不解体汽车而测量驱动轮输出功率的台架检测装置,是汽车动力性能测试的重要设备。通过在室内台架上模拟汽车道路行驶工况的方法来检测汽车的动力性,而且可以测量汽车多工况排放指标及油耗。此外,底盘测功机还能方便地进行汽车的加载调试和诊断汽车在负载条件下出现的故障等。在汽车底盘测功机上进行试验时,可以对试验条件进行控制,从而使周围环境条件的影响降到最小;同时,通过功率吸收加载装置来模拟道路行驶的阻力,控制行驶状况,因此可以进行某些模拟实际行驶状况的复杂循环试验,得到了广泛应用。

底盘测功机分为两类,单滚筒底盘测功机,其滚筒直径大(1500~2500)mm,制造和安装费用大,但其测试精度高,一般用于汽车生产厂家和科研单位;双滚筒式底盘测功机的滚筒直径小(180~500)mm,设备成本低,使用方便,测试精度稍差,一般用于汽车使用、维修行业及汽车检测线/站。

底盘测功试验台通常由滚筒装置、加载装置、惯性模拟装置、测量和辅助装置四大部分组成,见图2-33。

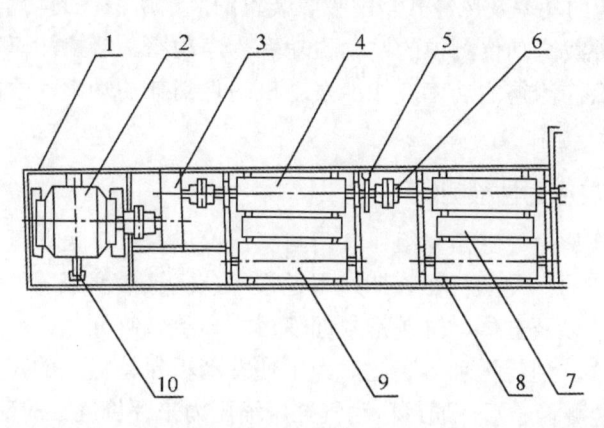

1—机架;2—功能吸收装置;3—变速箱;4—滚筒;5—速度传感器;
6—联轴节;7—举升器;8—制动器;9—滚筒;10—力传感器

图2-33 普通型底盘测功机道路模拟系统结构示意图

①在动力性检测之前，必须按汽车底盘测功机说明书的规定进行试验前的准备。台架举升器处于升状态，无举升器者滚筒必须锁定；车轮轮胎表面不得夹有小石子或坚硬之物。

②汽车底盘测功机控制系统、道路模拟系统、引导系统、安全保障系统等必须工作正常。

③在动力性检测过程中，控制方式处于恒速控制，当车速达到设定车速（误差 ±2 km/h）并稳定 5s 后，通过计算机读取车速与驱动力数值，计算汽车底盘输出功率。

④输出检测结果。

（2）发动机功率的检测方法。

发动机输出的有效功率是发动机的综合性能评价指标。该指标直接描述了发动机的技术状况，定量地说明了发动机的动力性。目前，发动机功率的检测方法有无负荷测功法和有负荷测功法两种。其中，有负荷测功法需要将发动机从汽车上卸下，不便于就车检测，其测量的功率精度较高；无负荷测功法又称为动态测功法，它是利用发动机无外载测功仪检测发动机功率，使用方便，检测快捷。具体做法是：当发动机在怠速或空载某一低速下运转时，突然全开节气门，使发动机克服惯性和内摩擦阻力而加速运转，其加速性能的好坏可以直接反映出发动机功率的大小。

（3）数据处理。

目前，不同厂家生产的底盘测功机显示内容不尽一样，有的显示功率吸收装置吸收功率的数值，有的显示驱动轮输出的最大底盘输出功率的数值。对于显示功率吸收装置所吸收功率数值的，在数据处理时，必须增加汽车在滚筒上滚动阻力消耗的功率、台架机械阻力消耗的功率及风冷式功率吸收装置的风扇所消耗的功率。

用发动机无外载测功仪测得的发动机功率为净功率。若检测车辆发动机的额定功率为总功率，那么，测得的功率应加上发动机附件消耗的功率，才能与额定功率进行比较。

2. 发动机气缸密封性检测

发动机密封性是由气缸活塞组、气门与气门座以及气缸盖、气缸体、气缸垫及相关零件的配合保证的。发动机在长期使用过程中，气缸活塞组零件逐渐磨损，气门与气门座磨损、烧蚀以及缸体、缸盖密封面变形，导致气缸漏气，密封性降低，从而导致发动机功率下降，油耗增加。因此，为了使发动机保持良好的工作状态，须对发动机的密封性进行检测。通常，通过检测气缸压缩压力来评价气缸的密封性。

气缸压缩终了时刻的压力与发动机的热效率和平均指示压力有密切的关系。影响气缸压缩压力的因素有气缸活塞组的密封性、气门与气门座的密封性以及气缸垫的密封性等。因此，通过测量气缸压缩终了的压力，可以间接地判断上述各部位的技术状况。

（1）检测工具。

检测汽缸压缩压力的工具就是汽缸压力表，如图2-34所示。汽缸压力表是一种专用压力表，一般由表头、导管、单向阀和接头等组成。汽缸压力表接头有螺纹管接头和锥型或阶梯型橡胶接头两种。单向阀关闭时，可保持压力表指针位置，便于读出汽缸压缩压力的检测数值，单向阀打开时，指针回零，以用于下次测量。

图2-34　汽缸压力表

（2）检测方法。

①发动机运转直到正常工作温度，用压缩空气吹净火花塞周围的脏物。

②拆下全部火花塞或喷油器（柴油机），并按汽缸顺序依次放置。从点火线圈上卸下次级线圈接头，拆下空气滤清器。

③把汽缸压力表的橡胶接头放在被测汽缸的火花塞孔内，扶正压紧；或把螺纹管接头拧在火花塞孔上。

④节气门置于全开位置。

⑤用起动机带动曲轴旋转3～5s，在压力表表头指针指示最大压力时停止转动，取下汽缸压力表，记录读数，然后按下单向阀使指针归零。

⑥按上述方法依次测量各缸，每缸的测量次数不少于2次，每缸测量结果取算数平均数，按相反顺序依次装回火花塞、分缸线、空滤器。

（3）检测结果分析。

发动机汽缸压缩压力的技术标准按GB/T15746.2—1995《汽车修理质量检查评定标准发动机大修》的标准要求：大修后汽缸压力值应符合原设计要求，各缸压力差汽油机小于8%，柴油机小于10%。

测完汽缸压力后，与标准进行比较，可以作出以下几种情况的判断：

①有的汽缸在2～3次测量中，检测结果差异较大，说明气门有时关闭不严。

②相邻两缸压力读数偏低或很低，是由于相邻两缸间汽缸衬垫烧蚀导致漏气或缸盖螺栓未拧紧所致。

③若汽缸压力检测结果偏低，可向该火花塞孔内注入 20～30ml 润滑油，然后重新检测。若第二次检测结果比第一次高，接近标准压力，表明由于汽缸、活塞环、活塞磨损严重或活塞环对口、卡死、断裂或缸壁拉伤等原因而导致汽缸密封性不良；若第二次检测结果与第一次近似，表明汽缸密封性不良的原因在于进、排气门或汽缸衬垫密封性不好。

④如果一缸或数缸压力偏高，汽车行驶中又出现过热或爆燃现象，表明积炭过多或经过大修后缸径增大而改变了压缩比。

二、汽车燃油经济性检测

汽车的燃油经济性一般采用燃油消耗量试验来评定的。检测汽车的燃油消耗量一般使用燃油消耗检测仪，通过测定燃油消耗量的容积或质量来表示。可以通过汽车道路试验或在底盘测功试验台上模拟路试来检测其燃油消耗量。

1. 汽车燃油经济性路试检测

根据 GB/T12545.1—2001《乘用车燃料消耗量试验方法》以及 GB/T 12545.2—2001《商用车燃料消耗量试验方法》的规定，汽车在路试条件下燃料消耗量的试验方法如下：

（1）试验规范。

汽车路试的基本规范按照 GB/T12534—1990《汽车道路试验方法通则》。

（2）试验车辆载荷。

除有特殊规定外，轿车为规定载荷的一半，试验时取整数；城市客车为总质量的 65%；其他车辆为满载，乘员质量及其装载要求按 GB/T12534—1990《汽车道路试验方法通则》规定。

（3）试验仪器。

试验仪器及精度要求如下：

①车速测定仪和汽车燃油消耗仪：精度 0.5%；

②计时器：最小读数 0.1s。

（4）试验的一般规定。

①试验车辆必须清洁，关闭车窗和驾驶室通风口，只允许开动为驱动车辆所必需的设备；

②由恒温器控制的空气流必须处于正常调整状态。

（5）试验项目。

①直接挡全节气门加速燃料消耗量试验；

②等速燃料消耗量试验；

③多工况燃料消耗量试验；

④限定条件下的平均使用燃料消耗量试验。

在进行道路试验时，多以等速行驶燃料消耗量试验来检测汽车燃油消耗量，即汽车在常用挡位（直接挡），从车速20km/h（当最低稳定车速高于20km/h时，从30km/h）开始，以10 km/h的整数倍均匀选取车速，通过500m的测量路段，测定燃油消耗量G（ml）和通过时间t（s），每种车速往返试验各进行两次，直到该挡最高车速的90%以上（至少测定5个试验车速）。两次试验时间的间隔（包括达到预定车速所需的助跑时间）应尽量缩短，以保持稳定的热状态。

各平均实测车速v及其相应的等速油耗量的平均值Q_0为

$$Q_0=G/500=0.2G \;(\text{L/100km})$$

$$V=3.6\times 500/t$$

式中，G、t皆为预选车速下的平均值。计算得到Q_0后将其校正为标准状态下的Q_c。标准状态指：大气温度20℃；大气压力100 kPa；汽油密度0.742g/ml；柴油密度0.830g/ml。校正公式为：

$$Q_c = Q_0/(C_1\times C_2\times C_3)\;(\text{L/100km})$$

$$C_1 = 1+0.0025(20-T)$$

$$C_2 = 1+0.0021(P-100)$$

$$C_3 = 1+0.8(0.742-\rho)\;（汽油车）$$

$$C_3 = 1+0.8(0.830-\rho)\;（柴油车）$$

式中：C_1－环境温度校正系数；

C_2－大气压力校正系数；

C_3－燃油密度校正系数；

T－试验时的环境温度（℃）；

P－试验时的大气压力（kPa）；

r－试验时的燃油密度（g/mL）。

各种车速下油耗测试值对平均值的相对误差不应超过 $\pm 2.5\%$。

（6）绘制等速燃料消耗量特性曲线。

以车速为横轴，百公里燃油消耗量为纵轴，绘制出各等速燃料消耗量散点，根据各散点绘制等速燃料消耗量的特性曲线Q_c-v曲线。如图2-35所示为某些车型的等速百公里油耗特性曲线。

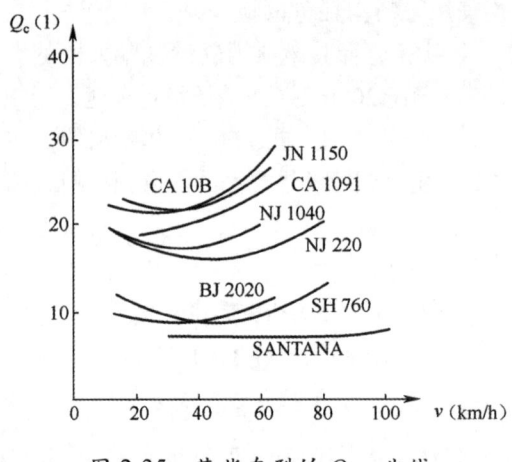

图 2-35 某些车型的 Q_c-v 曲线

2. 汽车燃油经济性台架试验检测

按国标规定,检测汽车的燃油经济性应该采用道路试验,但是,采用路试的方法检测汽车燃油消耗量受到很多条件限制,而在底盘测功机上通过台架试验检测汽车燃油消耗量目前没有国家标准。为了便利,可参照 GB/T12545.1—2001《乘用车燃料消耗量试验方法》和 GB/T12545.2—2001《商用车辆燃料消耗量试验方法》的要求评价汽车燃油经济性。在底盘测功试验台上,模拟道路等速行驶来检测汽车燃油消耗量。

(1)台架试验中检测燃油消耗量的方法。

当汽车驶上底盘测功试验台后,拆卸燃油管路,接上油耗传感器,排除油路中的空气,然后在底盘测功试验台上进行加载,加载量要符合该车在路试状态下的各种阻力,进行油耗检测。

台架试验中常用的检测汽车燃油消耗量的方法有两种:一种叫质量法,采用质量式油耗传感器在底盘测功试验台上进行油耗检测;另一种叫容积法,采用行星活塞式油耗传感器在底盘测功试验台上进行油耗检测。

(2)台架试验中模拟加载量的确定。

按照中华人民共和国交通部行业标准 JT/T198—2004《营运车辆技术等级划分和评定要求》的规定,应测量汽车等速百公里燃油消耗量。根据国标 GB/T12545.1—2001《乘用车燃料消耗量试验方法》及 GB/T12545.2—2001《商用车燃料消耗量试验方法》、GB/T12534—1990《汽车道路试验方法通则》的规定,在限定条件下的平均使用燃油量试验:试验车速建议轿车为 60±2km/h、铰接客车为 35±2km/h,其他车辆采用 50±2km/h;载荷按照不同车型加载至限定条件;测试距离应保证不少于 500m。由于加载量是模拟汽车在道路上行驶时所受到的滚动阻力、空气阻力等行驶阻力,而各车型的实际情况（包括迎风面积、汽车总质量、汽车与地面接触的轮胎数等）不同，所以不同的车型在底盘测功试验台上应采取不同的加载量。

确定模拟加载量的方法：

首先，汽车（走合过的新车或接近新车的在用车）在额定总质量状态下，以直接挡从 20km/h 开始做燃油消耗量试验。往返各采样三次，算出该车 20km/h 的平均等速油耗，然后以 10km/h 的间隔加速，直到该车最高车速的 90%，重复上述试验。依次得出 20km/h 到最高车速 90% 的等速平均百公里油耗。

其次，汽车在整备质量状态下，在底盘测功试验台上从 20km/h 开始加载，模拟该车空载时在 20km/h 路试状态下所受的外界阻力，直至加上某一载荷后得出 20km/h 等速百公里油耗值与车速为 20km/h 路试所得的平均百公里油耗相同，则上述对底盘测功机的加载量即为车速 20km/h 时的模拟加载量。

重复上述试验，依次得出各个车速下的模拟加载量。

（3）汽车燃料经济性试验的注意事项。

①排除油路中的空气。做油耗检测时必须排除油路中的空气。方法如下：对于汽油车，把从油箱到汽油泵的管路"短路"，装上新的、密封性好的、无堵塞的油管，用性能稳定的电动汽油泵和汽油滤清器代替原车相应部件，缩短油泵到传感器的油管长度，使油泵到油耗传感器的阻力减小，从而避免油路中空气对检测结果的影响；在柴油车油路中安装好油耗传感器后，须用手动泵泵油，以泵油压力排除油路中的空气。它与汽油车差别在于，一是汽油车可以在发动后排净空气，而柴油车必须在发动之前排尽油路中的空气；二是汽油车在拆去油耗传感器恢复其原油路时，无需排除空气，而柴油车在拆去传感器恢复原油路后仍需排除油路中刚进去的空气。

②电喷的汽油机油耗测定时应注意的问题。使用油耗传感器检测油耗时，电控喷油发动机须注意从压力调节器回流的多余燃油的问题，必须让多余的燃油回流到油耗传感器的输出端，否则，测出的油耗等于实际油耗加上回流的燃油，导致结果有误。

如果因油耗传感器及喷油泵间产生负压，引起气穴现象，可加一个辅助泵使燃油泵的进油端的油路保持正压，避免气穴现象发生，进行稳定的油耗测量。

三、汽车制动性能检测

汽车的制动性能好坏直接关系到交通安全。汽车制动性能检测有室内台试制动性能检验和道路试验检测。根据 GB7258—2004《机动车运行安全技术条件》规定，当汽车经台试制动性能检验后对其制动性能有质疑时，可用道路试验检测，并以满载路试的检验结果为准。

台试制动性能检验的主要项目有制动力、制动力平衡要求、车轮阻滞力和制动协调时间；道路试验检测的主要项目有制动距离、充分发出的平均减速度、制动稳定性、制动协调时间和驻车制动坡度。

1. 台试检验汽车制动性能

（1）行车制动性能检验要求。

①制动力的要求。GB7258—2004《机动车运行安全技术条件》对台试制动性能检验制动力的要求见表2-13。对空载检验制动力有质疑时，可用表2-9规定的满载检验制动力要求进行检验。

表2-13 台试检验制动力要求

机动车类型	制动力总和与整车质量的百分比（%）		轴制动力与轴荷[a]的百分比（%）	
	空载	满载	前轴	后轴
三轮汽车	≥45	—	—	≥60[b]
乘用车、总质量不大于3500kg的货车	≥60	≥50	≥60[b]	≥20[b]
其他汽车、汽车列车	≥60	≥50	≥60[b]	—
摩托车	—	—	≥60	≥55
轻便摩托车	—	—	≥60	≥50

注：①用平板制动检验台检验乘用车时应按动态轴荷计算。
②空载和满载状态下测试均应满足此要求。

②制动力平衡要求（两轮、边三轮摩托车和轻便摩托车除外）。在制动力增长全过程中同时测得的左右轮制动力差的最大值，与全过程中测得的该轴左右轮最大制动力中大者之比，对前轴不应大于20%，对后轴（及其他轴）在轴制动力不小于该轴轴荷的60%时不应大于24%；当后轴（及其他轴）制动力小于该轴轴荷的60%时，在制动力增长全过程中同时测得的左右轮制动力差的最大值不应大于该轴轴荷的8%。

③制动协调时间要求。汽车的制动协调时间，对液压制动的汽车不应大于0.35s，对气压制动的汽车不应大于0.60s；汽车列车和铰接客车、铰接式无轨电车的制动协调时间不应大于0.80s。

④汽车车轮阻滞力要求。进行制动力检验时各车轮的阻滞力均不应大于车轮所在轴轴荷的5%。

（2）驻车制动性能检验。

当采用制动检验台检验汽车和正三轮摩托车驻车制动装置的制动力时，机动车空载，乘坐一名驾驶员，使用驻车制动装置，驻车制动力的总和不应小于该车在测试状态下整车质量的 20%（对总质量为整备质量 1.2 倍以下的机动车为不小于 15%）。

当机动车经台架检验后对其制动性能有质疑时，可用规定的路试检验进行复检，并以满载路试的检验结果为准。

2. 台试检测汽车制动性能的方法

（1）用滚筒式制动检验台检验。

滚筒式制动检验台滚筒表面应干燥，没有松散物质及油污，滚筒表面当量附着系数不应小于 0.75。

驾驶员将机动车驶上滚筒，位置摆正，置变速器于空档。启动滚筒，在 2s 后测取车轮阻滞力；使用制动，测取制动力增长全过程中的左右轮制动力差和各轮制动力的最大值，并记录左右车轮是否抱死。

在测量制动时，为了获得足够的附着力，允许在机动车上增加足够的附加质量或施加相当于附加质量的作用力（附加质量或作用力不计入轴荷）。

在测量制动时，可以采取防止机动车移动的措施（例如加三角垫块或采取牵引等方法）。当采取上述方法之后，仍出现车轮抱死并在滚筒上打滑或整车随滚筒向后移出的现象，而制动力仍未达到合格要求时，应改用其他方法进行检验。

（2）用平板制动检验台检验。

制动检验台平板表面应干燥，没有松散物质及油污，平板表面附着系数不应小于 0.75。

驾驶员将机动车对正平板制动检验台，以 5～10km/h 的速度（或制动检验台制造厂家推荐的速度）行驶，置变速器于空挡（自动变速的机动车可置变速器于 D 挡），急踩制动，使机动车停止，测取所要求的参数值。

（3）检验方法的选择。

机动车安全技术检验时，机动车制动性能的检验宜采用滚筒反力式制动检验台或平板制动检验台检验制动性能，其中前轴驱动的乘用车更适合采用平板制动检验台检验制动性能。

不宜采用制动检验台检验制动性能的机动车及对台试制动性能检验结果有质疑的机动车应路试检验制动性能。

对满载/空载两种状态时后轴轴荷之比大于 2.0 的货车和半挂牵引车，宜加载（或满载）检验制动性能，此时所加载荷应计入轴荷和整车重量。加载至满载时，整车制动力百分比应按满载检验考核；若未加载至满载，则整车制动力百分比应根据轴荷按满载检验和空载检验的加权值考核。

3. 路试制动性能检验方法

路试检验制动性能应在平坦（坡度不应大于 1%）、干燥和清洁的硬路面（轮胎与路面之间的附着系数不应小于 0.7）上进行。

在试验路面上画出表 2-4 规定宽度的试验通道的边线，被测车辆沿着试验车道的中线行驶至高于规定的初速度后，置变速器于空挡（自动变速的车辆可置变速器于 D 挡），当滑行到规定的初速度时，急踩制动，使车辆停止。

用制动距离检验行车制动性能时，采用速度计、第五轮仪或用其他测试方法测量机动车的制动距离，对除气压制动外的机动车还应同时测取踏板力（或手操纵力）。

用充分发出的平均减速度检验行车制动性能时，采用能够测取充分发出的平均减速度（MFDD）和制动协调时间的仪器测量车辆充分发出的平均减速度和制动协调时间，对除气压制动外的机动车还应同时测取踏板力（或手操纵力）。

路试检验制动性能的仪器有便携式制动性能测试仪、第五轮仪、非接触式运动分析仪和减速度仪。但第五轮仪和非接触式运动分析仪价格昂贵、体积较大且安装较为麻烦，需要经过专门培训的技术人员操作；并且，用第五轮仪和非接触式运动分析仪进行路试检验时通常只能对制动距离进行评判，这就需要进行制动检验时制动初速度必须在规定的范围内，由于检测机构的试车跑道通常较短，检验难度大。因此，检测机构一般很少用第五轮仪或非接触式运动分析仪进行路试检验（介绍略）。

四、车轮侧滑检测

汽车前轮定位准确与否对汽车的操纵性、行驶稳定性影响很大，因此，转向轮定位是很重要的检测项目。为了保证汽车转向轮直线滚动时无横向滑移现象，要求车轮外倾角与车轮前束有适当配合，否则，车轮就可能在直线行驶过程中产生侧滑现象。侧滑现象严重时，将破坏车轮的附着条件，定向行驶能力减弱甚至丧失，致使轮胎异常磨损。在机动车年度审检中，应用侧滑试验台对车轮侧滑进行检测，确保车辆的操纵性和行驶稳定性。

1. 汽车侧滑量要求

GB7258—2004《机动车运行安全技术条件》中规定：汽车（三轮汽车除外）的车轮定位应符合该车有关技术条件，车轮定位值应在产品使用说明书中标明。对前轴采用非独立悬架的汽车，其转向轮的横向侧滑量，用侧滑台检验时侧滑量值应在 ±5m/km 之间。

2. 转向轮侧滑量的检验方法

GB7258—2004《机动车运行安全技术条件》附录中规定：
①转向轮横向侧滑量的检验应在侧滑检验台上进行。
②将汽车对正侧滑检验台，并使方向盘处于正中位置。
③使汽车沿台板上的指示线以 3～5km/h 车速平稳前行，在行进过程中，不允许

转动方向盘。

④转向轮通过台板时，测取横向侧滑量。

3. 检测时的注意事项

①不允许超过额定吨位的汽车驶入侧滑检验台，以防压坏或损伤机件。

②不允许汽车在侧滑台上转向或制动，否则会影响测量精度和检验台的使用寿命。

③前桥驱动的汽车在测试时，不能突然加油、收油或踏离合器，否则会改变前轮受力状态和定位角，影响测量精度。

如果检测的结果不合格，需要分析不合格的原因。若侧滑量偏差较小，一般通过调整就可以使其合格；若侧滑量偏差比较大，可能需要更换部分零部件，甚至需要校正车身才能消除偏差。

五、汽车四轮定位检测

汽车保有量越来越大，公路越来越好，汽车行驶越来越快，对汽车的操纵性要求越来越高。为了保证汽车的行驶稳定性，车轮与车轴之间必须保持正确的位置关系。前轴、后轴的轴线必须相互平行且垂直于汽车纵轴线，车轮的定位角必须正确。汽车在使用过程中，由于各种事故导致悬架的损伤、车身或车架的变形引起车轮定位参数发生变化。不正确的车轮定位参数会导致转向沉重、轮胎异常磨损（俗称"吃胎"）、油耗增加、方向回正困难、行驶跑偏等，这些变化使汽车的操纵稳定性降低，影响行车安全。

车轮定位包括前轮定位和后轮定位，也就是常说的四轮定位。四轮定位的作用就是使汽车能够保持稳定的直线行驶、转向轻便，减少汽车在行驶中轮胎和转向机件的磨损。

四轮定位仪是专门用来测量车轮定位参数的设备。四轮定位仪检测的项目包括前轮前束值/角（前轮前束角/前张角）、前轮外倾角、主销后倾角、主销内倾角、后轮前束值（后轮前束角/前张角）、后轮外倾角、轮距、轴距、转向20°时的前张角、推力角和左右轴距差等。

目前常用的四轮定位仪有拉线式、光学式、电脑拉线式和电脑激光式四种，它们的测量原理都是一样的，只是采用的测量方法或使用的传感器类型及数据记录与传输的方式不同，本书介绍光学式四轮定位仪，见图2-36。

光学式四轮定位仪的试验方法如下：

图2-36 四轮定位仪

1. 测量前的准备工作

（1）安装测试投影仪。安装投影仪时必须注意，投影仪上标有"L"的，必须安装在待检车辆行进方向的左边导轨上，标有"R"的放在右边导轨上。

左右两侧投影仪的光学中心必须校准在同一轴线上，以便测量汽车左右轮的同轴度，调整时必须保证两侧投影仪屏幕上的十字刻度线在同一水平面上。

（2）调整投影仪上投光镜的高度。测量待检车轮毂中心距离地面高度，将测量值减去 30mm，所得值作为投光镜的高度值，有偏差的通过手柄来调整。

（3）车辆的准备。检测前，被检车辆车轴的状况必须良好，车轮的所有轴承间隙、转向间隙和主销间隙均须检查并经过调整，轮胎气压要符合出厂要求。

2. 安装调整

（1）将待检车辆开到定位仪上，后轮停在可以横向移动车辆的后轮滑板中心处，在滑板的下面有滚筒支承。轮毂中心位置与投影仪等高。

（2）安装轮镜。首先根据轮辋直径调整三个卡爪之间的距离，然后将万能轮镜安装架紧固在轮辋边沿上，将带有调整盘的轮镜安装在该架上，支起车轮并轻轻转动一周，若轮镜中心偏离车轴中心超过 1cm，应移动轮镜至车轮中心并紧固。

（3）轮镜安装基准调整。由于轮辋的变形和轮镜安装架的安装误差，使夹在车轮上的镜面不垂直于车轮轴心线而造成测量误差。因此，需要进行轮镜安装基准调整（补偿调整）。

首先，支起车轮，打开投影仪开关，轮镜将刻度线的像反射到投影仪的屏幕上，用手慢慢转动车轮，同时，观察屏幕上的十字刻度线，若十字刻度线摆动量超过屏幕上一个刻度值时，需要使用三角形布置的调整旋钮调整，直至十字刻度线不摆动为止，然后锁紧。

补偿调整结束后，将转盘置于前车轮下面，落下车辆，后轮置于滑板上，按压车身前部，给汽车悬架施加上下交替的力，使悬架系统处于正常的受力状态，并将前轮向左和向右转动几次，消除转向间隙，最后让转向盘位于中间位置，前轮位于"正前方"位置，拉紧手制动。

（4）将车辆摆正定位。定位测量卷尺置于待检车辆的左前侧，用卷尺的磁性座与投影仪的底座相连，垂直于车轮中心线量出至轮辋最低位置间的距离，同样的方法测出右侧的距离，如果左右两侧的距离有差异，调整滑板直到两侧的距离相同为止。

运用同样的方法测出后轮左侧和右侧的数值，左右调整后轮摆正滑板，直至两侧的距离相同为止。

通过上述调整过程，消除了前后轮距不等所造成的影响。此时待检车辆刚好位于光学矩形中心位置，保证了该光学系统的测试精度。

3. 定位参数的测量

各定位参数的测量值可直接从屏幕上和转盘上读出或从投影仪底座上的刻度尺上读出。

(1) 测量前轮左/右主销内倾角。前轮安装传感器及配件，锁紧前轮传感器，后轮传感器可不用，转盘不锁紧，不用转向盘锁定杆，使用刹车制动以防车轮滚动。

从"角度测量选项单"中选择"主销内倾角程序"，转动车轮使转向角显示 0°，等待测量。使左轮向左转动 20°（转向角度显示在屏幕上），主销内倾角将相对 0°值自动存储，听到声响后即完成。转动转向盘，车轮继续向左转动，直到右边车轮也转过 20°（转向角的值显示在屏幕上），存储器自动将右主销内倾角存储。

然后，将车轮右转 20°（转向角显示在屏幕上），右轮主销内倾角测量值显示在屏幕上方，右主销内倾角测量完毕。继续转动转向盘，使左轮右转至 20°，左轮主销内倾角测量值也就显示屏幕上，左主销内倾角测量完毕。

比较各测量值，从屏幕显示的颜色判断，白色表示测量值与基准值无偏差，绿色表示测量值在公差范围内，红色表示测量值在公差范围外。

(2) 测量前轮左/右主销后倾角。采用与主销内倾角测量相同的操作过程，只是不用刹车制动就可读出数据。

(3) 测量左（右）后轮前束角/外倾角。测量后轮前束角和外倾角时，使用四个传感器，使用转向盘锁定杆防止车轮转向，使用刹车制动防止车轮滚动，在"角度测量选项单"中选中"后轮倾角测量程序"，在屏幕上显示左、右侧后轮前束角及外倾角，还可以进一步由两后轮前束角算出推力角。用测量值与原厂值比较，如果测量值正确，可进行下一步操作，如果测量值不正确，则一定要进行调整。

(4) 测量左（右）前轮前束角/外倾角。方法同（3）。

六、汽车前照灯检测

在夜间或在能见度较低的时候，前照灯能够为驾驶员提供行车道路的照明，并可以向其他车辆发出警示，进行交通联络的信号装置。因此，汽车的前照灯必须有足够的发光强度和正确的照射方向。车辆在日常使用过程中，由于振动可能导致前照灯部件的安装位置发生变动，从而改变光照方向；同时，灯泡也会随着使用时间的增加逐步老化，反射镜表面有污物也会导致聚光性能变差，致使前照灯的亮度不足。所有这些变化，都会使驾驶员视线不清，造成对道路辨认困难，产生视觉疲劳，导致交通事故的发生。因此，汽车前照灯的发光强度和光束的照射方向被列为机动车运行安全检测的必检项目。

1. 机动车前照灯的技术要求

GB7258—2004《机动车运行安全技术条件》中对汽车前照灯提出了相关的技术要求。

（1）前照灯远光光束发光强度最小值要求。

前照灯远光光束发光强度最小值要求见表 2-14。

表 2-14　前照灯远光光束发光强度最小值要求　　　单位：cd（坎德拉）

机动车类型		检查项目				
		新注册车			在用车	
	一灯制	二灯制	四灯制[a]	一灯制	二灯制	四灯制[a]
三轮汽车	—	8000	6000	—	6000	5000	—
最高设计车速小于 70km/h 的汽车	—	10000	8000	—	8000	6000
其他汽车	—	18000	15000	—	15000	12000
摩托车	10000	8000	—	8000	6000	—
轻便摩托车	4000	—	—	3000	—	—
拖拉机运输机组 标定功率 >18kW		8000	—		6000	—
拖拉机运输机组 标定功率 ≤18kW	6000[b]	6000	—	5000[b]	5000	—

注：[a] 四灯制是指前照灯具有四个远光光束；采用四灯制的机动车其中两只对称的灯达到两灯制的要求时视为合格；[b] 允许手扶拖拉机运输机组只装用一只前照灯。

（2）前照灯光束照射位置要求。

①前照灯近光光束。在检验前照灯近光光束照射位置时，前照灯照射在距离 10m 的屏幕上，乘用车前照灯近光光束明暗截止线转角或中点的高度应为 $0.7 \sim 0.9H$（H 为前照灯基准中心高度，下同），其他机动车（拖拉机运输机组除外）应为 $0.6 \sim 0.8H$。机动车（装用一只前照灯的汽车除外）前照灯近光光束水平方向位置向左偏不允许超过 170mm，向右偏不允许超过 350mm。

②前照灯远光光束。在检验前照灯远光光束及远光单光束灯照射位置时，前照灯照射在距离 10m 的屏幕上，要求在屏幕光束中心离地高度，对乘用车为 $0.9 \sim 1.0H$，对其他机动车为 $0.8 \sim 0.95H$；机动车（装用一只前照灯的机动车除外）前照灯远光光

束水平位置要求，左灯向左偏不允许超过170mm，向右偏不允许超过350mm，右灯向左或向右偏均不允许超过350mm。

2. 机动车前照灯检测

（1）前照灯光束照射位置检验方法。

①屏幕法检测。屏幕法就是借助屏幕检查。检查场地应平整，屏幕与场地垂直。被检验的机动车空载、轮胎气压正常、乘坐一名驾驶员的条件下进行。将机动车停置于屏幕前，并与屏幕垂直，使前照灯基准中心距屏幕10m，在屏幕上确定与前照灯基准中心离地面距离H等高的水平基准线及以机动车纵向中心平面在屏幕上的投影线为基准确定的左右前照灯基准中心位置线。分别测量左右远近光束的水平和垂直照射方位的偏移值。

②用前照灯检测仪检验。将被检验的机动车按规定距离与前照灯检测仪对正（车辆摆正装置），从前照灯检测仪的显示屏上分别测量左右远、近光束的水平和垂直照射方位的偏移值。

③检验方法的选择。屏幕检测法需要有一个较大的场地，在检测站很少采用。目前各汽车检测机构和维修企业通常使用前照灯检测仪检测法。

前照灯检测仪分为聚光式、屏幕式、投影式和自动追踪光轴式等几种。目前，汽车检测站大多采用较为先进的自动追踪光轴式前照灯检测仪。无论哪种检测仪都是由接受前照灯光束的受光器、使受光器与汽车前照灯对正的找正装置、前照灯发光强度的指示装置与光轴偏斜量指示装置等组成。

（2）自动追踪光轴式前照灯检验仪的检测步骤。

1）首先进行检测仪的准备。

① 在前照灯检验仪不受光状态下，检查光度计和光轴偏斜指示计的指针是否能对准机械零点。若指针失准，可用零点调整螺钉将其调整在零点上。

② 检查聚光透镜和反射镜的镜面有无污物或模糊不清的地方。若有，可用柔软的布或镜头纸等擦拭干净。

③ 检查水准器的技术状况。若水准器无气泡，要进行修理；若气泡不在红线框内时，可用水准器调节器或垫片进行调整。

④检查导轨是否沾有泥土或小石子等杂物，要保证扫除干净。

2）然后进行车辆的准备。

①清除前照灯上的油污。

②轮胎气压应符合汽车制造厂的规定。

③汽车蓄电池应处于充足电状态。

3）最后进行检测。

①将汽车尽可能地与导轨保持垂直方向驶近检验仪,使前照灯与检验仪受光器相距3m。

②将车辆摆正找准,使检验仪和汽车对正。

③开亮前照灯,接通检验仪电源,用上下、左右控制开关移动检验仪位置,使前照灯光束射到受光器上。

检测时的注意事项:

①检验仪的底座一定要保持水平。

②检验仪不要受外来光线的影响。

③必须在汽车保持空载并乘坐一名驾驶员的状态下检测。

④汽车有四只前照灯时,一定要把辅助照明灯遮住后再进行测量。

⑤开亮前照灯照射受光器,一定要把光电池灵敏度稳定后再进行检测。

⑥仪器不用时,要用罩子把受光器盖好。

专业的二手车鉴定评估人员看到前照灯检测不合格的报告后,通常要对不合格的项目认真分析。常用的前照灯修理措施包括调整、更换前照灯底座、前照灯和校正前照灯框架。

七、汽车排气污染物检测

1. 汽车排气污染物的成分及其危害

随着汽车工业的迅速发展,汽车保有量快速增加,汽车排放的污染物造成的环境污染情况亦日趋严重。汽车排放造成的污染对社会、环境和人类的健康已经成为严重的社会问题,因此,对汽车排放污染物的监控与防治,已到刻不容缓的地步。为了控制汽车的排放污染,世界各国都将汽车排放作为一项很重要的汽车检测项目。我国也逐步完善了控制汽车排放物的国Ⅰ、国Ⅱ、国Ⅲ、国Ⅳ等标准。自2007年7月1日起,执行最新的GB17691—2005《车用压燃式、气体燃料点燃式发动机与汽车排气污染物排放限值及测量方法(中国Ⅲ、Ⅳ、Ⅴ阶段)》。要搞好汽车排放污染物的监控与防治,首先要做好汽车排放的检测工作。

汽车排放的污染物主要有:一氧化碳(CO)、碳氢化合物(HC)、氮氧化合物(NO_x)、微粒物(PM)(由碳烟、铅氧化物等重金属氧化物和烟灰等组成)和硫化物等。这些污染物由汽车的排气管、曲轴箱和燃油系统排出,分别称为排气污染物(又称尾气)、曲轴箱污染物和燃油蒸发污染物。此外,还有含氯氟烃(CFCs)和二氧化碳(CO_2)等各种有害成分,直接或间接危害人类的健康。

①一氧化碳(CO)。一氧化碳是汽油烃类成分燃烧的中间产物。如果空气充足,理论上燃料燃烧后不会产生CO,但当空气不足(氧气不足)即混合气空燃比小于

14.8:1时，必然会有部分燃料不能完全燃烧而生成CO，特别发动机处于怠速状态时，混合气体过浓，此时发动机工作循环中的气体压力与温度不高，混合气体的燃烧速度减慢，属于不完全燃烧，致使CO的浓度增加。在发动机加速负荷范围工作时，或点火过分推迟也会导致尾气中CO的浓度增高。CO是一种无色、无刺激的气体，它能迅速和人体血液中的血红蛋白结合成为一氧化碳血红蛋白，阻止氧的输送。当其在人体血液中的浓度超过60%时，会导致人因窒息而死亡。

②碳氢化合物（HC）。碳氢化合物总称为烃类，是发动机未燃尽的燃料分解产生的气体。汽车排放污染物中的未燃烃类的20%～25%来自曲轴箱窜气，20%来自燃油箱的蒸发，其余55%由排气管排出。当排出的HC总量达到500×10^{-6}～600×10^{-6}时就会影响人体健康。它与二氧化氮的混合物在强光照射下，可在大气中产生臭氧等过氧化物，对人的眼睛、鼻和咽喉黏膜等处有较强的刺激作用，可引起结膜炎、鼻炎、支气管炎等症状，并伴有难闻的臭味，严重时可致癌。

③氮氧化合物（NO_x）。氮氧化合物主要指一氧化氮（NO）和二氧化氮（NO_2），它由排气管排出。试验证明供给略稀的混合气（混合气空燃比≥15.5）会增大NO_x的排放量。汽油机排出的氮氧化合物中，NO占99%，而柴油机排出的氮氧化合物中NO_2比例稍大。高浓度的NO会引起人的神经中枢的障碍，并且很容易被氧化成剧毒的NO_2。NO_2有特殊的刺激性臭味，严重时会引起肺气肿。

④浮游微粒（PM）。汽油机中主要微粒有铅化物、硫酸盐和低分子物质；柴油机中主要微粒是石墨形的含碳物质(碳烟)和高分子量有机物(润滑油的氧化和裂解产物)。柴油机的微粒数量比汽油机多30～60倍，成分也比较复杂。特别是碳烟，主要由直径0.1～10.0mm的多孔性碳粒构成。它会被人体吸入肺部沉淀下来，并且往往粘附有SO_2及某些致癌物质，严重危害人体健康。

⑤光化学烟雾。它是指汽车内燃机排气中的NO_x和HC排入大气后，在紫外线作用下进行光化学反应，由光化学过氧化物而形成的黄色烟雾。其主要成分是O_3（一种极强的氧化剂），当其浓度达到50×10^{-6}时，人就会在一小时内死亡。

⑥硫氧化物。汽车尾气中硫氧化物的主要成分为二氧化硫（SO_2）。当汽车使用催化净化装置时，就算很少量的SO_2，也会逐渐在催化剂表面堆积，造成"催化剂中毒"，不但影响催化剂的使用寿命，还危害人体健康，SO_2还是造成酸雨的罪魁祸首。

⑦二氧化碳（CO_2）。世界工业化进程引起能源大量被消耗，导致大气CO_2剧增，其中约30%来自汽车排放物。CO_2为无色无毒气体，对人体无直接危害，但大气中CO_2的大幅度增加，因其对红外热辐射的吸收而形成的温室效应，使全球气温上升、南北极冰川溶化、海平面上升，大陆腹地沙漠化趋势加剧，人类和动植物赖以生存的生态环境遭到破坏。因此近年来对CO_2的控制已成为研究汽车排放的重要课题。

2. 汽车排放污染物的检测

（1）汽油车排放污染物的检测。

1）汽油车排放污染物的检测。

1979年9月，我国颁布了建国以来第一部综合性的《中华人民共和国环境保护法（试行）》，1983年发布并于1984年实施了《汽车污染物排放标准和测量方法》。其后，又相继制定了几项排放标准，并于1993年、1999年对上述排放标准进行了修订，从严规范了诊断参数和测量方法，使我国治理废气污染走上了较为严格的法制轨道。

GB18285—2000《在用汽车排气污染物限值及测试方法》，是参照美国国家环保局标准 EPA-AA-RSPD-IM-96-2《加速模拟工况试验规程、排放标准、质量控制要求及设备技术要求技术导则》制定的，使我国治理在用汽车排气污染更为严格和规范。

2001年颁布实施的 GB14761—2001《汽车排放污染物限值及测试方法》等效采用了联合国欧洲经济委员会（ECE）1995年7月2日生效的 ECER83/02《按发动机对燃料的要求类别就污染排放物对车辆的认证规则》的全部内容，采用了国际通用的试验方法，对汽车排放污染物的控制标准达到了欧洲20世纪90年代初的水平。

2001年颁布实施的 GB18352.1—2001《轻型汽车污染物排放限值及测量方法（Ⅰ）》、GB 18352.2—2001《轻型汽车污染物排放限值及测量方法（Ⅱ）》等效采用和参照了当时欧洲的最新标准。

2005年7月1日起实施的 GB18285—2005《点燃式发动机汽车排气污染物排放限值及测量方法（双怠速法及简易工况法）》代替了 GB14761.5—93《汽油车怠速污染物排放标准》、GB/T3845—93《汽油车排气污染物的测量 怠速法》和 GB18285—2000《在用汽车排气污染物排放限值及测量方法》中的点燃式发动机汽车部分。

根据 GB18285—2005《点燃式发动机汽车排气污染物排放限值及测量方法（双怠速法及简易工况法）》在用汽车排气污染物排放限值，见表2-15。

表2-15 GB18285—2005 在用汽车排气污染物排放限值（体积分数）

车型	类型			
	怠速		高怠速	
	CO（%）	HC（$\times 10^{-6}$）	CO（%）	HC（$\times 10^{-6}$）
1995年7月1日前生产的轻型汽车	4.5	1200	3.0	900
1995年7月1日起生产的轻型汽车	4.5	900	3.0	900
2000年7月1日起生产的第一类轻型汽车[①]	0.8	150	0.3	100

续表

车型	类型				
	急速		高怠速	
	CO（%）	HC（$\times 10^{-6}$）	CO（%）	HC（$\times 10^{-6}$）
1995年7月1日起生产的重型汽车	4.5	1200	3.0	900
2004年9月1日起生产的重型汽车	1.5	250	0.7	200

注：①对于2001年5月31日以后生产的5座以下（含5座）的微型面包车，执行此类在用车排放限值。

2）关于汽油车排放污染物的检测方法。

①应保证被检测车辆处于制造厂规定的正常状态，发动机进气系统应装有空气滤清器，排气系统应装有排气消声器，并不得有泄漏。

②应在发动机上安装转速计、点火正时仪、冷却液和润滑油测温计等测量仪器。测量时，发动机冷却液和润滑油温度应不低于80℃，或者达到汽车使用说明书规定的热车状态。

③发动机从怠速状态加速至70%额定转速，运转30s后降至高怠速状态。将取样探头插入排气管中，深度不少于400mm，并固定在排气管上。维持15s后，由具有平均值功能的仪器读取30s内的平均值，或者人工读取30s内的最高值和最低值，其平均值即为高怠速污染物测量结果。对于使用闭环控制电子燃油喷射系统和三元催化转化器技术的汽车，还应同时读取过量空气系数（1）的数值。

④发动机从高怠速降至怠速状态15s后，由具有平均值功能的仪器读取30s内的平均值，或者人工读取30s内的最高值和最低值，其平均值即为怠速污染物测量结果。

⑤若为多排气管时，取各排气管测量结果的算术平均值作为测量结果。

⑥若车辆排气管长度小于测量深度时，应使用排气加长管。

⑦测量工作结束后，把取样探头从排气管里抽出来，让它吸入新鲜空气5min，待仪器指针回到零点后再关闭电源。

（2）柴油车排气污染物的标准及检测。

1）柴油车排气污染物的检验标准。

柴油车排出的烟色有黑烟、蓝烟和白烟三种。其中，以柴油机在全负荷和加速工况时排出的黑色碳烟最为常见。黑烟的发暗程度用排气烟度表示，排气烟度用烟度计检测。烟度计可分为滤纸式、透光式、重量式等多种形式。

根据GB18285—2000《在用汽车排气污染物限值及测试方法》的规定，对于装配压燃式发动机的车辆，按照GB14761—1999《汽车排放污染物限值及测试方法》通过C类认证的车辆进行自由加速排气可见污染物试验，除通过C类认证以外的其他装配压燃式发动机的车辆进行自由加速烟度试验。标准中还规定，自由加速排气可见污染物试验按 GB18285—2000《在用汽车排气污染物限值及测试方法》附录 B 进行，自由加速烟度试验按 GB/T3846—1993《柴油车自由加速烟度的测量滤纸烟度法》规定进行。

GB18285—2000《在用汽车排气污染物限值及测试方法》规定，对于装配压燃式发动机，最大总质量大于或等于 400kg，最大设计车速大于或等于 50km/h 的在用汽车，自由加速试验烟度排放限值如表 2-16 所示。

表 2-16　装配压燃式发动机的车辆自由加速试验烟度排放限值

车辆类型	烟度值 /Rb
1995 年 7 月 1 日以前生产的在用汽车	4.7
1995 年 7 月 1 日起生产的在用汽车	4.0

2）柴油车排气污染物的检测。

方法一：滤纸法烟度检验。

①仪器的准备。

a. 接通电源，进行必要的 30 分钟预热。

b. 按下校准键，插入标准烟度纸校准，屏幕所显示的数值必须与标准烟度纸上的一致，如果不一致用 ↑↓ 键调整。

c. 校准后，取出标准烟度纸按复位键复位，再按测试键开起检测。

d. 检查取样装置和控制装置中各部机件的工作性能，特别要注意脚和手控制的抽气泵开关与抽气泵动作是否同步。

e. 检查控制用压缩空气源的压力和清洗用压缩空气的压力是否符合要求。

②车辆准备。

a. 排气系统不得有泄漏。

b. 排气管应能保证取样探头插入深度不小于 300mm，否则排气管应加接管，并保证接口不漏气。

c. 必须采用生产厂规定的柴油机油和未添加消烟剂的柴油。

d. 柴油机应预热到说明书规定之热状态。

③检测程序。

a. 吹除积存物。由怠速工况将油门踏板迅速踏到底，4s 后松开，反复三次，以清除排气系统中的积物。

b. 安装取样探头。将取样探头固定于排气管内，插深等于 300mm，并使其中心线与排气管轴线平行。

c. 将踏板开关固定在油门踏板上方。

d. 测量取样。由怠速工况将踏板开关和油门踏板一并迅速到底，保持 4s 后松开，完成第一次检验。

　　e. 读取示值（自动）或取样（手动）。

　　f. 相隔 11s 以后，进行第二次检验。

　　g. 重复检验三次，取三次检验值的算术平均值为排气烟度的检验结果。

方法二：自由加速烟度检测。

　　自由加速烟度的检测应在自由加速工况下，采用滤纸式烟度计，按测量规程进行。自由加速工况是指柴油发动机于怠速工况（发动机运转，离合器处于接合位置，油门踏板与手油门处于松开位置，变速器处于空挡位置，具有排气制动装置的发动机，蹀形阀处于全开位置），将油门踏板迅速踏到底，维持 4s 后松开。

　　①仪器准备。

　　a. 通电前，检查指示仪表指针是否在机械零点上，否则用零点调整螺钉使指针与"0"的刻度重合。

　　b. 接通电源，仪器进行预热。打开测量开关，在检测装置上垫 10 张全白滤纸，调节粗调及微调电位器，使表头指针与"0"的刻度重合。

　　c. 在 10 张全白滤纸上放上标准烟样，并对准检测装置，仪表指针应指在标准烟样的染黑度数值上，否则应进行调节。

　　d. 检查取样装置和控制装置中各部机件的工作情况，特别要检查脚踏开关与活塞抽气泵动作是否同步。

　　e. 检查控制用压缩空气和清洗用压缩空气的压力是否符合要求。

　　f. 检查滤纸进给机构的工作情况是否正常。检查滤纸是否合格，应洁白无污。

　　②受检车辆准备。

　　a. 进气系统应装有空气滤清器，排气系统应装有消声器并且不得有泄漏。

　　b. 柴油应符合国家规定，不得使用燃油添加剂。

　　c. 测量时发动机的冷却水和润滑油温度应达到汽车使用说明书所规定的热状态。

　　③测量程序。

　　a. 用压力为 0.3～0.4MPa 的压缩空气清洗取样管路。

　　b. 把抽气泵置于待抽气位置，将洁白的滤纸置于待取样位置，将滤纸夹紧。

　　c. 将取样探头固定于排气管内，插入深度等于 300mm，并使其轴线与排气管轴线平行。

　　d. 将脚踏开关引入汽车驾驶室内，但暂不固定在油门踏板上。

　　e. 按照自由加速工况的规定加速 3 次，以清除排气系统中的积存物。然后，把脚踏开关固定在油门踏板上，进行实测。

　　f. 测量取样，按照自由加速工况的规定和图 2-37 所示自由加速烟度测量规程，将油门踏板与脚踏开关一并迅速踩到底，持续 4s 后立刻松开，维持怠速运转，循环测量

4次，取后3个循环烟度读数的算术平均值作为所测烟度值。

　　g. 当汽车发动机出现黑烟冒出排气管的时间与抽气泵开始抽气的时间不同步现象时，应取最大烟度值作为所测烟度值。

　　h. 在被染黑的滤纸上记下试验序号、试验工况和试验日期等，以便保存。

　　i. 检测结束，及时关闭电源和气源。

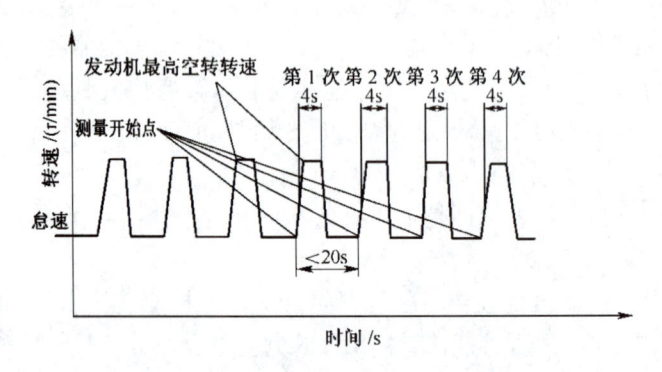

图 2-37　自由加速烟度测量规程

【任务实施】

（1）老师根据班级学生人数提供几份车辆综合性能检测报告单。

（2）每六人为一小组，根据所学知识，对给定的车辆综合性能检测报告单进行分析，并完成表 2-17 的要求内容。

表 2-17　实训工作单

实训名称：车辆的仪器检测

学号		姓名	
检测项目	是否合格	不合格项目的具体检测数据	可能存在的故障
地盘测功			
燃料经济性			
发动机技术状况			
转向操纵性			
悬架性能			

续表

检测项目	是否合格	不合格项目的具体检测数据	可能存在的故障
制动性能			
前照灯			
排气污染性能			
噪声			
其他项目			

学生自我评价： □非常熟练　□比较熟练　□一般　□不熟练　□无法完成

老师评价（包括工作单填写情况、分析准确程度等）

综合考评成绩：　　　　　老师签字：　　　年　月　日

任务六　二手车拍照

【任务描述】

二手车拍照就是评估人员根据车牌号或评估登记号，用数码相机拍摄被评估车辆的照片，并存入系统档案。

【相关知识】

一、二手车拍照的技术要求

1. 拍摄距离

拍摄距离是指拍摄立足点与被拍二手车的远近。拍摄距离远，则拍摄范围大，所拍的二手车影像就小。一般要求全车影像尽量充满整个像面。

2. 拍摄角度

拍摄角度是指拍摄立足点与被拍二手车的方位关系。拍摄角度方位一般分为上下关系和左右关系。

（1）上下关系。拍摄角度的上下关系可分为俯拍、平拍和仰拍三种。俯拍是指拍摄者站在比被拍摄车辆高的位置向下拍摄；平拍是指拍摄点在物体的中间位置，镜头平置的拍摄，此种拍摄方法效果就是人两眼平视的效果；仰拍是指相机放置在较低部位，镜头由下向上仰置的拍摄，这种拍摄效果易发生变形。

（2）左右关系。拍摄角度的左右关系一般根据拍摄者确定的拍摄方位，分为正面拍摄和侧面拍摄两种。正面拍摄是指面对被拍摄的车辆或某部位的正面进行拍摄；侧面拍摄是与正面拍摄相对而言，指在被拍摄车辆的正侧面所进行的拍摄。

对于二手车拍照宜采用平拍且与车辆左侧呈 45°方向拍摄。

3. 光照方向

光照方向是指光线与相机拍摄方向的关系，一般分为正面光、侧面光和逆光三种。对二手车拍照应尽量采用正面光拍照，以使二手车的轮廓分明、牌照号码清晰、车身颜色真实。

二、二手车拍照的一般要求与拍照位置

1. 二手车拍照的一般要求

（1）车身要擦洗干净。

（2）前挡风玻璃及仪表盘上无杂物。

（3）机动车号牌无遮挡。

（4）关闭各车门。

（5）方向盘回正，前轮处于直线行驶状态。

2. 二手车常见拍摄位置

对二手车拍照一般要拍摄前面、侧面和后面三个方向的整体外形照及发动机舱、驾驶室、后备箱等局部位置的照片。

（1）整体外形照。采用平拍，其中，前面照（也称为标准照）是在与车左前侧呈 45°方向拍摄，如图 2-38 所示；侧面照是正侧面拍摄，如图 2-39 所示；后面照是在与车右后侧呈 45°方向拍摄，如图 2-40 所示。

图 2-38　二手车的标准照　　图 2-39　二手车的侧面照　　图 2-40　二手车的后面照

(2) 局部位置照。采用俯拍，如图 2-41 所示。

图 2-41　二手车的局部照

3. 拍摄注意事项

（1）光照方向应采用正面光，尽量避免强烈或昏暗光照，不采用侧面光和逆光。
（2）以平拍方式进行，不要采用俯拍或仰拍。
（3）所拍车辆要进行认真准备。
（4）所拍照片要使二手车的轮廓分明、牌照号码清晰、车身颜色真实。

【任务实施】

（1）老师将学生带到停车场上，要求学生每人自带数码相机一部。
（2）要求每名学生根据所学知识，按照二手车评估对车辆照片的要求，利用手中的相机，对指定车辆进行拍照，并完成表 2-18 的实训工作单内容。

表 2-18　实训工作单

实训名称：二手车拍照

学号		姓名	

将所拍摄的车辆照片粘贴在空白处：

学生自我评价：　□非常熟练　□比较熟练　□一般　□不熟练

老师评价（包括数码相机的使用、拍摄技巧的掌握、画面布局的安排等）：

综合考评成绩：　　　老师签字：　　　年　月　日

【项目总结】

随着汽车使用时间的增加，汽车的各种技术状况也随之发生改变；汽车的技术状况又决定着汽车的动力性、经济性、安全性、操纵性、环保性以及舒适性和可靠性等。

汽车技术状况的静态直观检查是评估人员在汽车处于静止状态时，根据自身的经验和技能，借助简单的工具，对汽车的技术状况进行检查和鉴定。汽车技术状况的静态直观检查包括汽车合法性检查和汽车外部状况检查。

汽车技术状况动态直观检查是汽车处于运动状态或发动机运转时，评估人员根据自身的经验和技能，利用简单的工具，对汽车的技术状况进行检查和鉴定。汽车技术状况动态直观检查主要包括发动机和底盘技术状况的动态直观检查。

汽车技术状况的仪器检查主要是对汽车综合性能的检测，包括汽车的动力性、经济性、安全性、可靠性和排气污染物的检测与评估等。

汽车动力性能的评价指标常用汽车的最高车速、加速能力、最大爬坡度、发动机最大输出功率以及底盘最大输出驱动功率等，检测方法可以分为台试与路试两种。

底盘测功机是一种模拟检测设备。它在台架上模拟汽车道路行驶工况来检测汽车的动力性能、工况排放、燃油消耗等。

汽车制动性主要由制动效能、制动抗热衰退性和制动时汽车的方向稳定性三个方面进行评价。检验汽车制动性能目前主要有两种方法：反力式滚筒制动试验台和平板制动试验台。

汽车车轮的侧向滑移量的大小和方向可用汽车车轮侧滑检验台来检测。

汽车四轮定位包括前轮定位和后轮定位。前轮定位包括主销后倾角、主销内倾角、前轮外倾角和前轮前束四个内容。后轮定位包括车轮外倾角和逐个后轮前束。四轮定位的作用是使汽车保持稳定的直线行驶和转向轻便，并减少汽车在行驶中轮胎和转向机件的磨损。

前照灯检测的主要参数是发光强度、光束照射位置和配光特性。

汽车排气中，对环境有害的主要是 CO、HC、NO_x、炭烟和硫化物等。我国在吸取国外先进经验的基础上，逐步实行越来越严格的汽车污染物排放控制政策。

对于鉴定评估车辆要拍照存档，拍照尽量采用正面光，以便使车辆的轮廓分明、拍照号码清晰、车身颜色真实，可以采取整体外形照和局部位置照相结合。

【知识拓展】

欲对车辆进行准确的评估，需要掌握车辆的各种技术要求以及国家相应的汽车标准。建议有精力和时间的同学看看 JT/T198—2004《营运车辆技术等级划分和评定要求》、QC/T900—1997《汽车整车产品质量检验评定方法》、GB21861—2014《机动车安全技术检验项目和方法》、GB7258—2012《机动车运行安全技术条件》等标准。

【项目训练】

1. 机动车的法定证件都有哪些？各种税费单据有哪些？
2. 说明补办"机动车登记证书"的一般程序。
3. 在车身的外观检查时，通过哪些现象可判断车辆出过交通事故？
4. 请解释二手车技术状况的静态检查、动态检查和辅助仪器检查的内涵。
5. 如何鉴别"水货"汽车？
6. 简单列举汽车发动机运转情况检查的项目。
7. 简单列举汽车技术状况辅助仪器检查的项目。
8. 如果汽车底盘输出功率检测结果不合格，说明车辆可能存在哪些问题？
9. 如果制动力平衡检测结果不合格，说明车辆可能存在哪些问题？
10. 如果汽车悬架性能检测结果不合格，说明车辆可能存在哪些问题？
11. 二手车评估前为什么要做技术状况鉴定？
12. 汽车技术状况静态检查的内容有哪些？
13. 汽车外部状况检查包括哪些内容？
14. 汽车技术状况动态检查的内容有哪些？
15. 汽车技术状况检测常用哪些仪器？
16. 汽车技术状况的评定与分级的依据是什么？
17. 怎样检测汽车的动力性能？
18. 车轮侧滑量大小对于车辆安全有何影响？如何检测？
19. 汽车排气中，对环境有害的物质主要有哪些？

项目三
二手车评估

【项目导读】　本章主要从二手车鉴定评估实务操作的角度出发，介绍二手车成新率计算方法、二手车评估方法及二手车评估方法的选择和二手车评估报告的撰写几个方面，并结合实际运用讲解了不同方法的区别和联系，以多个实践评估案例更好地了解和掌握二手车评估交易实务。

任务一　二手车成新率计算方法

【任务描述】

成新率是反映二手车新旧程度的指标。二手车成新率是表示二手车的功能或使用价值占全新机动车的功能或使用价值的比率，也可解释为二手车的现时状态与机动车全新状态的比率。目前，在二手车的鉴定估价中，常用的成新率的计算方法有使用年限法、行驶里程法、部件鉴定法、整车观测法、综合分析法五种，在实际评估过程中，可根据被评估车辆的客观情况灵活选用不同的成新率计算方法。

【相关知识】

一、使用年限法

1. 计算方法

使用年限法是依据汽车报废标准，通过确定被评估二手车的尚可使用年限与规定使用年限的比值来确定二手车成新率的一种方法。根据折旧方法不同，使用年限法计算二手车成新率有两种方法，即等速折旧法和加速折旧法。

（1）等速折旧法。

采用等速折旧法的二手车成新率计算公式为：

$$C_Y = \frac{Y_g - Y}{Y_g} \times 100\% = \left(1 - \frac{Y}{Y_g}\right) \times 100\%$$

式中：C_Y——使用年限法成新率；

　　　Y_g——规定使用年限；

　　　Y——已使用年限。

（2）加速折旧法。

加速折旧法又分为年份数求和法和双倍余额递减法两种。采用加速折旧法的二手车成新率计算公式为：

①年份数求和法。

$$C_Y = \left[1 - \frac{2}{Y_g(Y_g+1)} \sum_{n=1}^{Y}(Y_g+1-n)\right] \times 100\%$$

② 双倍余额递减法。

$$C_Y = \left[1 - \frac{2}{Y_g} \sum_{n=1}^{Y}\left(1-\frac{2}{Y_g}\right)^{n-1}\right] \times 100\%$$

2. 规定使用年限与已使用年限

（1）规定使用年限。

车辆规定使用年限是指《机动车强制报废标准规定》中对被评估车辆规定的使用年限。各种类型汽车规定使用年限应按商务部、发改委、公安部、环保部于 2012 年 12 月共同发布的《机动车强制报废标准规定》执行。各类机动车规定使用年限见表 3-1。

表 3-1 机动车使用年限

车辆类型与用途			使用年限（年）
载客	营运	出租客运 小、微型	8
		出租客运 中型	10
		出租客运 大型	12
		租赁	15
		教练 小型	10
		教练 中型	12
		教练 大型	15
		公交客运	13
		其他 小、微型	10
		其他 中型	15
		其他 大型	15
		专用校车	15
	非营运	小、微型客车、大型轿车*	无
		中型客车	20
		大型客车	20
载货		微型	12

续表

车辆类型与用途			使用年限（年）
	中、轻型	15	
	重型	15	
	危险品运输	10	
	三轮汽车、装用单缸发动机的低速货车	9	
	装用多缸发动机的低速货车	12	
专项作业	有载货功能		15
	无载货功能		30
挂车	半挂车	集装箱	20
		危险品运输	10
		其他	15
	全挂车		10
摩托车	正三轮		12
	其他		13
	轮式专用机械车		无

注：①表中机动车主要依据《机动车类型 术语和定义》（GA802—2008）进行分类；标注*车辆为乘用车。

②对小、微型出租客运汽车（纯电动汽车除外）和摩托车，省、自治区、直辖市人民政府有关部门可结合本地实际情况，制定严于表中使用年限的规定，但小、微型出租客运汽车不得低于6年，正三轮摩托车不得低于10年，其他摩托车不得低于11年。

营运载客汽车与非营运载客汽车相互转换的，按照营运载客汽车的规定报废，但小、微型非营运载客汽车和大型非营运轿车转为营运载客汽车的，应按照《机动车强制报废标准规定》核算累计使用年限，且不得超过15年。

（2）已使用年限。

使用年限是代表汽车运行量和工作量的一种计量，这种计量是以汽车正常使用为前提的，包括正常的使用时间和使用强度。对于汽车这种商品来说，它的经济使用寿命指标有规定使用年限，同时也以行驶里程数作为运行量的计量单位。从理论上讲，综合考虑已使用年限和行驶里程数要符合实际一些，即汽车的已使用年限应采用折算年限，即：

$$折算年限 = \frac{总的累计行驶里程}{年平均行驶里程}$$

这种使用年限表示方法既反映了汽车的使用情况（即管理水平、使用水平、维护保养水平）、使用强度，又包括了运行条件和某些停驶时间较长的汽车的自然损耗。但在实践操作中，很难找到总的累计行驶里程和年平均行驶里程这一组数据，所以已使用年限一般取汽车从新车在公安交通管理机关注册登记之日起至评估基准日的时间，这个时间可以以年、月或日为计算单位。实际计算中，通常在使用等速折旧时，将已使用年限和规定使用年限换算成月数，在使用加速折旧时，已使用年限和规定使用年限按年数计算，不足一年部分按一年折算。

（3）使用年限法的前提条件。

使用年限法计算成新率的前提条件是车辆在正常使用条件下，按正常使用强度（年平均行驶里程）使用。我国各类汽车年平均行驶里程见表3-2。

表3-2 我国各类汽车年平均行驶里程表

汽车类别	年平均行驶里程 / 万 km	汽车类别	年平均行驶里程 / 万 km
微型、轻型货车	3～5	租赁车	5～8
中型、重型货车	6～10	旅游车	6～10
私家车	1～3	中、低档长途客运车	8～12
出租车	10～15	高档长途客运车	15～25
公务、商务用车	3～6		

汽车按年限折旧一般采取加速折旧的方法，而不采取等速折旧的方法。二手车市场上二手车的市场价格也呈加速折旧的态势：通常来说，25万元以上的汽车采用年份数求和法较好，25万元以下的汽车采用双倍余额递减法较好。

3. 计算实例

【例3-1】王先生购置了一辆捷达轿车，作为上下班代步交通工具。初次登记年月是2009年2月，评估基准时是2014年2月，请分别用等速折旧法、加速折旧法中的年份数求和法与双倍余额递减法计算成新率。

解：该车已使用年限刚好为5年。由于是私家车，虽然使用年限无具体规定，但是参照汽车平均报废年限和相关行业经验，在计算时取其规定使用年限为15年，则成新率为：

（1）等速折旧法。

$$C_Y = \frac{Y_g - Y}{Y_g} \times 100\% = \left(1 - \frac{Y}{Y_g}\right) \times 100\% = \left(1 - \frac{5}{15}\right) \times 100\% = 66.7\%$$

（2）年份数求和法。

$$C_Y = \left[1 - \frac{2}{Y_g(Y_g+1)} \sum_{n=1}^{Y}(Y_g + 1 - n)\right] \times 100\%$$

$$= \left[1 - \frac{2}{15(15+1)} \sum_{n=1}^{Y}(15 + 1 - n)\right] \times 100\%$$

$$= \left\{1 - \frac{2}{15(15+1)}[(15+1-1)+(15+1-2)+(15+1-3)+(15+1-4)+(15+1-5)]\right\} \times 100\%$$

$$= 45.8\%$$

（3）双倍余额递减法。

$$C_Y = \left[1 - \frac{2}{Y_g} \sum_{n=1}^{Y}\left(1 - \frac{2}{Y_g}\right)^{n-1}\right] \times 100\%$$

$$= \left[1 - \frac{2}{15} \sum_{n=1}^{Y}\left(1 - \frac{2}{15}\right)^{n-1}\right] \times 100\%$$

$$= \left\{1 - \frac{2}{15}\left[\left(1 - \frac{2}{15}\right)^{1-1} + \left(1 - \frac{2}{15}\right)^{2-1} + \left(1 - \frac{2}{15}\right)^{3-1} + \left(1 - \frac{2}{15}\right)^{4-1} + \left(1 - \frac{2}{15}\right)^{5-1}\right]\right\} \times 100\%$$

$$= 48.9\%$$

【例3-2】成都雨辰租赁公司欲转让一辆雅阁轿车，该车初次登记日期为2008年3月，评估基准时是2014年3月。请分别用等速折旧法、年份数求和法和双倍余额递减法计算成新率。

解：该车已使用年限为6年。由于是租赁车，其规定使用年限为15年，则成新率为：

（1）等速折旧法。

$$C_Y = \frac{Y_g - Y}{Y_g} \times 100\% = \left(1 - \frac{Y}{Y_g}\right) \times 100\% = \left(1 - \frac{1}{15}\right) \times 100\% = 60\%$$

（2）年份数求和法。

$$C_Y = \left[1 - \frac{2}{Y_g(Y_g+1)} \sum_{n=1}^{Y}(Y_g+1-n)\right] \times 100\%$$

$$= \left[1 - \frac{2}{15(15+1)} \sum_{n=1}^{Y}(15+1-n)\right] \times 100\%$$

$$= \left\{1 - \frac{2}{15(15+1)}[(15+1-1)+(15+1-2)+(15+1-3)+(15+1-4)\right.$$

$$\left.+(15+1-5)+(15+1-6)]\right\} \times 100\%$$

$$= 37.5\%$$

（3）双倍余额递减法。

$$C_Y = \left[1 - \frac{2}{Y_g} \sum_{n=1}^{Y}\left(1-\frac{2}{Y_g}\right)^{n-1}\right] \times 100\%$$

$$= \left[1 - \frac{2}{15} \sum_{n=1}^{Y}\left(1-\frac{2}{15}\right)^{n-1}\right] \times 100\%$$

$$= \left\{1 - \frac{2}{15}\left[\left(1-\frac{2}{15}\right)^{1-1} + \left(1-\frac{2}{15}\right)^{2-1} + \left(1-\frac{2}{15}\right)^{3-1} + \left(1-\frac{2}{15}\right)^{4-1} + \left(1-\frac{2}{15}\right)^{5-1} + \left(1-\frac{2}{15}\right)^{6-1}\right]\right\} \times 100\%$$

$$= 42.4\%$$

【例3-3】北京红润公司欲转让一辆富康轿车，该车初次登记日期为2007年3月，评估基准时是2012年3月。请分别用等速折旧法、年份数求和法和双倍余额递减法计算成新率。

解：该车已使用年限为5年。由于是营运小型客车，其规定使用年限为10年或行驶里程60万公里，则成新率为：

（1）等速折旧法。

$$C_Y = \frac{Y_g - Y}{Y_g} \times 100\% = \left(1 - \frac{Y}{Y_g}\right) \times 100\% = \left(1 - \frac{5}{10}\right) \times 100\% = 50\%$$

（2）年份数求和法。

$$C_Y = \left[1 - \frac{2}{Y_g(Y_g+1)} \sum_{n=1}^{Y}(Y_g+1-n)\right] \times 100\%$$

$$= \left[1 - \frac{2}{10(10+1)} \sum_{n=1}^{Y}(10+1-n)\right] \times 100\%$$

$$= \left\{1 - \frac{2}{10(10+1)}[(10+1-1)+(10+1-2)+(10+1-3)+(10+1-4)\right.$$

$$\left.+(10+1-5)]\right\} \times 100\%$$

$$= 27.3\%$$

（3）双倍余额递减法。

$$C_Y = \left[1 - \frac{2}{Y_g}\sum_{n=1}^{Y}\left(1-\frac{2}{Y_g}\right)^{n-1}\right] \times 100\%$$

$$= \left[1 - \frac{2}{10}\sum_{n=1}^{Y}\left(1-\frac{2}{10}\right)^{n-1}\right] \times 100\%$$

$$= \left\{1 - \frac{2}{10}\left[\left(1-\frac{2}{10}\right)^{1-1} + \left(1-\frac{2}{10}\right)^{2-1} + \left(1-\frac{2}{10}\right)^{3-1} + \left(1-\frac{2}{10}\right)^{4-1} + \left(1-\frac{2}{10}\right)^{5-1}\right]\right\} \times 100\%$$

$$= 32.8\%$$

二、行驶里程法

1. 计算方法

行驶里程法是通过确定被评估二手车的尚可行驶里程与规定行驶里程来确定二手车成新率的一种方法。计算公式为：

$$C_S = \frac{S_g - S}{S_g} \times 100\% = \left(1 - \frac{S}{S_g}\right) \times 100\%$$

式中：C_S——行驶里程成新率；

S_g——车辆规定的行驶里程，km；

S——二手车实际累计行驶里程，km；

$S_g - S$——被评估二手车尚可行驶里程，km。

上式反映了二手车使用强度对其成新率的影响。

2. 规定行驶里程与累计行驶里程

（1）规定行驶里程。

车辆规定行驶里程是指《机动车强制报废标准规定》中建议的该车型的行驶里程。各种类型汽车规定行驶里程应按2012年出台的《机动车强制报废标准规定》执行。各类汽车规定行驶里程见表3-3。

表 3-3 各类汽车行驶里程参考值

车辆类型与用途				行驶里程参考值（万 Km）
载客	营运	出租客运	小、微型	60
			中型	50
			大型	60
		租赁		60
		教练	小型	50
			中型	50
			大型	60
		公交客运		40
		其他	小、微型	60
			中型	50
			大型	80
		专用校车		40
	非营运	小、微型客车、大型轿车		60
		中型客车		50
		大型客车		60
载货			微型	50
			中、轻型	60
			重型	70
			危险品运输	40
			三轮汽车、装用单缸发动机的低速货车	无
			装用多缸发动机的低速货车	30
专项作业			有载货功能	50
			无载货功能	50
			轮式专用机械车	50

行驶里程更真实地反映了二手车使用强度及使用过程中实际的物理损耗。它反映了二手车使用强度对其成新率的影响,总的行驶里程越大,车辆的实际有形损耗也越大。

(2)累计行驶里程。

二手车累计行驶里程是指被评估二手车从登机注册开始使用到评估基准时所行驶的总里程数。

3. 前提条件

行驶里程法计算成新率的前提是车辆里程表的记录必须是原始的,不能被人为地更改或更换。由于车辆里程表容易被人为变更,因此在实际的评估过程中,较少直接采用此方法进行车辆评估。

三、部件鉴定法和整车观测法

在实际操作中部件鉴定法和整车观测法都属于技术鉴定法。技术鉴定是指评估人员在对二手车辆进行技术观察和技术检测的基础上,判定二手车的技术状况,再用评分的方法或分等级的方法来确定成新率的方法。

1. 部件鉴定法

(1)计算方法。

部件鉴定法(技术鉴定法)是指评估人员在确定二手车各组成部分技术状况的基础上,按其各组成部分对整车的重要性和价值量的大小加权评分,最后累加确定成新率的一种方法。其计算公式为:

$$C_B = \sum_{i=1}^{n}(c_i \times \beta_i)$$

式中:C_B——部件鉴定法成新率;

c_i——第 i 项部件的成新率;

β_i——第 i 项部件的价值权重。

(2)计算基本步骤。

部件鉴定法的基本步骤为:

1)将车辆按总成分成若干个主要部分,根据各部分的制造成本占车辆制造成本的比重,一定百分比例确定权重 β_i($i=1, 2, 3\cdots, n$),汽车各部分的价值权重参考表 3-4。

2)以全新车辆为参照物,技术状况与全新车辆相同,成新率为 100%,功能完全丧失,成新率为 0,再根据被评估车辆各相应总成的技术和功能估算出其成新率 c_i($i=1, 2, 3\cdots, n$)。

3)将各总成估算出的成新率与权重相乘,即得出各部分的加权成新率($c_i \times \beta_i$)($i=1$,

2，3…，n）。

4）最后，以各部分的加权成新率求和，即得出二手车的成新率。

表 3-4　机动车总成、部件价值权值参考分配表

序号	总成部分名称	价值权重 % 轿车	价值权重 % 客车	价值权重 % 货车
1	发动机及离合器总成	26	27	25
2	变速器及传动轴总成	11	10	15
3	前桥、前悬架及转向器总成	10	10	15
4	后桥、后悬架总成	8	10	15
5	制动系统	6	6	5
6	车架总成	2	5	6
7	车身总成	26	22	9
8	电气仪表系统	7	6	5
9	轮胎	4	4	5
	合计	100	100	100

在实际评估时，应根据被评估车辆各部分价值量占整车价值量的比重，调整各部分的权重，表 3-4 仅供评估人员参考。

（3）适用范围。

此方法既考虑了车辆实体性损耗，也考虑了维修换件可能会增大车辆的价值，可信度高，但计算加权成新率比较费时费力，各部分权重之间关系复杂。此方法多用于价值较高的机动车辆评估。

【例 3-4】用部件鉴定法计算二手车成新率。

（1）车辆基本情况。

车型：宝来 1.6-AT-2V 基本型（国 III），个人用车。

初次登记日期：2009 年 6 月 6 日。

评估基准日：2013 年 5 月 10 日。

累计行驶里程：12.8 万 km。

该车配置：排量约 1.6L，电喷发动机、DOHC 双顶置凸轮轴、四轮独立悬架、四轮盘式刹车系统配合 ABS、全电动门窗以及电子除霜、前排安全气囊、单碟 DVD 配合四声道六喇叭音响系统、可调节转向盘、助力转向、智能倒车雷达、真皮座椅、防盗点火系统、智能中控门锁。

车辆手续：证件、税费单据齐全有效。

（2）车况检查。

①静态检查。对车辆的外观整体检查中发现保险杠有碰撞修补的痕迹，车辆的左前侧雾灯下方有刮蹭痕迹造成了油漆脱落，整个的车身情况保持得比较好。

发动机舱线束整齐，观察车辆大梁、左右翼子板没有变形、锈蚀，油路也没有渗油现象，整个前端的车架部分还保持着原厂油漆的痕迹，各部位代码清晰可见，足以证明车辆保养比较专业。车内真皮座椅及内饰干净，丝毫没有旧车的感觉。电动门窗、倒车雷达、音响使用正常。

②动态检查。发动机性能比较稳定，轻踩油门，在 4300r/min 时达到了动力输出峰值。在车速较高的情况下，风噪、胎噪几乎听不到。急踩刹车，反应迅速，制动没有明显跑偏现象。高速行驶略有摆振，当车辆在 52km/h 左右时，前轮摇摆，当车辆保持在低速 38km/h 以下行驶或高速超过 66km/h 行驶时，前轮摇摆现象消失，经检查发现左前轮补过轮胎，试验更换两个前胎，摆动现象消失，所以是由于轮胎有过修补引起起动不平衡。乘坐较舒适，对地面的振动反映一般。

（3）计算成新率。

①根据该车型的配置说明可知该车为高档轿车，故可用部件鉴定法计算其成新率。

②据对该车的检查结果，其成新率的估算明细，见表 3-5。

表 3-5　二手车成新率估算明细表

车辆各总成及部件名称	成新率估算明细表		
总成部件	价值权重（%）	成新率（%）	加权成新率（%）
发动机及离合器总成	23	72	16.56
变速器及传动轴总成	12	72	8.64
前桥及转向器前悬架总成	9	72	6.48
后桥及后悬架总成	9	72	6.48
制动系统	7	72	5.04
车架总成	2	72	1.44
车身总成	24	70	16.8
电气设备及仪表	6	72	4.32
轮胎	8	50	4
合计	100		69.76

由表 3-4 可得出，用部件鉴定法对该车的计算的成新率约为 70%。

【例 3-5】某评估中心接受客户委托后，对评估对象进行现场勘估和广泛市场调查，并根据本次评估的特殊目的属于债务清偿,决定本次评估方法为清算价格法,采用清算价格法里的"评估价格折扣法",据市场调查,取 80% 的折扣率可在清算之日出售车辆。车辆基本信息如下:

车辆名称:万里小客车,9 座,初登记 2008 年 12 月,已使用 2 年 3 个月,累计行驶 7.2 万 km,账面原值 28.03 万元。据调查,该车生产厂家已经停止该型号汽车,与该车类似产品为 6440 型,经销商卖价为 25 万元。该车型比被评估车型动力性要好,内饰装潢豪华一些,最后确定交易车辆市场购置价为 22.5 万元。该车购置附加费为 10%,根据当地政府规定,购买外地这种类似小客车要缴纳教育费、消费附加税,其税率为 10%,成新率确定采用部件鉴定法,如表 3-6 所示,试评估该车的价格。

表 3-6　车辆成新率估算表

各总成及部件	成新率估算明细表		
总成部件	权重(%)	成新率(%)	加权成新率(%)
发动机及离合器总成	30	80	24
变速器及传动轴总成	10	80	8
前桥及转向器前悬架总成	10	60	6
后桥及后悬架总成	10	85	8.5
制动系统	5	80	4
车架总成	5	80	4
车身总成	22	70	15.4
电气设备及仪表	6	60	3.6
轮胎	2	80	16
合计	100		75.1

评估步骤如下:

利用重置成本法计算车辆评估价格涉及重置成本和成新率两个因素,故确定这两个因素后就可以得出车辆评估值。

(1)确定重置成本。

由题意可得评估车辆重置成本的直接成本为 22.5 万元,所要缴纳的间接成本占总车价的 20%,故车辆重置成本为

重置成本 =22.5×(1+20%)=27(万元)

(2)确定评估车辆成新率。

由表 3-4 所得车辆各组成部件的加权成新率,累计相加获得部件鉴定法的车辆成新率为 75.1%。

（3）确定评估车辆价格。

车辆评估值 = 重置成本 × 成新率 = 27×75.1% = 20.277（万元）

2. 整车观测法

整车观测法是指评估人员采用人工观察的方法，辅助简单的仪器检测，判定被评估二手车的技术等级以确定成新率的一种方法。整车观测法观察和检测的技术指标主要包括：二手车的现时技术状态、使用年限及行驶里程、大修情况、整车外观和完整性等。二手车技术状况的分级可参考表 3-7。

参考表 3-7 中的数据为一般车辆成新率判定的经验数据，仅供评估人员参考。在运用整车观察法确定二手车成新率时简单易行，但没有部件鉴定法客观、准确，主要原因在于整车观测法多建立在评估人员的主观判断上，受评估人员的经验和技术水平的影响较大。一般用于中、低价值的二手车的估算或作为综合分析法鉴定估价要考虑的主要因素之一。

表 3-7　二手车成新率评估参考表

车况等级	新旧情况	有形损耗率（%）	技术状况描述	成新率（%）
1	使用不久	0～10	刚使用不久，行驶里程一般 3～5 万 km，在用状态良好，能按设计要求正常使用	100～90
2	较新车	11～35	使用 1 年以上，行驶 15 万 km 左右，一般没有经过大修，在用状态良好，故障率低，可随时出车使用	89～65
3	旧车	36～60	使用 4～5 年，发动机或整车经过二次大修，大修较好地恢复设计性能，在用状态良好，外观中度受损，恢复情况良好	64～40
4	老旧车	61～85	使用 5～8 年，发动机或整车经过二次大修，动力性能、经济性能、工作可靠性能都有所下降，外观油漆脱落受损、金属件锈蚀明显；故障率上升，维修费用、使用费用明显上升，但车辆符合《机动车安全技术条件》，在用状态一般或较差	39～15
5	待报废处理车	86～100	基本到达或到达使用年限，通过《机动车安全技术条件》检查，能使用但不能正常使用，动力性、经济性、可靠性下降，燃料费、维修费、大修费用增长速度快，车辆收益与支出基本持平，排放污染和噪声污染到达极限	15 以下

【例 3-6】整车观测法计算二手车成新率。

（1）车辆基本情况。

车辆型号：普通桑塔纳轿车，私人用车。

初次登记日期：2008 年 6 月。

行驶里程：15 万 km。

评估基准日：2013 年 5 月。

（2）车况检查。

①该车已使用近 5 年，经检查及询问，该车做过一次整车翻新，但整车外观较好，各类车身附件齐全有效。

②该车经过一次大修，包括发动机和变速器等，但动力性、转向操纵性、制动性等各项性能恢复较好。

（3）成新率确定。

因该车为低档车型，根据车辆使用年限及行驶的里程数，可知该车属于中等旧车，故可使用整车观测法确定其成新率。

由于该车经过了一次整车大修，但各项性能恢复较好，故将其成新率确定为 54%。

四、综合分析法

1. 计算方法

综合分析法是以使用年限法为基础，再综合考虑到影响二手车价值的多种因素，以系数调整确定成新率的一种方法，其计算公式为：

$$C_F = C_Y \times K \times 100\%$$

式中：C_F——综合成新率；

C_Y——使用年限成新率；

K——综合调整系数。

2. 综合调整系数

二手车的实际技术状况、维护保养情况、原车制造质量、二手车用途及使用条件是影响二手车成新率的五个主要因素。根据被评估车辆是否需要进行项目修理或换件维修，综合调整系数有两种方法确定：一是若二手车无须进行项目修理或换件的，可采用表 3-8 所示推荐的综合调整系数，用加权平均的方法进行微调；二是二手车需要进行项目修理或换件的，或需进行大修的，综合考虑表 3-8 列出的影响因素，可采用"一揽子"评估方法确定一个综合调整系数。

表 3-8　二手车成新率综合调整系数参考表

序号	影响因素	因素分级	调整系数	权重 /%
1	技术状况	好	1.0	30
		较好	0.9	
		一般	0.8	
		较差	0.7	
		差	0.6	
2	维护保养	好	1.0	25
		较好	0.9	
		一般	0.8	
		差	0.7	
3	制造质量	进口车	1.0	20
		国产名牌车	0.9	
		国产非名牌车	0.8	
4	车辆用途	私用	1.0	15
		公务、商务	0.9	
		营运	0.8	
5	工作条件	好	1.0	10
		一般	0.9	
		差	0.8	

综合调整系数计算公式为：

$$K = K_1 \times 30\% + K_2 \times 25\% + K_3 \times 20\% + K_4 \times 15\% + K_5 \times 10\%$$

式中：

K_1——二手车技术状况调整系数；

K_2——二手车维护保养调整系数；

K_3——二手车制造质量调整系数；

K_4——二手车车辆用途调整系数；

K_5——二手车工作条件调整系数。

3. 调整系数的选取

（1）二手车技术状况调整系数 K_1。二手车技术状况系数是基于对车辆技术状况鉴定的基础上对车辆进行的分级，然后取合适的调整系数来修正车辆的成新率，技术状况系数取值范围为 0.6～1.0，技术状况好的车辆取上限，反之取下限。

（2）二手车维护保养调整系数 K_2。它是反映使用者对车辆使用、维护和保养的水平。不同的使用者，对车辆使用、维护的实际执行情况差别较大，因而直接影响到车辆的使用寿命和成新率，使用和维护状态系数取值范围为 0.7～1.0，维护保养好的车辆取上限，反之取下限。

（3）二手车制造质量调整系数 K_3。在确定制造质量调整系数时，应了解车辆是国产还是进口，以及进口国家，国产的应了解是名牌产品还是一般产品。一般来说，国家正规手续进口的车辆质量优于国产车辆，名牌产品优于一般产品，但又有较多例外，故在确定此系数时应较慎重。对依法没收领取牌证的走私车辆，其原始制造质量系数建议视同国产名牌产品考虑。原始制造质量系数取值范围在 0.8～1.0。

（4）二手车车辆用途调整系数 K_4。车辆的用途不同，其繁忙程度不同，使用强度亦不同。把车辆按工作性质分为私人工作和生活用车，机关企事业单位的公务和商务用车，从事旅客、货运、城市出租的营运用车。以普通小轿车为例，一般来说，私人工作和生活用车每年最多行驶约 2.5 万 km；公务、商务用车每年不超过 4 万 km；而营运出租车每年行驶有些高达 12 万 km。可见工作性质不同，其使用强度差异之大，车辆工作性质系数取值范围为 0.7～1.0。对于使用强度小的车辆取上限，反之取下限。

（5）二手车工作条件调整系数 K_5。我国地域辽阔，各地自然条件差别很大，车辆的工作条件对其成新率影响很大。把工作条件分道路条件和特殊使用条件。

1）特殊使用条件。特殊使用条件主要指特殊自然条件，包括寒冷、沿海、风沙等地区。

2）道路条件。道路使用条件可分为好路、中等路和差路三类。好路是指国家道路等级中的高速公路，二、三级道路，好路率在 50% 以上；中等路是指符合国家道路等级的四级道路，好路率在 30%～50%；差路是指国家等级以外的路，好路率在 30% 以上。

车辆长期在好路和中等路上行驶时，工作条件系数分别取 1～0.9；车辆长期在差路或特殊使用条件下工作，其系数取 0.8。一般综合调整系数取值不要超过 1。

4. 适用范围

综合分析法用综合调整系数指标来调整二手车成新率，并较为详细地考虑了影响二手车价值的各种因素，评估值准确度较高，因此，较适用于中等价值的二手车评估。目前是最为常用的评估方法之一。

5. 计算实例

【例3-7】李先生2010年购置了一辆桑塔纳志俊作为个人使用，于2014年2月在某省二手车交易市场交易，评估人员检查发现，该车发动机排量1.8升，初次登记为2010年8月，基本作为个人市内交通使用，累计行驶里程7万多千米，维护保养一般，路试车况较好。请用综合分析法计算成新率。其综合调整系数采用加权平均的方法确定，计算综合评估值。

解：已使用年限 3 年 6 个月 = 42 个月，即 $Y=42$；

规定使用年限 $Y_g=15$ 年，即 180 个月，则 $Y_g=180$；

该车路试车况好，取车辆技术状况系数为：$K_1=1.0$；

维护保养一般，取车辆使用与维护状态系数为：$K_2=0.9$；

桑塔纳轿车为国产名牌车，取车辆制造质量系数为：$K_3=0.9$；

该车为私人用车，则取车辆工作性质系数为：$K_4=1.0$；

该车为个人市内交通使用，取车辆工作条件系数为：$K_5=0.9$；

则综合调整系数为：

$$K = K_1 \times 30\% + K_2 \times 25\% + K_3 \times 20\% + K_4 \times 15\% + K_5 \times 10\%$$
$$= 1.0 \times 30\% + 0.9 \times 25\% + 0.9 \times 20\% + 1.0 \times 15\% + 0.9 \times 10\%$$
$$= 95.5\%$$

该车的成新率为

$$C_F = C_Y \times K \times 100\% = \left(1 - \frac{Y}{Y_g}\right) = 72.45\%$$

【例 3-8】 用综合分析法计算二手车成新率。

（1）车辆基本情况。

车辆型号：中华骏捷 1.8 舒适型。

车辆配置：1.8L 136 马力 L4 三菱发动机、四门电动车窗、前排双气囊、可调转向盘、助力转向、倒车雷达、ABS、铝合金轮圈、冷暖空调、CD 机、手/自动变速箱、电动后视镜、中央遥控及防盗系统。

初次登记日期：2009 年 6 月。

行驶里程：12 万 km。

评估基准日：2013 年 5 月。

（2）车况检查。

①静态检查。

- 该车的外观保养状况较好。
- 车漆属原车漆，光泽度较好，但前后保险杠有明显重新喷漆的痕迹。经仔细检查发现有曾发生过碰撞事故的迹象，不过仅仅伤及保险杠，并未波及前后缓冲钢架。
- 散热器组件、转向助力泵、刹车泵、ABS 泵、蓄电池、发电机、起动机等部件外表均无异常。
- 机油量及其颜色均正常。
- 发动机舱内线束规整，无明显改动痕迹。

- 转向盘自由行程基本符合要求，转向柱无明显松动感觉。

②动态检查。
- 该车搭配的5速变速器，在起步、急加速、急减速、倒车时，车辆没有明显的顿挫感。
- 离合器操作无异常现象。
- 无明显行驶跑偏和制动跑偏等现象，刹车稍微偏软一些。
- 行驶中车内无明显噪声。
- 音响、空调等装置工作正常。

总体说来该车动力、制动、通过性、行驶平顺性、噪声等方面性能基本良好。动态试验后车辆油、水温正常，运动机件无过热，无漏水、油、电等现象。

（3）成新率计算。

由于该二手车为中高档轿车，车况保持较好，初步估计其评估价格较高，故可采用综合分析法计算其成新率。

①初次登记日为2009年6月，评估基准日为2013年5月，则已使用年限$Y=48$个月，参考使用年限15年，$Y_g=180$个月（新的《机动车强制报废标准规定》对非营运小型车辆没有使用年限规定，但按目前车辆使用情况，在计算二手车成新率时，仍可参照旧标准，即规定使用年限15年）。

②综合调整系数K的确定。

确定各项调整系数如下：

该车技术状况较好，车辆技术状况调整系数$K_1=0.9$。

维护保养较好，维护情况调整系数$K_2=0.9$。

中华骏捷轿车是国产名牌车，制造质量调整系数$K_3=1.0$。

该车为私人用车，车辆用途调整系数$K_4=1.0$。

该车主要在市内行驶，使用条件一般，使用条件调整系数$K_5=0.9$。

根据公式：

$$K = K_1 \times 30\% + K_2 \times 25\% + K_3 \times 20\% + K_4 \times 15\% + K_5 \times 10\%$$
$$= 0.9 \times 30\% + 0.9 \times 25\% + 1.0 \times 20\% + 1.0 \times 15\% + 0.9 \times 10\%$$
$$= 0.935$$

③计算成新率C_F。

根据公式计算得：

$$C_F = C_Y \times K \times 100\%$$
$$= \left(1 - \frac{Y}{Y_g}\right) \times K \times 100\%$$
$$= (1 - 48/180) \times 0.935 \times 100\% = 72.2\%$$

五、综合成新率法

1. 计算方法

综合成新率是采用定性和定量分析的方法，综合多种单一因素对二手车成新率的计算结果，并分别赋予不同的权重，计算加权平均成新率。采用综合成新率来反映二手车的新旧程度，可以尽量减小使用单一因素成新率计算给评估结果所带来的误差，因而是一种较为科学的方法。

下面具体介绍以综合使用年限法、行驶里程法、技术鉴定法和整车观测法来估算二手车成新率的方法，综合成新率法的计算公式为：

$$C_Z = C_1 \cdot \alpha_1 + C_2 \cdot \alpha_2$$

式中：C_Z——综合成新率；

C_1——车辆理论成新率；

C_2——车辆现场勘察成新率；

α_1、α_2——权重系数（根据被评估二手车的实际情况而定），$\alpha_1 + \alpha_2 = 1$。

2. 车辆理论成新率 C_1

车辆理论成新率是一种二手车成新率的定量计算，其结果一般不能人为改变。包括使用年限法和行驶里程法计算的成新率，是根据二手车实际使用的时间和行驶里程计算得到的。计算公式为：

$$C_Z = C_Y \times 50\% + C_S \times 50\%$$

式中：C_Y——使用年限成新率；

C_S——行驶里程成新率。

3. 车辆现场勘察成新率 C_2

二手车现场勘察成新率是一个定性与定量相结合的结果，是由评估人员根据现场勘察情况而确定的一个综合评价值。

二手车技术状况现场勘察的具体步骤如下：

（1）发动机工作状况。主要包括动力状况、有无更换部件和修复现象、是否有泄漏现象等；

（2）底盘。主要包括是否有变形、是否有异响、前后桥状况是否正常、是否有漏油现象、转向系统情况是否正常和制动系统是否工作正常等；

（3）车身。主要包括车身是否被碰撞过、车灯是否齐全、前后保险杠是否完整、车身颜色、光泽、锈蚀情况等情况；

（4）电器系统。主要包括发动机点火系统是否工作正常、电源系统是否工作正常、空调及音响系统是否工作正常等；

（5）内饰。主要包括内饰的颜色、清洁程度、仪表及座位是否完整和其他有关装饰情况等。

被评估二手车理论成新率和现场勘察成新率的权重分配、使用年限成新率和行驶里程成新率的权重分配，要根据被评估二手车类型、使用状况、维修保养状况等综合考虑，科学、合理地确定权重分配，这与二手车鉴定评估人员的专业判断能力和实践工作经验有很大的关系，需要在实践中不断的学习和总结，以使评估结果更为准确。

【例3-9】用综合成新率法计算二手车成新率。

（1）车辆概况。

车牌号：鲁Axxx；车型：长安福特福克斯；发动机号：6102xxx；车身号：Lxxx；乘员数（包括驾驶员）：5人；生产商：长安福特；初次登记日期：2006年2月；评估基准日：2010年3月。

（2）性能参数及配置。

发动机型号：Duratec-HE DOHC 16V；排量：1.999L；最大功率：104 kW/6000 rpm；最大扭矩180kN·m/4000/rpm；气缸数：4个；气缸排列形式：直列横置；气缸压缩比：10.8；达到排放标准：国v标准；燃油供给方式：多点电喷；冷却系统：水冷；三元催化：标准配置；前悬架：麦弗逊式；后悬架：多连杆；驱动方式：前驱；动力助力转向：标准配置；助力转向方式：电子液压助力；前制动器：盘式；后制动器：盘式；最高车速：185km/h；整车整备质量：1360kg；经济油耗：8.8L；长×宽×高：4342mm×1840 mm×1500 mm。

（3）成新率计算。

①计算理论成新率 C_1。

查看该车里程表为23200km，与正常使用年限不符，估计里程表有被调整的可能，故理论成新率 C_1 直接由年限法成新率计算而得。

该车登记日期为2006年2月，评估基准日为2010年3月，已使用4年，根据前述规定，使用年限为15年，所以

$$C_1=C_y=(1-\text{已使用年限}/\text{规定使用年限})\times 100\%$$
$$=(1-4/15)\times 100\%$$
$$=73\%$$

②计算现场勘察成新率 C_2。

评估人员在现场对该车的勘察中，分别对车辆的发动机、底盘、车身、内饰及电气系统进行鉴定打分，详见表3-9。

表 3-9 现场勘察评分表

项 目	分值（分）	鉴定标准	鉴定情况	评定分数
发动机、离合器总成	35	气缸压力是否符合标准 机油是否泄漏，冷却系统是否漏水 燃油消耗是否在正常范围内 测量气缸内椭圆度不超过 0.125mm 在高中低速时没有断火现象和其他异常现象	燃油消耗超标，其他情况一般	26
前桥总成	8	工字梁应无变形和裂纹，转向系统操作轻便灵活，转向节不应有裂纹	操作较灵活准确，其他正常	6
后桥总成	10	圆锥主动齿轮轴在 1400～1500r/min，各轴承温度不应高于 60℃，差速器及半轴的齿轮符合要求的敲击声或高低变化声响，各结合部位不允许漏油	基本符合要求	8
变速器总成	8	变速箱在运动中，齿轮在任何档位均不应有脱档、跳档及异常声响 变速杆不应有明显抖动，密封部位不漏油，变速操作杆操作灵便 箱体各孔圆度误差不大 0.0075mm	基本符合要求	6
车身总成	29	车身无碰伤变形、脱漆、锈蚀、门窗玻璃完好，各焊口应无裂纹及损伤，连接件齐全无松动，密封良好、座椅完整	有脱漆、锈蚀现象，维护一般	20
轮胎	2	依据磨损量而定	中度磨损	1
其他	8	制动系统：气压制动的储气筒、制动管不漏气 电系统：电源点火、信号、照明应正常		5
合计				72

根据表 3-9，现场勘察成新率 C_2= 现场勘察打分值 ×100%=72%

取权重系数 α_1=40%，α_2=60%，则综合成新率为：

$$C_Z = C_1 \cdot \alpha_1 + C_2 \cdot \alpha_2$$
$$=73\% \times 40\% + 72\% \times 60\%$$
$$=72.4\%$$

【任务实施】

老师带学生到停车场,六名学生为一小组,每组指定一辆车,每人指定一种成新率的计算方法,学生根据现场鉴定的结果,完成成新率的计算,并上交书面计算报告,老师审阅完后考核记录见表3-10。

表3-10 考核记录表

实训名称：二手车成新率计算

学号		姓名	
项目	必要的记录	分值	评分
报告完整性		10	
格式是否符合要求		10	
分析的准确性		20	
计算的准确性		60	
总评成绩		100	

老师评价：

老师签字： 年 月 日

任务二 二手车评估的方法

【任务描述】

二手车评估以机动车的技术状况鉴定为基础、资产评估理论为依据,根据不同的评估目的、价值标准和业务条件,按照国家规定的收益现值法、重置成本法、现行市价法和清算价格法四种方法进行。

在二手车收购环节中,除可根据重置成本法、现行市价法和清算价格法的思想方法简单确定收购价格外,还可利用折旧法科学评估计算拟收购二手车的价格。

【相关知识】

一、重置成本法评估二手车

重置成本法是指在现时市场条件下重新购置一辆全新状态的被评估车辆所需的全部成本（即完全重置成本，简称重置全价），减去该被评估车辆的各种陈旧贬值后的差额作为被评估车辆现时价格的一种评估方法。

1. 重置成本法的理论依据

在市场经济条件下，任何一个理性的购买者在购买某项资产时，所愿意支付的价格，都不会超过与被评估对象具有同等效用的全新资产的最低成本，这就是重置成本法的理论依据。

重置成本是购买一项全新的与被评估车辆相同的车辆所支付的最低金额。按重新购置车辆所用的材料、技术的不同，可把重置成本分为复原重置成本（简称复原成本）和更新重置成本（简称更新成本）。复原成本指用与被评估车辆相同的材料、制造标准、设计结构和技术条件等，以现时价格复原购置相同的全新车辆所需的全部成本。更新成本指利用新型材料、新技术标准、新设计等，以现时价格购置相同或相似功能的全新车辆所支付的全部成本。一般情况下，在进行重置成本计算时，如果同时可以取得复原成本和更新成本，应选用更新成本；如果不存在更新成本，则再考虑选用复原成本。

2. 车辆的贬值

（1）机动车辆的实体性贬值。

实体性贬值也叫有形损耗，是指机动车在存放和使用过程中，由于物理和化学原因而导致的车辆实体发生的价值损耗，即由于自然力的作用而发生的损耗。二手车一般都不是全新状态的，因而大都存在实体性贬值。确定实体性贬值，要依据新旧程度，包括表体及内部构件、部件的损耗程度。假如用损耗率来衡量，一辆全新的车辆，其实体性贬值为百分之零；而一辆完全报废的车辆，其实体性贬值为百分之百；处于其他状态下的车辆，其实体性贬值率则位于这两个数字之间。

（2）机动车辆的功能性贬值。

功能性贬值是由于科学技术的发展而导致的车辆贬值，即无形损耗。这类贬值又可细分为一次性功能贬值和营运性功能贬值。

一次性功能贬值是由于技术进步引起劳动生产率的提高。现在再生产制造与原功能相同的车辆的社会必要劳动时间减少，成本降低而造成原车辆的价值贬值。具体表现为原车辆价值中有一个超额投资成本将不被社会承认。

营运性功能贬值是由于技术进步，出现了新的、性能更优的车辆，致使原有车辆的功能相对新车型已经落后而引起其价值贬值。具体表现为原有车辆在完成相同工作任务的前提下，在燃料、人力、配件材料等方面的消耗增加，形成了一部分超额运营成本。

（3）机动车辆的经济性贬值。

经济性贬值是指由于外部经济环境变化所造成的车辆贬值。所谓外部经济环境，包括宏观经济政策、市场需求、通货膨胀、环境保护等。经济性贬值是由于外部环境而不是车辆本身所引起的。

3. 重置成本法的计算

重置成本法的基本计算公式可表述为：

被评估车辆的评估值＝重置成本—实体性贬值—功能性贬值—经济性贬值

或

被评估车辆的评估值＝重置成本 × 成新率

以上两种计算模型中，前式综合考虑了二手车的现行市场价格和各种影响二手车价值量变化的因素，可信度更高。但是，这些影响因素较多且有一定的不确定性，所以在一定程度上影响了评估值的准确性。后式则以成新率综合考虑了各种贬值对二手车价值的影响，是一种定性和定量相结合的评估方法，是目前市场上应用最广的一种评估方法。其计算公式为：

$$P = B \times C$$

式中：P——被评估车辆的评估值，元；

B——被评估车辆的现时重置成本，元；

C——被评估车辆的现时成新率。

重置成本的计算在汽车评估中方法很多，对于二手车评估定价一般采用如下两种方法。

（1）重置核算法。

重置核算法又称直接法或细节分析法，以现行市价核算被评估车辆重置成本，也就是将车辆按成本构成分成若干组成部分，先确定各组成部分的现时价格，然后相加得出待评估车辆的重置全价。计算公式为：

$$重置成本 = 直接成本 + 间接成本$$

直接成本是指直接可以构成车辆成本的支出部分。具体来说是按现行市价的买价，加上运输费、购置附加费、消费税、人工费等。间接成本是指购置车辆发生的上户费、保险费、专项贷款发生的利息等。

在二手车评估中以直接法取得的重置成本，无论是国产车还是进口车辆，尽可能采用国内现行市场销售价格作为车辆评估的重置成本全价,市场销售价可以通过市场信息资料(如报纸、专业杂志、网上报价)和车辆制造商、经销商询价取得。

二手车重置成本全价的构成一般分下述两种情况考虑:

1)属于所有权转让的经济行为,可按被评估车辆的现行市场价格作为被评估车辆的重置全价,其他费用略去不计。

2)属于企业产权变动的经济行为(如企业合资、合作联营、企业分设、合并和兼并等),其重置成本构成除了考虑被评估车辆的现行市场价格外,还应考虑国家和地方政府对车辆加收的其他税费(如车辆购置税、车船使用税、保险、上户费用等)一并计入重置成本全价。

(2)价格指数法。

价格指数法也可称为物价指数法或物价指数调整法,是在原始成本基础上,通过现时物价指数确定其重置成本,在二手车评估中可以选用汽车市场价格指数。计算公式为:

$$车辆重置成本 = 车辆原始成本 \times \frac{车辆评估时物价指数}{车辆购买时物价指数}$$

或

$$车辆重置成本 = 车辆原始成本 \times (1+价格变动指数)$$

在二手车评估中用物价指数法时应注意的问题是:

1)一定要先检查被评估车辆的账面购买原价。如果购买原价不准确,则不能用物价指数法。

2)用物价指数法算出的值就是被评估车辆的重置成本值。

3)运用物价指数法时,现在选用的指数往往与评估对象规定的评估基准日之间有一段时间差。这一段时间差内的价格指数可由评估人员依据近期内的指数变化趋势结合市场情况确定。

4)物价指数法要尽可能选用有法律依据的国家统计部门或物价管理部门以及政府机关发布和提供的数据。有的可取自权威性的国家政策部门所辖单位提供的数据,绝不能选用无依据、不明来源的数据。

4. 采用重置成本法的优缺点

采用重置成本法的优点:

(1)比较充分地考虑了车辆的损耗,评估结果更趋于公平合理。

(2)有利于二手车辆的评估。

(3)在不易计算车辆未来收益或难以取得市场(二手车交易市场)参照物条件下可广泛应用。

运用重置成本法的缺点是工作量较大,且经济性贬值不易准确计算。

5. 评估实例

【例 3-10】使用年限法评估二手车。

2010 年 8 月,王女士购置了一辆爱丽舍轿车,作为上下班代步用。购买价格为 97800 元,初次登记日期是 2010 年 9 月,于 2014 年 12 月进入二手车交易市场估价交易。现场勘查,车身外观较好,发动机运转平稳,无异常响声,制动系统良好。该车行驶里程为 10 万 km,在评估时,该车的现行市场销售价格为 79800 元,其他税费不计,试评估该车的现时市场价值。

解:根据题意

①初次登记日期为 2010 年 9 月,评估基准日为 2014 年 12 月,已使用年限:$Y=51$ 个月;

②该车为轿车,规定使用年限为 15 年,即:$Y_g=180$ 个月;

③该车的现时重置成本为:$B=79800$ 元;

④该车的年限成新率为:$C_Y = \left(1 - \dfrac{Y}{Y_g}\right) \times 100\% = \left(1 - \dfrac{51}{180}\right) \times 100\% = 71.67\%$;

⑤评估值:$P = B \times C = 79800 \times 71.67\% = 57192$ 元。

【例 3-11】综合分析法评估二手车。

刘先生于 2009 年 3 月购置一辆国产奥迪 2.4 轿车,作为家庭用车。于 2014 年 3 月到某奥迪专卖店进行二手车置换业务,行驶里程为 9.5 万 km,已知与该车类似的奥迪 2.5 新车市场价格为 42.8 万元。经评估人员现场勘查,技术状况较好,使用维护保养较好,该车主要是在市内行驶。试用重置成本——综合分析法评估该车的价值。

解:根据题意

①评估价值采用重置成本——综合分析法,计算公式为:

$$P = B \times C_F = B \times \left(1 - \dfrac{Y}{Y_g}\right) \times K \times 100\%$$

②初次登记日期为:2009 年 3 月,评估基准日为:2014 年 3 月,则:$Y=60$ 个月;

③该车为轿车,规定使用年限为 15 年,即:$Y_g=180$ 个月;

④该车的现时重置成本为:$B=428000$ 元;

⑤综合调整系数 K 的确定:

技术状况较好,车辆技术状况调整系数 $K_1=0.9$;

使用维护保养好,维护保养调整系数 $K_2=0.9$;

该车为国产名牌,制造质量调整系数 $K_3=0.9$;

该车为私人用车,车辆用途调整系数 $K_4=1.0$;

该车主要在市内行驶，工作条件调整系数为 $K_5=1.0$。
综合调整系数为：

$$K = K_1 \times 30\% + K_2 \times 25\% + K_3 \times 20\% + K_4 \times 15\% + K_5 \times 10\%$$
$$= 0.9 \times 30\% + 0.9 \times 25\% + 0.9 \times 20\% + 1.0 \times 15\% + 1.0 \times 10\%$$
$$= 92.5\%$$

⑥计算成新率 C_F：

$$C_F = \left(1 - \frac{Y}{Y_g}\right) \times K \times 100\% = \left(1 - \frac{60}{180}\right) \times 92.5\% \times 100\% = 61.67\%$$

⑦计算评估值 P：

$$P = B \times C_F = 428000 \times 61.67\% = 263948 \text{ 元}$$

二、收益现值法评估二手车

1. 收益现值法的原理

收益现值法是将被评估的车辆在剩余寿命期内预期收益用适用的折现率折现为评估基准日的现值，并以此确定评估价格的一种方法。

采用收益现值法对二手车辆进行评估所确定的价格，是指为获得该机动车辆以取得预期收益的权利所支付的货币总额。

收益现值法是基于人们之所以占有某车辆，主要是考虑这辆车能为自己带来一定的收益这样的假设。任何一个理性的投资者在决定投资购买二手车时，他所愿意支付的货币金额不会高于评估时求得的该车未来预期收益的折现值。在机动车的交易中，人们购买的目的往往不是在于车辆本身，而是车辆获利的能力。因此，该方法较适用于投资营运的车辆。

2. 收益现值法的计算

收益现值法评估值的计算，实际上就是对被评估车辆未来预期收益进行折现的过程。被评估车辆的评估值等于剩余寿命期内各期的收益现值之和，其基本计算公式为：

$$P = \sum_{t=1}^{n} \frac{A_t}{(1+i)^t} = \frac{A_1}{(1+i)^1} + \frac{A_2}{(1+i)^2} + \cdots + \frac{A_n}{(1+i)^n}$$

式中：P——评估值，元；
A_t——未来第 t 个收益期的预期收益额，元；
n——收益年期（二手车剩余使用年限）；
i——折现率；
t——收益期，一般以年计。

当 $A_1=A_2=\cdots=A_n=A$ 时，即 t 从 $1\sim n$ 未来收益分别相同为 A 时，则有：

$$P=\sum_{t=1}^{n}\frac{A_t}{(1+i)^t}=A\left[\frac{1}{(1+i)^1}+\frac{1}{(1+i)^2}+\cdots+\frac{1}{(1+i)^n}\right]=A\frac{(1+i)^n-1}{i(1+i)^n}$$

式中：$\dfrac{1}{(1+i)^t}$——第 t 个收益期的现值系数；

$\dfrac{(1+i)^n-1}{i(1+i)^n}$——年金现值系数。

3. 收益现值法各评估参数的确定

（1）收益年期 n 的确定。

收益年期指从评估基准日到车辆到达报废所剩余的年限。对于各类汽车来说，该参数按《机动车强制报废标准规定》确定是很方便的。如果收益年期估计过长，就会高估车辆价格；反之，则会低估价格。因此，必须根据车辆的实际状况对剩余寿命做出正确的评定。

（2）预期收益额 A_t 的确定。

收益现值法运用中，预期收益额的确定是关键。预期收益额是指由被评估对象在使用过程中，可能带来的年纯收益额。对于预期收益额的确定应注意两点：

1）无论对于所有者还是购买者，判断某车辆是否有价值，首先应判断该车辆是否会带来收益。对其收益的判断，不仅仅是看现在的收益能力，更重要的是预测未来的收益能力。

2）收益额的构成。以企业为例，目前有几种观点：第一，企业所得税后利润；第二，企业得税后利润与提取折旧额之和扣除投资额；第三，利润总额。

关于选择哪一种作为收益额，针对二手车的评估特点与评估目的，为估算方便，推荐选择第一种观点，目的是能够准确反映预期收益额。

（3）折现率 i 的确定。

从折现率本身来说，它是一种特定条件下的收益率，说明车辆取得该项收益的收益率水平。折现率是指将未来预期收益额折算成现值的比率。折现率包含无风险利率和风险报酬率两部分，即：

$$\text{折现率 } i = \text{无风险利率} + \text{风险报酬率}$$

无风险利率是指资产在一般条件下的获利水平，风险报酬率则是指冒风险取得报酬与车辆投资中为承担风险所付代价的比率。由于每个行业，每个企业都有具体的资金收益率，因此在利用收益法对二手车评估，选择折现率时，应该进行本企业、本行业历年收益率指标的对比分析。但是，最后选择的折现率应该起码不低于国家债券或银行存款的利率。

4. 评估实例

【例3-12】某企业预将一辆19座客车转让,在二手车交易市场,李先生准备将该车用作载客营运。按《机动车强制报废标准规定》规定,该车辆剩余年限为3年,适用的折现率为8%,经预测得出3年内各年预期收益的数据分别为10000元、8000元、7000元,试用收益现值法评估该车辆目前的价格。

解:根据题意可知

$$P = \sum_{t=1}^{n} \frac{A_t}{(1+i)^t} = \frac{A_1}{(1+i)^1} + \frac{A_2}{(1+i)^2} + \cdots + \frac{A_n}{(1+i)^n}$$

$$= \frac{10000}{(1+8\%)^1} + \frac{8000}{(1+8\%)^2} + \frac{7000}{(1+8\%)^3}$$

$$= 9295 + 6854 + 5557$$

$$= 21670（元）$$

5. 收益现值法的优缺点

(1)收益现值法的优点。
1)与投资决策相结合,容易被交易双方接受;
2)能较真实和较准确地反映车辆本金化的价格。

(2)收益现值法的缺点。
1)预期收益额预测难度较大;
2)受较强的主观判断和未来不可预见因素的影响。

三、现行市价法评估二手车

现行市价法又称市场法、市场价格比较法,是指通过比较被评估车辆与最近售出类似车辆的异同,并将类似车辆的市场价格进行调整,从而确定被评估车辆价值的一种评估方法。现行市价法是最直接、最简单的一种评估方法。其基本思路是:通过市场调查,选择一辆或几辆与被评估车辆相同或类似的车辆作为参照物,分析参照物的构造、功能、性能、新旧程度、地区差别、交易条件及成交价格等,并与评估车辆对照比较,找出两者的差别及差别所反映在价格上的差额,经过调整,计算出被评估对象的价格。

1. 现行市价法评估应用的前提条件

(1)需要有一个充分发育、活跃的二手车交易市场,即要有二手车交易的公开市场。在这个市场上有众多的卖者和买者,有充分的参照物可取,交易充分平等,这样可以排除交易的偶然性和特殊性。汽车在汽车交易市场上交易越频繁,与被评估相类似的车辆价格越容易获得。因此,市场成交的二手车价格可以准确反映市场行情,评估结果更公平公正，双方都易接受。

（2）参照物与被评估车辆有可比较的指标，且技术参数等资料是可收集到的，并且价值影响因素明确，可以量化。

在运用现行市价法评估二手车时，关键是要能够找到与被评估车辆相同或相类似的参照车辆，并且参照车辆是近期的，可比较的。近期是指参照车辆交易时间与车辆评估基准日时间相近，一般在一个季度之内。可比较是指车辆在规格、型号、功能、性能、内部结构、新旧程度及交易条件等方面不相上下。

2. 现行市价法评估的步骤

现行市价法评估的步骤如图 3-1 所示。

```
┌──────────────────┐
│  收集被评估车辆资料  │
└────────┬─────────┘
         ↓
┌──────────────────┐
│     选定参照对象    │
└────────┬─────────┘
         ↓
┌──────────────────┐
│     分析、类比      │
└────────┬─────────┘
         ↓
┌──────────────────┐
│     计算评估值      │
└──────────────────┘
```

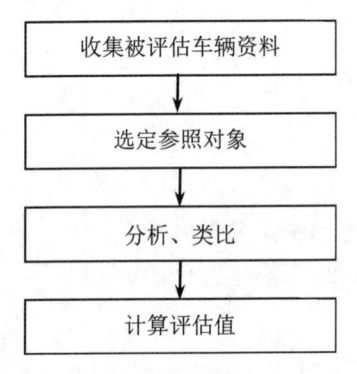

图 3-1　现行市场评估流程图

（1）收集被评估车辆资料。收集评估对象的资料，主要包括车辆的类别名称、型号和性能、生产厂家及出厂年月、车辆目前使用情况、实际技术状况以及剩余使用年限等相关资料。

（2）选定参照对象。所选定的类比车辆必须具有可比性，可比性因素包括：

1）车辆型号、车辆制造厂家。

2）车辆地域。不同地区的交易市场，同样车辆的价格有较大的差别。

3）车辆使用性质。是私用、公务、商务车辆，还是营运车辆。

4）车辆使用年限、行驶里程数。

5）车辆实际技术状况。

6）交易动机和目的。不同情况交易，往往有较大的差别；车辆出售是以清偿为目的或是以转让为目的；买方是获利转手倒卖或是购建自用。

7）市场状况。市场处于衰退萧条或是复苏繁荣，交易量如何，新车价格趋势如何，目前该车型的市场保有量如何等。

8）成交数量。单台交易与成批交易的价格会有一定差别。

9）成交时间。应采用近期成交的车辆作为参照的类比对象。由于市场随时间的变化而变化，会引起车辆市场价格的波动。

（3）分析、类比。对待评估的车辆与选定的类比对象进行认真地分析类比，尽可能予以量化、调整。

（4）计算评估值。

3. 具体计算方法

现行市价法评估确定单台二手车价值的方法有直接法和类比法。

（1）直接法。直接法是指在市场上能找到与被评估车辆完全相同的车辆的现行市价，并依其价格直接作为被评估车辆评估价格的一种方法。

完全相同是指车辆型号相同，使用条件和技术状况相同，生产和交易时间相近，寻找同型号的车辆有时是比较困难的。鉴于此，通常情况下，如果参照车辆与被评估车辆类别相同、主参数相同、结构性能相同，只是生产序号不同并只作局部改动，交易时间相近的车辆，可作为直接评估过程中的参照物，即认为是完全相同。

（2）类比法。类比法是指评估车辆时，在公开市场上找不到与之完全相同的车辆，但在公开市场上能找到与之相类似的车辆，以此为参照物，并依其价格再做相应的差异调整，从而确定被评估车辆价格的一种方法。

所选参照物与评估基准日在时间上越近越好，实在无近期的参照物，也可以选择远期的，再作日期修正。其基本计算公式为：

评估价格＝市场交易参照物价格＋$\sum$评估对象比交易参照物优异的价格差额－$\sum$交易参照物比评估对象优异的价格差额

或

评估价格＝参照物价格×(1±调整系数)

现行市价法评估的关键是全面了解市场情况，对现行市场掌握的情况越多，评估的准确度越高。

4. 采用现行市价法的优缺点

（1）现行市价法的优点。

1）能够客观反映二手车辆目前的市场情况，其评估的参数、指标能反映市场现实价格。

2）评估结果易于被各方面理解和接受。

（2）现行市价法的缺点。

1）需要公开及活跃的市场作为基础。然而我国二手车市场还发育不完全、不完善，寻找参照物有一定的困难。

2）可比因素多而复杂，即使是同一个生产厂家生产的同一型号的产品，同一天登记，由于由不同的车主使用,其使用强度、使用条件、维护水平等多种因素不同,其实体损耗、新旧程度都各不相同,从而造成二手车评估价值有所不同。

四、清算价格法评估二手车

1. 清算价格法基本原理

清算价格法是指以清算价格为标准,对二手车辆进行的价格评估。清算价格是指企业由于破产或其他原因,要求在一定的期限内将车辆变现。

清算价格法在原理上基本与现行市价法相同,所不同的是迫于停业或破产,清算价格往往大大低于现行市场价格。这是由于企业被迫停业或破产,急于将车辆拍卖、出售。

2. 清算价格法的前提条件

企业破产、抵押、停业清理时要售出的车辆适用于清算价格法。

(1) 企业破产。当企业或个人因经营不善造成严重亏损不能清偿到期债务时,企业应依法宣告破产,法院以其全部财产依法清偿其所欠的债务,不足部分不再清偿。

(2) 抵押。抵押是以所有者资产作抵押物进行融资的一种经济行为,是合同当事人一方用自己特定的财产向对方保证履行合同义务的担保形式。提供财产的一方为抵押人,接受抵押财产的一方为抵押权人。抵押人不履行合同时,抵押权人有权将抵押财产在法律允许的范围内变卖,从变卖抵押物价款中优先受偿。

(3) 清理。清理是指企业由于经营不善导致严重亏损,已临近破产的边缘或因其他原因将无法继续经营下去,为弄清企业财物现状,对其全部财产进行清点、整理和查核,为经营决策(破产清算或继续经营)提供依据,以及因资产损毁、报废而进行清理、拆除等的经济行为。

运用清算价格法评估车辆价格时应注意以下几点:

1) 以具有法律效力的破产处理文件或抵押合同及其他有效文件为依据。
2) 车辆在市场上可以快速变现。
3) 所卖收入足以补偿因出售车辆导致的附加支出总额。

3. 清算价格的评估方法

二手车评估清算价格的方法主要有以下三种:

(1) 现行市价折扣法。现行市价折扣法是指对清理车辆首先在二手车市场上寻找一个相适应的参照物,然后根据快速变现原则估定一个折扣率,并据以确定其清算价格。

【例3-13】一辆旧富康轿车,经调查在二手车市场上成交价为4万,根据销售情况调查,折价20%可以当即出售,则该车辆清算价格为$4×(1-20\%)=3.2$万元。

（2）模拟拍卖法。模拟拍卖法也称意向询价法，是根据向被评估车辆的潜在购买者询价的办法取得市场信息，最后经评估人员分析确定其清算价格的一种方法。用这种方法确定的清算价格受供需关系影响很大，要充分考虑其影响的程度。

【例3-14】有大型农用机械一台，拟评估其拍卖清算价格，评估人员经过对2个农场主、2个农机公司经理和2个农机销售员征询相关的车辆信息、技术状况、使用情况等，其评估分别为6万元、7.3万元、4.8万元、5万元、6.5万元和7万元，平均价为6.1万元。评估人员确定清算价格为5.8万元。

（3）竞价法。竞价法是由法院按照法定程序（破产清算）或由卖方根据评估结果提出一个拍卖的底价，在公开市场上由买方竞争出价，谁出的价格高就卖给谁。

五、折旧法评估二手车

1. 折旧法评估的基本原理

折旧是指企业的固定资产在预计的使用年限内由于磨损和损耗而逐渐转移的价值。机动车作为固定资产，按现行财务制度规定应计提固定资产折旧。所谓机动车的折旧是指机动车随着时间的推移或在使用过程中，由于损耗而转移到产品中去的那部分价值。这部分转移的价值以折旧费的形式计入成本费用，并从企业营业收入中得到补偿。

二手车折旧额是二手车所有者已经得到的价值补偿，剩下的价值即重置成本全价减去二手车已使用年数的累计折旧额，才是二手车现有的价值，评估时应以这个价值作为评估价。车辆鉴定评估时，如果发现车辆有某些功能完全丧失，需要维修和换件的，还应考虑扣减相应的维修费用。计算公式为：

被评估二手车的评估值＝重置成本全价－累计折旧额－维修费用

2. 折旧法评估的基本方法

（1）评估模型。

折旧法的评估模型，其计算公式为：

$$P = B - \sum D_t - F_s$$

式中：P——二手车评估值，元；

B——二手车重置成本全价，元；

D_t——二手车折旧额，元（$t=1, 2, 3, \cdots, N$，N为预计使用年限）；

$\sum D_t$——二手车已使用年限内的累计折旧额，元；

F_s——二手车需要的维修费用，元。

（2）折旧额的计算。

车辆年折旧额的计算有两种方法：等速折旧法和加速折旧法。由于市场情况是随着时间的变化而变化的，因此，推荐使用加速折旧法。

1）等速折旧法。等速折旧法，也称为平均折旧法，是指用车辆的原值除以车辆使用年限，以求得每年平均计提折旧额的方法。计算公式为：

$$D_t = (K_0 - S_V)/N$$

式中：D_t——二手车年折旧额，元；

K_0——二手车原值，元；

S_V——二手车残值，元；

N——二手车预计使用年限（一般取规定使用年限），年。

2）加速折旧法。加速折旧法也称递减折旧法，是指在汽车使用早期多提折旧，在使用后期少提折旧的一种方法。

此方法的理论依据是：汽车在使用初期发生的故障少，需要的修理费用少，提供的服务多，为企业创造的效益高，理应多提折旧；在汽车的使用后期，随着汽车零部件磨损程度的加剧，需要的修理费用越来越多，单位时间提供的服务量逐年减少，理应少提折旧。这样，可使汽车在各年承担的总费用比较接近，利润比较平稳，也弥补了等速折旧法的不足。

加速折旧法求年折旧额的方法有两种：年份数求和法和双倍余额递减法。

①年份数求和法。年份数求和法是指每年的折旧额可用车辆原值减去残值的差额乘一个逐年递减系数来确定折旧额的一种方法。其计算公式为：

$$D_t = (K_0 - S_V) \times \frac{N+1-t}{\frac{N(N+1)}{2}}$$

式中：D_t——二手车年折旧额，元；

K_0——二手车原值（实际评估时，取评估基准日的重置全价），元；

S_V——二手车残值，元；

N——二手车预计使用年限（一般取规定使用年限），年；

t——已使用年限数（实际评估中，把已使用的总月数折算为年度数计算）；

$\dfrac{N+1-t}{N(N+1)/2}$——递减系数（也称为年折旧率）。

②双倍余额递减法。双倍余额递减法是根据每年二手车剩余价值和双倍的等速法折旧率计算二手车折旧的一种方法。

这种方法计算时不考虑二手车预计净残值，用数学式表示为：

年折旧额 = 该年二手车剩余价值 × 年折旧率

其中

$$年折旧率 = \frac{2}{预计使用年限} \times 100\%$$

上述双倍余额递减折旧法求年折旧额可用计算公式表示为：

$$D_t = [K_0 \times (1-a)^{t-1}] \cdot a = K_0 \cdot a(1-a)^{t-1}$$

式中：D_t——二手车年折旧额，元；

　　　K_0——二手车原值（实际评估时，取评估基准日的重置全价），元；

　　　a——年折旧率，$a=2/N \times 100\%$，N 为预计使用年限；

　　　t——已使用年限数（实际评估中，把已使用的总月数折算为年度数计算）。

应用时，要把评估基准日当年所有已使用的月份数折算为年数。

由于采用双倍余额递减法在确定二手车折旧率时，不考虑二手车的净残值因素，因此在连续计算各年折旧额时，如果发现使用双倍余额递减法计算的折旧额小于采用等速折旧法计算的折旧额时，就应该改用等速折旧法计提折旧。

3. 折旧法优缺点和适用范围

（1）优缺点。

1）优点：计算方法简便，适用范围广泛。

2）缺点：忽略了车辆在不同使用时期的使用强度的不均衡性所导致不同时期固定资产有形损耗程度的差异。

（2）适用范围。

由于折旧法采用的是经济使用年限，且可以采用加速折旧法计算二手车的价值转移，使二手车剩余价值相对比较小，这对二手车收购方来说是比较有利的。因此，折旧法比较适用于二手车收购。

4. 评估实例

【例3-15】2014年2月，成都某4S店欲收购一辆伊兰特轿车，车辆基本情况如下：车型：北京现代伊兰特；型号：BH7162MY；注册登记日期：2011年3月；行驶里程：68000 km；车辆基本配置：排量1.599L，发动机型号G4ED，直列4缸16气门多点电喷发动机，5速手动变速器，发动机最大功率82 kW，转向助力，ABS+EBD，前后门电动窗、防眩目后视镜，中控锁（无遥控装置），发动机防盗，手动空调系统，单碟CD及调频收音机，6喇叭音响系统，铝合金轮圈。

经核对相关税费票据、证件（照）齐全有效。该车目前市场行情价为7.8万元，试确定其收购价格（残值忽略不计）。

解：根据题意可知

（1）采用折旧法计算收购价格。

(2) 已使用年限为：$t = 3$ 年；规定使用年限为：$N = 15$ 年。

(3) 重置成本价格为：$K_0 = 78000$ 元，残值忽略不计，即 $S_v = 0$。

(4) 分别以等速折旧法、年份数求和折旧法和双倍余额递减折旧法计算累计折旧额。

①等速折旧法计算二手车的累计折旧额：

年折旧额为：
$$D_t = (K_0 - S_V)/N = 78000/15 = 5200$$

累计折旧额计算结果如表 3-11 所示。

表 3-11 等速折旧法计算累计折旧额

年份	重置成本 K_0/元	折旧率	年折旧额/元	累计折旧额/元
2011.3—2012.2		1/15	5200	5200
2012.3—2013.2	78000	1/15	5200	10400
2013.3—2014.2		1/15	5200	15600

②年份数求和折旧法计算二手车的累计折旧额：

递减系数为 $\dfrac{N+1-t}{\dfrac{N(N+1)}{2}} = \dfrac{16-t}{120}$

年折旧额 $D_t = (K_0 - S_v) \times \dfrac{N+1-t}{\dfrac{N(N+1)}{2}}$，计算结果如表 3-12 所示。

表 3-12 年份数求和折旧法计算累计折旧额

年份	重置成本 K_0/元	递减系数	年折旧额/元	累计折旧额/元
2011.3—2012.2		15/120	9750	9750
2012.3—2013.2	78000	14/120	9100	18850
2013.3—2014.2		13/120	8450	27300

③双倍余额递减折旧法计算二手车的累计折旧额：

年折旧率 $= \dfrac{2}{15}$

年折旧额 $D_t = K_0 \cdot a(1-a)^{t-1}$，计算结果如表 3-13 所示。

表 3-13　双倍余额递减折旧法计算累计折旧额

年份	重置成本 K_0/元	年折旧率	年折旧额/元	累计折旧额/元
2011.3—2012.2	78000	2/15	10400	10400
2012.3—2013.2	67600	2/15	9013	19413
2013.3—2014.2	58587	2/15	7812	27225

（5）计算二手车收购价格。

二手车收购价格计算公式为：

$$P = B - \sum D_t - F_s$$

题目没有给出需要修理的项目及费用，因此，本例中 $F_s = 0$。二手车收购价格按剩余价值最小（或按累计折旧额最大）的收购。从表 3-11 至表 3-13 可知，等速折旧法、年份数求和折旧法和双倍余额递减折旧法三种折旧方法计算的累计折旧额中，年份数求和折旧法计算的累计折旧额最大，因此，该二手车的收购价格为：

$$P = B - \sum D_t = 78000 - 27300 = 50700 元$$

【例 3-16】某公司转让一辆斯柯达晶锐轿车，经与二手车交易中心洽谈，由中心收购该车辆。该车初次登记日期为 2011 年 2 月，转让日期为 2014 年 8 月，已使用 3 年 6 个月，该型号车辆现行市价为 8 万元，规定使用年限 15 年，残值忽略不计。试用年份数求和法计算收购价。

解：根据题意

（1）已知该晶锐轿车已使用年限为 3 年 6 个月，$Y=48$ 个月，$Y_g=120$ 月。

（2）递减系数为 $\dfrac{N+1-t}{\dfrac{N(N+1)}{2}} = \dfrac{16-t}{120}$。

（3）年折旧额 $D_t = (K_0 - S_v) \times \dfrac{N+1-t}{\dfrac{N(N+1)}{2}}$，计算结果如表 3-14 所示。

表 3-14　年份数求和折旧法计算累计折旧额

年份	重置成本 K_0/元	递减系数	年折旧额/元	累计折旧额/元
2011.2—2012.1	80000	15/120	10000	10000
2012.2—2013.1	80000	14/120	9333	19333
2013.2—2014.1	80000	13/120	8667	28000
2014.2—2015.1	80000	12/120	8000	36000

表 3-14 是按 4 年计算的累计折旧额，但车辆实际使用年限只有 3 年 6 个月，因此，计算得到的累计折旧额应减去第 4 年的半年折旧额，即：

年份数求和折旧法计算累计折旧额：

$$\sum D_t = 28000 + 8000/2 = 32000$$

（4）计算二手车收购价格。

$$P = B - \sum D_t - F_s$$

题目没有给出需要修理的项目及费用，因此，本例中 $F_s = 0$。
计算公式即：

$$P = B - \sum D_t = 80000 - 32000 = 48000 \text{ 元}$$

六、二手车评估方法的联系与区别

1. 重置成本法与现行市价法的联系与区别

（1）重置成本法与现行市价法的联系。

决定重置成本的因素与决定现行市价的最基本因素相同，即现有条件下，生产功能相同的车辆所花费的社会必要劳动时间。但是现行市价的确定还需考虑其他与市场相关的因素，一是车辆功能的市场性，即车辆的功能能否得到市场认可；二是市场供求关系的影响。

（2）重置成本法与现行市价法的区别。

现行市价以市场价格为依据，车辆价格受市场因素约束，并且其评估值直接受市场检验；而重置成本只是在模拟条件下重置车辆的现行价格。

重置成本法是将被评估车辆与全新车辆进行比较的过程，而且，比较侧重于性能方面。比如，评估一辆旧汽车时，首先要考虑重新购置一台全新的车辆时需花多少成本，同时还需进一步考虑旧汽车的陈旧状况和功能、技术情况。只有当这一系列因素充分考虑周到后，才可能给旧汽车定价。而上述过程都涉及与全新车辆的比较，没有比较就无法确定旧汽车的价格。

现行市价法的出发点更多地表现在价格上。由于现行市价法比较侧重价格分析，因此对现行市价法的运用十分强调市场化程度。如果市场很活跃，参照物很容易取得，那么运用现行市价法所取得的结论就会更可靠。现行市价法的这种比较性，相对于重置成本法而言，其条件更为广泛。

2. 重置成本法与收益现值法的联系与区别

重置成本法与收益现值法的区别在于：前者是对历史分析，后者是对预期分析。重置成本法比较侧重对车辆过去使用状况的分析，再加上对现时的比较后才得出结论。

如有形损耗就是基于被评估车辆的已使用年限和使用强度等来确定的。因此，如果没有对被评估车辆历史的判断和记录，运用重置成本法评估车辆的价值是不可能的。

收益现值法的评估要素完全是基于对未来收益的分析。收益现值法从不把被评估车辆已使用年限和使用程度作为评估基础，不必考虑被评估车辆过去的情况怎样，所考虑和侧重的是被评估对象未来能给投资者带来多少收益。一般而言，预期收益越大，车辆的价值越大。预期收益的测定，是收益现值法的基础。

3．现行市价法与收益现值法的联系与区别

现行市价法与收益现值法的联系主要表现在：两者在价格形式上有相似之处，都是评估公平市场价格。

两者区别在于：现行市价主要是车辆进入市场的价格计量；而收益现值主要以车辆的获利能力进入市场的价格计量。

从评估的角度看，收益现值法中任何参数的确定，都具有主观性。因为预期收益、折现率等都是不可知的参数，但是这些参数在运用收益现值法评估车辆价值时必须明确，否则收益现值法就不能使用。然而，一旦从估计上来考虑收益现值法中的参数，就涉及估计的依据问题。针对此问题，在市场相对发达的地方，通过选择参照物，进一步计量其收益折现率及预期年限，然后将这些参照物的数据比较有效地运用到被评估车辆上，以确定车辆的价值。

把收益现值法和现行市价法结合起来使用，其目的在于降低评估过程中的人为因素的影响，尽量反映客观实际，从而使车辆的评估更能体现市场观点。

4．清算价格法与现行市价法的联系与区别

清算价格法与现行市价法的联系主要表现在：两者均是市场价格。

两者的区别在于：现行市价是公平市场价格；而清算价格是非正常市场上的拍卖价格，一般大大低于现行市价。

七、二手车评估方法的选用

前面分别介绍了二手车评估的四种基本方法：重置成本法、收益现值法、现行市价法和清算价格法。这些方法都有各自的特点，同时又是相互关联的。评估方法的多样性，可以让鉴定估价人员选择适当的评估途径。选择合适的评估方法，有利于简捷、准确地确定被评估对象的价值。

1．重置成本法的适用范围

重置成本法是二手车评估中一种常用的方法，它适用于继续使用的车辆评估。对在用车辆，可直接运用重置成本法进行评估，无须作较大的调整。在目前，我国汽车交易市场尚需进一步规范和完善，运用现行市价法和收益现值法的客观条件受到一定的制约；而清算价格法仅在特定的条件下才能使用。因此，重置成本法在汽车评估中得到了广泛的应用。

2. 收益现值法的适用范围

汽车的评估多数情况下采用重置成本法，但在某些情况下，也可运用收益现值法。运用收益现值法进行汽车评估的前提是被评估车辆具有独立的、能连续用货币计量的可预期收益。由于在车辆的交易中，人们购买的目的往往不在于车辆本身，而是车辆的获利能力。因此，该方法较适于从事营运的车辆的评估。

3. 现行市价法的适用范围

现行市价法的运用首先必须以市场为前提，它是借助于参照物的市场成交价或变现价运作的（该参照物与被评估车辆相同或相似）。因此，一个活跃、发达的车辆交易市场是现行市价法得以广泛运用的前提。

此外，现行市价法的运用还必须以可比性为前提。运用该方法评估车辆市场价值的合理性与公允性，在很大程度上取决于所选取的参照物的可比性如何。可比性包括两方面内容：

（1）被评估车辆与参照物之间在规格、型号、用途、性能、新旧程度等方面应具有可比性。

（2）参照物的交易情况（诸如交易目的、交易条件、交易数量、交易时间、交易结算方式等）与被评估车辆将要发生的情况具有可比性。

以上所述的市场前提和可比前提，既是运用现行市价法进行汽车评估的前提条件，同时也是对运用现行市价法进行汽车评估的范围界定。对于车辆的买卖，以车辆作为投资参股、合作经营，均适用现行市价法。

4. 清算价格法的适用范围

清算价格法适用于企业破产、抵押、停业清理时要售出的车辆。这类车辆必须同时满足以下三个条件，方可利用清算价格法进行出售：

（1）具有法律效力的破产处理文件、抵押合同及其他有效文件为依据。

（2）车辆在市场上可以快速出售变现。

（3）清算价格足以补偿因出售车辆所付出的附加支出总额。

5. 二手车鉴定估价方法的选择应考虑的因素

选择二手车鉴定估价方法时主要考虑的因素有：

（1）二手车评估方法的选择必须严格与机动车评估的计价标准相适应。

（2）二手车评估方法的选择还要受数据收集和信息资料的制约。

（3）在选择二手车评估方法时，要充分考虑二手车鉴定估价工作的效率，选择简单易行的方法。

考虑上述因素，在四种评估方法中，采用现行市价法评估时，由于我国二手车交易市场发育尚不健全，较难寻找与被评估车辆相同的车辆类型、相同的使用时间、相同的使用强度和相同的使用条件的参照物；采用收益现值法时，投资者对预期收益额预测难度较大，且受较强的主观判断和未来不可预见因素的影响；采用清算价格法评估车辆时，又受其适用条件的局限。而上述评估方法中，重置成本法具有收集资料信息便捷、操作简单易行、评估理论贴近二手车的实际等特点，故被最常采用。

【任务实施】

老师带学生到停车场，六名学生为一小组，每组指定一辆车，老师为每组指定一种评估目的，学生根据任务一中的现场鉴定和成新率的计算结果，采用合适的评估方法计算车辆评估价值，并上交书面计算报告，老师审阅后完后考核记录见表3-15。

表3-15 考核记录表

实训名称：二手车评估值的计算

学号		姓名	
项目	必要的记录	分值	评分
报告完整性		10	
格式是否符合要求		10	
评估方法的选择		20	
计算的准确性		60	
总评成绩		100	

老师评价：

老师签字：　　年　　月　　日

任务三　撰写二手车鉴定评估报告

【任务描述】

二手车鉴定评估报告是指二手车鉴定评估机构按照评估工作制度的有关规定，在完成鉴定评估工作后向委托方和有关方面提交的说明二手车鉴定评估过程和结果的书面报告。它是按照一定格式和内容来反映评估目的、程序、依据、方法、结果等基本情况的报告书。

【相关知识】

一、二手车鉴定评估报告的规定

1. 二手车鉴定评估报告的相关制度

二手车鉴定评估报告制度是规定二手车鉴定评估机构在完成二手车鉴定评估工作后应向委托方出具鉴定评估报告书的一系列有关的规定的制度。

二手车鉴定评估属于专项资产评估，鉴定评估的对象又属于特种资产，因而对这种资产鉴定评估工作的管理有别于其他资产。在鉴定工作结束后，根据国家经济贸易委员会、劳动和社会保障部《关于规范旧机动车鉴定评估工作的通知》（国经贸贸易[2002]825号）《二手车流通管理办法》以及其他有关法律、法规为依据。旧机动车鉴定评估报告的基本内容和格式必须遵循国经贸贸易[2002]825号文件的规定，必须向委托方出具鉴定评估报告书，同时建立二手车鉴定评估报告档案管理制度。

根据国家现行有关法律、法规的要求，二手车鉴定评估报告的有关制度主要有以下几个方面：

（1）二手车鉴定评估报告书必须以国家经济贸易委员会、劳动和社会保障部《关于规范旧机动车鉴定评估工作的通知》以及其他有关法律法规为依据，旧机动车鉴定评估报告的基本内容和格式必须遵循国经贸贸易[2002]825号文件的规定。

（2）二手车鉴定评估机构接受委托开展机动车鉴定评估工作活动后，要按照有关法规的要求，向委托方出具涉及该评估对象的评估过程、方法、结论、说明、计算过程及各类备查文件等内容的二手车鉴定评估报告书。

（3）二手车鉴定评估报告书是由鉴定评估报告书正文及相关附件组成。

（4）二手车鉴定评估活动应充分体现鉴定评估机构的独立、客观、公正的原则，鉴定评估报告书的陈述不得带有任何诱导、恭维和推荐的陈述，评估报告书正文不得出现鉴定评估机构的介绍性内容。

（5）二手车鉴定评估报告书的数据一般均应采用阿拉伯数字，鉴定评估报告书应用中文撰写打印（手写无效）。如需出具外文评估报告书，外文评估报告书的内容和结果应与中文报告书一致，并须在评估报告书中注明以中文报告为准。

（6）鉴定评估工作完毕后，二手车鉴定评估机构应按鉴定评估委托书及其附件、二手车鉴定评估工作底稿、审核确认文件等，并按有关规定的保存期限进行保管。

（7）委托方和有关单位应依据国家法律、法规有关规定，按照机动车鉴定评估报告书的条款，正确使用二手车鉴定评估报告书。

2. 汽车鉴定评估报告的基本内容

（1）封面。二手车鉴定评估报告书的封面须载明下列内容：二手车鉴定评估报告书名称、鉴定评估机构出具鉴定评估报告的编号、二手车鉴定评估机构全称和鉴定评估报告提交日期等。有服务商标的，评估机构可以在报告封面载明其图形标志。

（2）首部。鉴定评估报告书正文的首部应包括：

1) 标题：标题应该简练清晰，含有"×××（评估项目名称）资产评估报告书"字样，位置居中偏上；

2) 报告书序号：报告书序号应符合公文的要求，包括评估机构特征字、公文种类特征字（例如：评报、评咨、评函，评估报告书正式报告应用"评报"，评估报告书预报应用"评预报"）、年份、文件序号，例如：××评报字（2004）第××号，或者××评报字2004-0101，位置本行居中。

（3）绪言。写明该评估报告委托方全称、受委托评估事项及评估工作整体情况，一般应采用包括下列内容的表达格式：

"××（鉴定评估机构）接受××××的委托，根据国家有关资产评估的规定，本着客观、独立、公正、科学的原则，按照公认的资产评估方法，对×××（车辆）进行了鉴定评估。本机构鉴定评估人员按照必要的程序，对委托鉴定评估车辆进行了实地勘察与市场调查，对其在××××年××月××日所表现的市场价值作出了公允反应。现将车辆评估情况及鉴定结果报告如下："

（4）委托方与车辆所有方简介。应写明委托方、委托方联系人的名称、联系电话及住址，指出车主的名称。

（5）评估目的。应写明本次资产评估是为了满足委托方的何种需求，及其所对应的经济行为类型。

（6）评估对象。须简要写明纳入评估范围车辆的厂牌型号、号牌号码、发动机号、车辆识别代号、注册登记日期、年审检验合格有效日期、有无购置附加费证及车船使用税等。

（7）鉴定评估基准日。写明车辆鉴定评估基准日的具体日期，式样为：鉴定评估基准日是××年××月××日。

（8）评估原则。写明评估工作中遵循的各类原则以及本次鉴定评估遵循国家及行业规定的公认原则。对于所遵循的特殊原则，应作适当阐述。

（9）评估依据。评估依据一般可以划分为行为依据、法律法规依据、产权依据及取价依据等。行为依据主要是指二手车鉴定评估委托书、法院的委托书等经济行为文件。法律法规依据应包括车辆鉴定评估的有关条法、文件及涉及车辆评估的有关法律、法规等。产权依据是指被评估车辆的机动车登记证书或其他能够证明车辆产权的文件等。评定及取价依据应为鉴定评估机构收集的国家有关部门发布的统计和技术标准资料，及其评估机构收集的有关询价资料和参数资料等。对评估中采用的特殊依据应在本节内容中披露。

（10）评估方法及计算过程。简要说明评估人员在评估过程中所选择并使用的评估方法，简要说明选择评估方法的依据或原因，如对某车辆评估采用一种以上的评估方法，应适当说明原因并说明该资产评估价值的确定方法。对于所选择的特殊评估方法，应适当介绍其原理与适用范围，各种评估方法计算的主要步骤等。

（11）评估过程。评估过程应反映二手车鉴定评估机构自接受评估委托起至提交评估报告的各种过程，包括接受委托、验证、现场勘察、市场调查与询证、评定估算、提交报告等过程。

（12）评估结论。

（13）特别事项说明。评估报告中陈述的特别事项是指在已确定评估结果的前提下，评估人员揭示在评估过程中已发现可能影响评估结论、但非评估人员执业水平和能力所能评定估算的有关事项，提示评估报告使用者应注意特别事项对评估结论的影响，揭示鉴定评估人员认为需要说明的其他问题。

（14）评估报告法律效力。揭示评估报告的有效期，特别提示评估基准日的期后事项对评估结论的影响及其评估报告的使用范围等。

（15）鉴定评估报告提出日期。写明评估报告委托方的具体时间，评估报告原则上应在确定的评估基准日后1周内提交。

（16）附件。附件应包括二手车鉴定评估委托书、二手车鉴定评估作业表、车辆行驶证、购置证、车辆登记证书复印件、鉴定评估机构营业执照复印件、鉴定评估师资质复印件等。

（17）尾部。写明出具评估报告的评估机构名称并盖章，写明评估机构法人姓名并签章，注册二手车鉴定评估师签章，高级注册评估师审核签章以及报告日期。

二、汽车鉴定评估报告书的编制步骤

1. 资产评估报告书的制作步骤

资产评估报告书的制作是评估机构完成评估工作的最后一道工序，是资产评估工作中的一个重要环节。制作资产评估报告书主要有五大步骤：

（1）整理工作底稿和归集有关资料。资产评估现场工作结束后，有关评估人员必须着手对现场工作底稿进行整理，按资产的性质进行分类。同时对有关询证函、被评估资产背景材料、技术鉴定情况和价格取证等有关资料进行归集和登记。对现场未予确定的事项，还须进一步落实和核查。

（2）评估明细表的数字汇总。在完成现场工作底稿和有关资料的归集任务后，评估人员应着手评估明细表的数字汇总。明细表的数字汇总应根据明细表的不同级次首先明细表汇总，然后分类汇总，再到资产负债表的汇总。在数字汇总中应核对有关数字的关联性和各表栏之间数字的关系，预防出错。

（3）评估初步数据的分析和讨论。在完成评估明细表的数字汇总，得出初步的评估数据后，应组织参与评估工作的有关人员，对评估报告的初步数据结论进行分析和讨论，比较有关评估数据，复核记录估算结果的工作底稿，对存在作价不合理的部分评估数据进行调整。

（4）编写评估报告书。编写评估报告书可分两步：

1）在完成资产评估初步数据的分析和讨论，对有关部分的数据进行调整后，由具体参加评估各组负责人草拟出各自负责评估部分资产的评估说明，同时提交全面负责、熟悉本项目评估具体情况的人员草拟出资产评估报告书。

2）将评估基本情况和评估报告书初稿的初步结论与委托方交换意见，听取委托方的反馈意见后，在独立、客观、公正的前提下，认真分析委托方提出的问题和建议，考虑是否应修改评估报告书，对评估报告中存在的疏忽、遗漏和错误之处进行修正，然后编写资产评估正式报告书。

（5）资产评估报告书的签发与送交。评估机构编写出资产评估正式报告书后，经审核无误，按以下程序进行签名盖章：先由负责该项目的注册评估师签章（两名或两名以上），再送复核人审核签章，最后送评估机构负责人审定签章并加盖机构公章。

资产评估报告书签名盖章后即可送交委托单位。

2. 二手车鉴定评估报告书的编写步骤

编写二手车评估报告书可以分为如下两个步骤：

（1）在完成二手车鉴定评估数据的分析和讨论，对有关部分的数据进行调整后，由具体参加评估的注册二手车鉴定评估师草拟出二手车鉴定评估报告书。

（2）将二手车鉴定评估的基本情况和评估报告书初稿的初步结论与委托方交换意见，听取委托方的反馈意见后，在坚持独立、客观、公正的前提下，认真分析委托方提出的问题和建议，考虑是否应该修改评估报告书，对报告书中存在的疏忽、遗漏和错误之处进行修正，待修改完毕后即可撰写正式的二手车鉴定评估报告书。

3. 二手车鉴定评估报告书制作的技术要点

二手车鉴定评估报告书的技术要点是指在二手车鉴定评估报告书中的主要技能要求，它具体包括了文字表达方面、格式与内容方面的技能要求，复核与反馈等方面的技能要求等。

（1）文字表达方面的技能要求。二手车鉴定评估报告书既是一份对评估的车辆价值有咨询性和公正性作用的支持，又是一份用来明确鉴定评估机构和评估人员工作职责的文字依据，所以它的文字表达技能要求既要清楚、准确，又要提供充分的依据说明，还要全面地叙述整个鉴定评估的过程。报告文字表达必须清楚，不得使用模棱两可的措词，其陈述既要简明扼要，又要把有关问题说明清楚，不得带有任何诱导、恭维和推荐性的陈述。当然，在文字表达上也不能带着"大包大揽"的语句，尤其是涉及承担责任条款的部分。

（2）格式和内容方面的技能要求。对二手车鉴定评估报告书格式和内容方面的技能要求，必须严格遵循国家经济贸易委员会颁发的《关于规范旧机动车鉴定评估工作的通知》行事。

（3）鉴定评估报告书的复核与反馈方面的技能要求。鉴定评估报告书的复核与反馈也是鉴定评估报告书制作的具体技能要求。通过对工作底稿、作业表、技术鉴定资料和鉴定评估报告书正文的文字、格式及内容的复核和反馈，可以将有关错误、遗漏等问题在出具正式报告书之前得到修正。对鉴定评估人员来说，由于知识、能力、经验、阅历及理论方法的限制而产生工作盲点和工作疏忽，所以，对鉴定评估报告书初稿进行复核就成为必要。对鉴定评估车辆的情况熟悉程度来说，大多数车辆评估委托方和占有方对委托鉴定评估车辆的成新率、使用强度、保养、车辆性能、维修、事故等情况可能比评估机构和评估人员更熟悉，所以在出具正式报告之前征求委托方的意见，收集反馈意见也很有必要。

对鉴定评估报告书进行复核，必须明确复核人员的职责，防止流于形式的复核。收集反馈意见主要是通过委托方或所有方熟悉车辆具体情况的人员。对委托方或车辆所有方意见的反馈信息，应慎重对待，本着独立、客观、公正的态度去接受其反馈意见。

（4）撰写鉴定报告书注意事项。二手车鉴定评估报告书的制作技能除了需要掌握上述三个方面的技术要点外，还应注意以下几个事项：

1）实事求是，切忌出具虚假报告。报告书必须建立在真实、客观的基础上，不能脱离实际情况，更不能无中生有。报告拟定人应是参与鉴定评估并全面了解被评估车辆的主要鉴定评估人员。

2）坚持一致性做法。切忌出现表里不一。报告书文字、内容要前后一致，正文、评估说明、作业表、鉴定工作底稿、格式甚至数据要相互一致，不能出现相互矛盾的情况。

3）提交报告书要及时、齐全和保密。在正式完成鉴定评估报告工作后，应按业务约定书的约定时间及时将报告书送交委托方。送交报告书时，报告书及有关文件要送交齐全。此外，要做好保密工作，尤其对评估涉及的商业秘密更要加强保密工作。

4）评估报告书中应明确评估报告使用者及报告使用方式，提示评估报告使用者合理使用评估报告。注意防止报告书被恶意使用，避免报告书被滥用，规避执业风险。

三、二手车鉴定评估报告案例

1. 汽车鉴定评估书出具流程介绍

在实际鉴定评估工作中，一般按如下流程进行操作：接受委托，核查委托方资料、确定评估人员，制定评估实施方案→确定评估方法→对机动车进行现场勘察、核实→确定机动车成新率→进行市场调查和询证→确定机动车重置成本→确定机动车评估现值→出具《二手车鉴定评估报告书》。

评估事务所接受委托后，需要求委托人填写《二手车鉴定评估委托书》，如表3-16所示。

表3-16 二手车鉴定评估委托书

委托书编号：_____

********二手车评估咨询有限公司：

因□交易□转籍□拍卖□置换□抵押□担保□咨询□司法裁决需要，特委托你公司对车辆（车牌号码_____车辆类型_____发动机号_____）进行技术状况鉴定并出具评估报告书。

附：委托评估车辆基本信息

车主		联系电话	
住址			
经办人	身份证号码	联系电话	
住址			

续表

车辆情况	厂牌型号			使用用途	
	座位/载重			燃料种类	
	初次登记日期			车身颜色	
	已使用年限		累计行驶里程（万公里）		
	大修次数	发动机（次）		整车（次）	
	维修情况				
	事故情况				
价值反应	购置情况		原始价格（元）		
	车主报价（元）				
备注					

填表说明：

1. 若被评估车辆使用用途曾经为营运车辆，需在备注栏中予以说明；
2. 委托方必须对车辆信息的真实性负责，不得隐瞒任何情节，凡由此引起的法律责任及赔偿责任由委托方负责；
3. 本委托书一式二份，委托方、受托方各一份。

委托方：   ××二手车评估咨询有限公司

经办人：   经办人：

年　月　日   年　月　日

　　在评估项目中，机动车成新率和机动车重置成本直接影响到委托评估车辆的评估结果，因此，公正、科学地确定委托评估车辆的成新率和重置成本就成为确定本项评估结果的关键。为了达到这一目的，完成评估程序所整理的工作底稿按如下流程进行：机动车现场勘察记录→二手车鉴定评估作业表→车辆成新率评定表→车辆询价表→机动车评估值计算表。

（1）对被评估车辆进行现场勘察、核实阶段。

公正、科学的确定委托评估车辆的成新率，首先必须对委托评估车辆进行认真的现场勘察、核实，作好现场记录，然后根据现场勘察记录进行分析整理，填写《二手车鉴定评估作业表》。在进行现场勘察时，应全面了解被评估车辆的基本情况，并对被评估车辆的技术状况做出全面合理的判断。

被评估车辆的基本情况主要包括：车辆号牌号码、厂牌型号、生产厂家、已行驶里程、购置日期、登记日期、车辆大修情况、改装情况、油耗情况、尾气排放情况、事故情况等。

被评估车辆的技术状况主要有如下内容：

1）车身外观（是否有碰撞、车辆颜色、光泽、有无补漆锈蚀等情况、车灯是否齐全）；

2）底盘（有无变形、有无异响、变速箱状况是否正常、前后桥状况是否正常、传动系统工作状况是否正常、是否漏油、转向系情况是否正常、制动系统工作状况是否正常等）；

3）车内装饰（装潢情况、清洁程度、仪表及座位是否完整以及其他有关装饰情况等）；

4）发动机工作状况（动力状况、有无更换部件、有无大修现象、有无渗漏现象等）；

5）电器系统（电源系统工作是否正常、发动机点火器工作是否正常、空调系统工作是否正常、音响系统工作是否正常等）。

以上勘察情况，一般应由受托方中级评估师详细填表，高级评估师复核后再签名，以确认勘察情况是客观的、真实的，不存在与车辆实际状况不相符合的情况。确定勘察情况后，评估人员必须对评估车辆做出勘察鉴定结论。上述资料经过整理后，就可以编制成《二手车鉴定评估作业表》，见表3-17，此表是二手车评估主要的工作底稿之一。

表 3-17　二手车鉴定评估作业表

车主			所有权性质		
住址					
原始情况	厂牌型号		车牌号码		
	车辆识别代号（VIN）			车身颜色	
	发动机号		使用用途		
	载重量/座位/排量			燃料种类	
	初次登记日期		车辆类型		
	已使用年限（月）		累计行驶里程		

续表

检查核对交易证件	证件	☐原始发票 ☐机动车登记证书 ☐机动车行驶证 ☐法人代码证或身份证 ☐其他		
	税费	☐购置附加税 ☐车船使用税 ☐其他		
结构特点				
现时技术状况				
维护保养情况			现时状态	
价值反映	重置成本（元）	成新率（%）		评估价格（元）
鉴定评估目的				
鉴定评估说明				

国家注册二手车中级鉴定评估师：　　　　　　　　　复核人：

年　月　日

（2）市场调查和询证阶段。

《二手车鉴定评估作业表》完成以后，必须进行市场调查和询证，以确定被评估车辆的现行市场价格。进行市场询证时，应重点做好以下工作：

1）确定被评估车辆基本情况（车辆类型、厂牌型号、生产厂家、主要技术参数等）；

2）确定询价参照对象及询价单位，并将询价对象与被评估车辆基本情况进行比较，在二者基本一致的情况下，询到的市场价格才是可比的、可行的；

3）确定询价结果。

（3）确定被评估车辆成新率阶段。

根据《二手车鉴定评估作业表》确定被评估车辆的成新率就有了比较充足的依据，以此为基础得出的成新率应该是客观的、科学的，也是公正的、合理的。一般情况下，被评估车辆成新率的确定采用综合成新率法较为客观可行。

在确定综合调整系数的时候要考虑的因素有：车辆的实际运行时间、实际技术状况、车辆使用强度、使用条件、使用和维护保养情况、车辆的制造质量、车辆的大修、重大事故经历、车辆外观质量等，还要充分考虑影响机动车价值的各种因素。

（4）确定被评估车辆评估结果阶段。

在确定了委托车辆的现行市场价格后，就可以计算出委托车辆的重置成本。如果询不到相同型号，只能询到类似型号的新车时，在采用现行市场价格的同时，要把二者的差别仔细对比，用功能性贬值对其现行市场价格进行扣减，可算出被评估车辆的重置成本。其公式如下：

$$重置成本 = 新车市场售价 \times (1 - 功能性贬值)$$

确定重置成本后，可以计算出被评估车辆的评估值。以委托评估车辆的评估值为基础，根据委托方确定（也可以根据行业规定或由二手车鉴定评估师根据工作经验和市场行情综合判定）变现折扣率，可以计算出委托评估车辆的拍卖底价。计算公式如下：

拍卖底价＝评估现值×变现率

变现率＝1－变现折扣率

通过实施以上的评估程序，我们完全有理由相信，被评估车辆的评估定价工作是规范的，能够确保旧机动车辆评估结果的公正性、科学性。

2. 二手车鉴定评估报告书案例

—— 关于川 A-XXXXX 北京现代轿车鉴定评估报告书 ——

兴中信评报字『2014-0906』

一、绪言

成都兴中信二手车评估有限公司接受聂 XX 的委托，根据国家有关资产评估的规定，本着客观、独立、公正、科学的原则，按照公认的资产评估方法，对川 A-XXXX 北京现代牌轿车进行了鉴定评估。本鉴定评估人员按照必要的程序，对委托鉴定评估车辆进行了实地勘察与市场调查，并对其在 2014 年 09 月 08 日所表现的市场价值作出了公允反映。现将车辆评估情况及鉴定评估结果报告如下：

二、委托方与车辆所有方简介

（一）委托方：聂 XX

（二）根据机动车行驶证所示，委托车辆车主：聂 XX

三、评估目的

根据委托方的要求，本项目评估目的是为车辆处置提供现时价值依据。

四、评估对象

评估车辆的厂牌型号（北京现代牌 BH7162MY）；号牌号码（川 A-XXXXX）；发动机号（BB258***）；车辆识别代号（LBEXDAEB1AX079***）；登记日期（2010 年 09 月）；年审检验合格（2016 年 09 月）；保险齐全有效；购置附加税证（√）；车船使用税（√）。

五、鉴定评估基准日

鉴定评估基准日：2014 年 09 月 08 日。

六、评估原则

严格遵循"客观性、独立性、公正性、科学性"原则。

七、评估依据
(一)法律、法规依据
《国有资产评估管理办法》(国务院令第 91 号)
原国家国有资产管理局《关于印发〈国有资产评估管理办法施行细则〉的通知》(国资办发 [1992]36 号)
《资产评估操作规范意见(试行)》(国资办发 [1996]23 号)
《二手车流通管理办法》(商务部、公安部、工商总局、税务总局令 2005 年第 2 号)
《机动车强制报废标准规定》(商务部、发改委、公安部、环境保护部令 2012 年第 12 号)
(二)产权依据
委托鉴定评估车辆的《机动车登记证书》(编号:510010070***)
(三)评定及取价依据
技术标准资料:《机动车运行安全技术条件》(GB7258—2012)、《轻型汽车污染物排放限值及测量方法》(中国第Ⅲ、Ⅳ阶段)》(GB 18352.3—2005)、《二手车鉴定评估技术规范》GB/T 30323—2013。
技术参数资料:《汽车技术参数手册》《机动车登记证书》等。
技术鉴定资料:鉴定评估对象现场查验记录、二手车车鉴定其他有关资料。
其他资料:四川明嘉汽车贸易服务有限公司提供新车销售价格。

八、评估方法
本次价格鉴定采用重置成本法。重置成本法主要用于在现实条件下重新购置一辆与被评估车辆相同或类似的全新状态新车,减去被评估车辆已发生的实体性、功能性和经济性贬值而得到的该车现时价格的一种方法。
计算过程如下:
(1)重置成本的确定。
在评估基准日评估师从四川明嘉汽车贸易服务有限公司得知,与被评估车辆类似的新车售价为:79800 元。由于 2010 款停售,但是 2011 款车型仍在售,经比较发现被评估车辆与新车之间有一些差异,如:发动机和底盘悬架内饰基本不变,2011 款的尾灯和前大灯、前保险杠和后保险杠较 2010 款有些改动,基于被评估车辆与在售车辆的差异,故综合确定被评估车辆的功能性贬值约为新车售价的 10%,所以该车的重置成本为:

$$A = 新车售价 \times (1 - 功能性贬值)$$
$$= 79800 \times (1-10\%) = 71820 \text{ 元}$$

(2) 综合调整系数的确定。

影响因素	等级	调整系数取值	权重（％）
技术状况	一般	0.8	30
维护保养	一般	0.8	25
制造质量	国产名牌	0.9	20
工作性质	私用	1	15
工作条件	一般	0.9	10

0.8×30％＋0.8×25％＋0.9×20％+1×15％＋0.9×10％＝0.86

(3) 成新率的确定。

根据我国现行的《机动车强制报废标准规定》，取该车的规定使用年限为15年，且该车已使用了48个月。

成新率＝（1– 已使用年限/规定使用年限）× 综合调整系数 ×100％
＝ [(180-48)/180]×100％
≈ 73.33％×0.86 ≈ 70.4％

(4) 评估值的计算：

$$P = A × 成新率$$
$$= 71820 × 70.4\% ≈ 50559 元$$

注：A 为重置成本；P 为评估值

九、评估过程

按照接受委托、验证、现场勘察、评定估算、提交报告的程序进行。

十、评估结论

被评估车辆在评估基准日的评估价格为 RMB50559 元整；

金额大写：伍万零伍佰伍拾玖元整。

十一、评估报告法律效力

（一）本项评估结论有效期为90天，自评估基准日至2014年12月07日止；

（二）当评估目的在有效期内实现时，本评估结果可以作为作价依据。超过90天须重新评估。另外在评估有效期内若被评车辆的市场价格或因交通事故等原因导致车辆的价值发生变化时须重新评估；

（三）鉴定评估报告书的使用权归委托方所有，其评估结论仅供委托方为本项目评估目的使用，不适用于其他目的；未经委托方许可，本鉴定评估师承诺不将本报告书的内容向他人提供或公开。

×××××二手车评估咨询有限公司

公司法人：

二手车中级鉴定估价师：

二手车高级鉴定估价师：

2014 年 09 月 08 日

附件：二手车评估委托书
　　　二手车鉴定评估作业表
　　　机动车行驶证复印、照片
　　　二手车鉴定评估机构营业执照复印件
　　　二手车鉴定评估师执业资格证书复印件

二手车评估委托书

委托书编号：2014-0906

×××××二手车评估有限公司：

　　因车辆处置需要，特委托你公司对车辆（车牌号码：川A-×××××；车辆类型：小型轿车；发动机号：BB258***；车辆识别代号：LBEXDAEB1AX079***）进行技术状况鉴定并出具评估报告书。

　　附：委托评估车辆基本信息

车主	□×××××		联系电话	×××××
住址	□四川省成都市锦江区×××××			
车辆情况	厂牌型号	□北京现代牌 BH7162MY	使用用途	私用
	座位/载重	□5座	燃料种类	汽油
	初次登记日期	□2010年09月	车身颜色	灰色
	已使用年限	48（个月）□	累计行驶里程（公里）	92385
	大修次数	发动机（次）	/	整车（次）	/
	车主报价（元）	□/		
备注	□2010 款已停售、2011 款在售			

填表说明：

1. 若被评估车辆使用用途曾经为营运车辆，需在备注栏中予以说明；

2. 委托方必须对车辆信息的真实性负责，不得隐瞒任何情节凡由此引起的法律责任及赔偿责任由委托方负责；

3. 本委托书一式二份，委托方、受托方各一份。

委托方：×××××有限公司　　　　××二手车评估咨询有限公司
经办人：××　　　　　　　　　　经办人：××
2014 年 09 月 06 日　　　　　　　2014 年 09 月 06 日

二手车鉴定评估作业表

车主	×××		所有权性质	私家车
住址	××××××			
原始情况	厂牌型号	北京现代牌 BH7162MY	车牌号码	川 A-×××××
	车辆识别代号（VIN）	LBEXDAEB1AX079***	车身颜色	蓝色
	发动机号	BB258***	使用用途	私用
	载重量/座位/排量	5 座、1.599L	燃料种类	汽油
	初次登记日期	2010 年 09 月	车辆类型	小型轿车
	已使用年限（月）	48 个月	累计行驶里程	92385 公里
检查核对交易证件	证件	■原始发票 ■机动车登记证书 ■机动车行驶证 ■法人代码证或身份证 ■车辆保险卡 □其他		
	税费	■购置附加税 ■车船使用税 □其他		
结构特点	三厢轿车 FF、L4、1.599L 电喷汽油发动机、手动变速器、机械液压助力转向、电动门窗、铝合金轮毂、电动后视镜、2SRS、ABS+EBD、织物座椅、手动空调、单碟 CD			
现时技术状况	该车无大的碰撞，但是左后门和右后门有局部补漆；发动机启动顺畅、运行时工作正常、保养良好；发动机运行情况较好，变速器工作状态良好，底盘系统保养良好；电气元件工作正常；路试手感一般，行车时底盘有轻微异响			
维护保养情况	较好		现时状态	在用

续表

价值反映	重置成本（元）	71820	成新率(%)	63.06	评估价格（元）	45290
鉴定评估目的	为车辆处置提供现时价值依据					
鉴定评估说明	本次评估采用重置成本法，成新率的确定采用使用年限法和综合分析法					

国家注册二手车中级鉴定评估师：　　　　　　　　　　复核人：

2014 年 09 月 08 日

【任务实施】

每个同学根据任务二的计算结果，按照规定格式撰写评估报告，打印出来上交，老师根据学生上交的评估报告进行考核，考核表格见表 3-18。

表 3-18　老师考核记录表

实训名称：二手车评估报告的撰写

学号		姓名	
项目	必要的记录	分值	评分
报告的完整性		10	
报告的规范性		10	
格式是否符合要求		10	
文字与图表处理		10	
影响二手车价值的因素考虑是否全面		10	
评估过程依据的法律法规是否合适		10	
引用的资料、数据是否合理、可靠		10	
采用的评估方法是否科学		10	
评估价值是否合理		10	
附件材料是否齐全		10	
总评成绩		100	

老师评价：

老师签字：　　　年　　月　　日

【项目总结】

本项目主要介绍了二手车成新率的计算方法及二手车评估的几种常用方法。常用的成新率的计算方法有使用年限法、行驶里程法、整车观测法、部件鉴定法、综合分析法和综合成新率法。二手车评估的四种方法即为：重置成本法、现行市价法、收益现值法、清算价格法，分别讲解各种方法的基本原理、使用条件以及具体的计算方法。此外，还介绍了对二手车利用折旧法进行价格评估，其中主要有平均折旧法和快速折旧法，其中快速折旧法又包括年份数求和法和双倍余额递减折旧法。

通过本项目的学习，应该能准确描述二手车评估方法的使用前提和使用条件，能正确选择方法进行成新率和二手车价格评估的相关计算，并了解二手车交易的完整流程，并最终按照规范形成二手车鉴定评估报告。

【知识拓展】

营运车辆改为非营运车辆后，使用年限仍然执行营运车辆的规定使用年限，如营运一年的捷达出租车，交易后转为私家车，按国家有关规定，该车的使用年限剩余为7年。非营运小微型载客汽车和大型轿车变更使用性质后累计使用年限计算公式为：

$$累计使用年限 = 原状态已使用年 + \left(1 - \frac{原状态已使用年}{原状态使用年限}\right) \times 状态改变后年限$$

备注：公式中原状态已使用年中不足一年的按一年计算，例如，已使用2.5年按照3年计算；原状态使用年限数值取定值为17；累计使用年限计算结果向下圆整为整数，且不超过15年。

【项目训练】

一、名词解释

二手车 成新率 使用年限法 行驶里程法 部件鉴定法 整车观测法 综合分析法 综合成新率法 重置成本法 收益现值法 清算价格法 现行市价法 物价指数法

二、简答题

1. 重置成本法的基本原理是什么？
2. 重置成本法有哪些优、缺点？
3. 应用现行市价法有什么前提条件？
4. 现行市价法有哪些优、缺点？
5. 什么是收益现值法？它适用于哪类二手车重置成本的计算？
6. 说明清算价格评估的 3 种方法。
7. 应用清算价格法时，必须考虑的前提条件有哪些？
8. 物价指数法适用于哪类二手车的重置成本计算？
9. 什么情况下可采用整车观测法确定二手车成新率？
10. 实际工作中，如何确定二手车的重置成本全价？
11. 说明二手车鉴定评估报告书的作用。
12. 请正确描述二手车鉴定评估报告书的法律效力。
13. 简述折旧法与重置成本法评估二手车的区别。

三、综合题

一辆已使用 5 年 8 个月的捷达轿车，该轿车为私用车，常年行驶在市区，道路条件较好；维护条件良好；车辆外观略旧，有划痕；私用车使用强度不高；汽车技术状况较好；其他情况均与车辆新旧程度基本相符。试用综合分析法估算该车的成新率。

项目四
二手车交易

【项目导读】 　　二手车的交易程序是根据二手车交易的特性，为杜绝盗抢车、走私车、拼装车和报废车的面市，切实维护消费者的合法权益，科学合理地设计的"一条龙"的作业方式，从而使二手车交易在规范有序的流程内进行，减少了购销双方的来回奔波，提供了便民、可监控和有序的交易环境。
　　二手车交易相关环节包括的内容有签订二手车交易合同、二手车过户、二手车变更登记、二手车抵押登记、二手车注销登记、二手车转移登记以及二手车置换等。

任务一　二手车交易的工作程序

【任务描述】

二手车交易是一种产权交易，二手车交易也就是车辆的所有权从卖方到买方的转移过程。二手车交易必须完成所有权转移登记才算完成交易。二手车的交易必须按照《二手车交易规范》的相关规定进行。

【相关知识】

一、二手车交易基本流程

二手车交易程序的主要环节有：车辆查验、车辆评估、车辆交易、初审受理、材料传送、过户制证、转出调档、材料回送、收费发还。

1. 车辆查验

在驻场警官的监督下，由交易市场委派经过验车培训的工作人员，协助警官展开交易车辆的查验工作。在车辆年检期有效的时段内，查验车辆识别代码、发动机号的钢印是否改动，与其拓印是否一致；查验车辆颜色与车身装置是否与《机动车行驶证》上的一致。同时按交易类别对车辆的主要行驶性进行检测，确保交易车辆的正常安全性能。如果一切正常，则在《机动车登记业务流程记录单》上盖章，并在发动机号、车架号的拓印上加盖骑缝章。

2. 车辆评估

由专业评估机构参与，二手车评估人员将根据车辆的使用年限（已使用年限）、行驶里程、总体车况和事故记录等进行系统的勘查和评估，综合计算出车辆的成新率。再按该车的市场销售状况等，提出基本参考价格，通过计算机系统的运算，打印"车辆评估书"，由评估机构的二手车评估师签章后生效，作为车辆交易的参考和依法纳税的依据之一。

3. 车辆交易

二手车经过查验和评估后，其车辆的真实性和基本价格有了一个基本保障。同时，需要原车主对其车辆的一些其他事宜（使用年限、行驶里程、安全隐患、有无违章记录等）做出一个书面承诺。二手车经营（经纪）公司可以对该车进行出售或寄售，与客户谈妥后，收取相应的证件和材料，开具相应的发票，签署经营（经纪）合同，整理后送至办证初审窗口。

4. 初审受理

由二手车交易市场派驻各个交易市场的专业业务受理工作人员，对各经营（经纪）公司或客户送达的车辆牌证和手续材料，初审其真实性、有效性，以及单据填写的准确性。确认合格后，打印操作流水号和代办单，经工商行政管理部门验证盖章，将有关材料整理装袋，准备送达相应的办证地点。

5. 材料传送

由二手车交易市场指定的专业跑（送）单人员，经核对材料的份数后，贴上封条，填写"材料交接表"，并签章，将办证材料及时、安全地送达相应的办证地点。

6. 过户制证

由驻场警官，对送达的办证材料，经实时计算机车档库进行对比查询，并对纸质材料进行复核，复核无误，在《机动车登记业务流程记录单》上录入复核人员的姓名，签注《机动车登记证书》，由市场工作人员按规定的程序进行《机动车行驶证》的打印、切割、塑封，并录入相应操作岗位的人员姓名，然后将纸质材料整理、装订，送车辆管理所档案科。相关证件和《机动车行驶证》《机动车注册／转入登记表》（副表）等，由跑（送）单人员回送相应的代理交易市场。

7. 转出调档

跑（送）单人员将转出（转籍）的有关证件、材料和号牌送达各地车辆管理所档案科，由警官对送达的转出材料和证件进行复核。确认无误后，收缴机动车号牌，并相应地在《机动车登记业务流程记录单》上录入复核警官的姓名，并签注《机动车登记证书》，将送至的纸质材料整理后装袋封口，并在计算机中设置成"转出"状态，传递至全国公安交通管理信息系统中，其"机动车档案"和"机动车临时号牌"将由跑（送）单人员返送至各代理交易市场。

8. 材料送回

经驻场警官复核后，换发《机动车行驶证》及《机动车注册／转入登记表》（副表）和有关证件；或将经车辆管理所档案科警官复核后调出的"机动车档案"和"机动车临时号牌"以及相关的证件整理后送各代理交易市场的办证窗口,并经驻场牌证、材料接收人员签好《材料交接表》。

9. 收费发还

各交易市场的办证窗口收到材料并核对无误后,对所需支付的费用逐一进行汇总计算,打印发票,向委托办理的经营(经纪)公司和客户收取费用,核对"代办单"后,发还证照和材料。

这些交易程序适用于各交易市场的过户类、转出(转籍)类的二手车交易行为,其他二手车交易的特定服务项目的程序,在此不做详述。

二、二手车买卖合同

根据《二手车流通管理办法》规定,二手车交易双方应该签订交易合同,要在合同当中对二手车的状况、来源的合法性、费用负担以及出现问题的解决方法等各方面进行约定,以便分清各自的责任和义务。

《二手车交易规范》第十九条规定,进行二手车交易应当签订合同。合同示范文本由国务院工商行政管理部门制定。

二手车交易合同按当事人在合同中处于出让、受让或居间中介的不同情况,可分为二手车买卖合同和二手车居间合同两种。

1. 订立二手车买卖合同的基本原则

二手车买卖合同是指二手车经营公司、经纪公司与法人、其他组织和自然人之间为实现二手车买卖的目的,明确相互权利义务关系所订立的协议。

订立买卖合同时须遵守以下基本原则:

(1) 合法原则。

订立二手车买卖合同,必须遵守国家法律和行政法规。合同的内容及订立合同的程序、形式只有与法律法规相符合,才会具有法律效力,当事人的合法权益才可得到保护。任何单位和个人都不得利用经济合同进行违法活动,扰乱市场秩序,损害国家和社会利益,牟取非法收入。

(2) 平等互利、协商一致原则。

订立合同的双方当事人法律地位一律平等,任何一方不得以大欺小、恃强凌弱,把自己的意愿强加给对方,双方都必须在完全平等的地位上签订二手车买卖合同。二手车买卖合同应当在当事人之间充分协商、意思表示一致的基础上订立,采取胁迫、乘人之危、违背当事人真实意志而订立的合同都是无效的,也不允许任何单位和个人进行非法干预。

2. 买卖合同的主体

二手车买卖合同的主体是指为了实现二手车买卖目的，以自己名义签订交易合同，享有合同权利、承担合同义务的组织和个人。它包括出让人（出售方）和受让人（收购方）双方。

（1）出让人（出售方）：有意向出让二手车合法产权的法人或其他组织、自然人，即出售二手车的当事人。

（2）受让人（收购方）：有意向受让二手车合法产权的法人或其他组织、自然人，即买入二手车的当事人。

根据《中华人民共和国合同法》的规定，我国合同当事人从其法律地位划分，可分为以下几种：

（1）法人。法人是指具有民事权利能力和民事行为能力，依法独立享有民事权利和承担民事义务的组织。它必须具备以下条件：

①依法成立。

②有必要的财产或经费。

③有自己的名称、场所和组织机构。

④能够独立承担民事责任的企业法人、机关法人、事业单位法人和社会团体法人。

（2）其他组织。其他组织是指依法成立、有一定的组织机构和财产，但又不具备法人资格的组织，如私营独资企业、合伙组织和个体工商户。

（3）自然人。自然人是指具有完全民事行为能力，可以独立进行民事活动的人。

3. 买卖合同的内容

（1）主要条款。

1）出让人（出售方）的基本情况，包括单位代码、经办人或自然人的姓名、经办人或自然人的身份证号码、单位地址或自然人住址、联系电话等内容。

2）受让人（收购方）的基本情况，包括单位代码、经办人或自然人的姓名、经办人或自然人的身份证号码、单位地址或自然人住址、联系电话等内容。

3）出售车辆的基本情况，主要有：

①车辆的名称、型号、生产厂家、出厂日期、颜色、初次注册登记日期、行驶里程、登记证号、发动机号、车架号等。

②机动车来历凭证、机动车行驶证、机动车登记证书、机动车号牌、道路运输证、机动车安全技术检验合格标志等法定证件。

③车辆购置税完税证明、养路费缴付凭证、车船使用税缴付凭证、车辆保险单等税费凭证证明。

4）车辆价款。

5）双方各自的责任、权利、义务。
6）合同在履行中的变更及处理。
7）违约责任。
（2）其他条款。
包括合同的包装要求、某种特定的行业规则和当事人之间交易的惯有规则等当事人一方要求的任何条款。

4．合同的变更和解除

（1）合同的变更。
合同的变更，通常是指依法成立的买卖合同尚未履行或未完全履行之前，当事人就其内容进行修改和补充而达成的协议。

合同的变更必须以有效成立的合同为对象，凡未成立或无效的合同，不存在变更问题。合同的变更是在原合同的基础上，达成一个或几个新的合同作为修正，以新协议代替原协议。所以，变更作为一种法律行为，使原合同的权利义务关系消灭，新权利义务关系产生。

（2）合同的解除。
合同的解除，是指合同订立后，没有履行或没有完全履行以前，当事人依法提前终止合同。

（3）合同变更和解除的条件。
合同法规定，凡发生下列情况之一，允许变更或解除合同：
①当事人双方经协商同意，并且不因此损害国家利益和社会公共利益。
②由于不可抗力致使合同的全部义务不能履行。
③由于一方在合同约定的期限内没有履行合同。

5．违约责任

违约责任是指合同一方或双方当事人由于自己的过错造成合同不能履行或不能完全履行，依照法律或合同约定必须承受的法律制裁。

（1）违约责任的性质。
①等价补偿。凡是已给对方当事人造成财产损失的，就应当承担补偿责任。
②违约惩罚。合同当事人违反合同的，无论这种违约是否已经给对方当事人造成财产损失，都要依照法律规定或合同约定，承担相应的违约责任。

（2）承担违约责任的条件。
①当事人有违约行为。要追究违约责任，必须有合同当事人不履行或不完全履行协议的违约行为。它可分为作为违约和不作为违约。
②行为人要有过错。过错是指当事人违约行为主观上出于故意或过失。故意是指

当事人应当预见自己的行为会产生一定的不良后果，但仍用积极的作为或者消极的不作为希望或放任这种后果的发生；过失是指当事人对自己行为的不良后果应当预见或能够预见到，而由于疏忽大意没有预见到或虽已预见后果但轻信可以避免，以致产生不良后果。

（3）承担违约责任的方式。

①违约金。指合同当事人因过错不履行或不适当履行合同，依据法律规定或合同约定，支付给对方一定数额的货币。根据《合同法》及有关条例或实施细则的规定，违约金分为法定违约金和约定违约金。

②赔偿金。指合同当事人一方因违约给另一方当事人造成损失超过违约金数额时，由违约方当事人支付给对方当事人的一定数额的补偿货币。

③继续履行。指合同违约方支付违约金、赔偿金后，应对方的要求，在对方指定或双方约定的期限内，继续完成没有履行的那部分合同义务。也就是说，违约方在支付了违约金、赔偿金后，合同关系尚未终止，违约方有义务继续按约履行，最终实现合同目的。

6. 合同纠纷处理方式

合同纠纷是指合同双方当事人之间因对合同的履行状况及不履行的后果所发生的争议。根据《合同法》及有关条例的规定，我国合同纠纷的解决方式一般有协商、调解、仲裁和诉讼四种方式。

（1）协商解决。协商解决是指合同双方当事人之间直接磋商，自行解决彼此间发生的合同纠纷。这是合同双方当事人在自愿、互谅互让的基础上，按照法律、法规的规定和合同的约定，解决合同纠纷的一种方式。

（2）调解解决。调解解决是指由合同双方当事人以外的第三人（交易市场管理部门或二手车交易管理协会）出面调解，使争议双方在互谅互让的基础上自愿达成解决纠纷的协议。

（3）仲裁。仲裁是指合同双方当事人将合同纠纷提交国家规定的仲裁机构，由仲裁机构对合同纠纷作出裁决的一种活动。

（4）诉讼。诉讼是指合同双方当事人之间发生争议而合同中未规定仲裁条款或发生争议后也未达成仲裁协议的情况下，由当事人中的一方将争议提交有管辖权的法院按诉讼程序审理作出判决的活动。

7. 二手车买卖合同的格式

二手车买卖合同

合同编号：_____

签订时间：_____

甲方：（售车方）_____
乙方：（购车方）_____

第一条　目的

依据国家有关法律、法规和本市有关规定，甲、乙双方在自愿、平等和协商一致的基础上，就订立二手车买卖合同，并完成其他委托的服务事项达成一致，订立本合同。

第二条　当事人及车辆情况

一、甲方（售车方）基本情况

（1）单位代码证号□□□□□□□□-□，经办人_____身份证号码□□□□□□□□□□□□□□□□□□，单位地址_____，联系电话_____。

（2）自然人身份证号码□□□□□□□□□□□□□□□□□□，现常住地址_____，联系电话_____。

二、乙方（购车方）基本情况

（1）单位代码证号□□□□□□□□-□，经办人_____身份证号码□□□□□□□□□□□□□□□□□□，单位地址_____，联系电话_____。

（2）自然人身份证号码□□□□□□□□□□□□□□□□□□，现常住地址_____，联系电话_____。

三、出售车辆基本情况

车辆牌号_____，车辆类别_____。
厂牌型号_____，颜色_____。
初次登记时间_____，登记证号_____。
发动机号码_____，车架号码_____。
行驶里程_____km，允许使用年限至____年____月____日，
车辆年检签证有效期至____年____月，

车辆购置税完税交纳证号 _____/免税交纳（有证，无证），
车辆保险险种：1._____ 2._____ 3._____ 4._____。
保险有效期截止日期：____年____月____日；
配置：_____
_____。
其他情况 _____
_____。

第三条 车辆价款

经协商一致，本车价款定为人民币____元（大写：____元），上述价款包括车辆、备胎及____等附件。

过户手续费为人民币____元（大写：____元），由____方负责。

第四条 付款及交付、过户

1. 乙方于合同签订后（当日/____日）内支付价款____%（人民币：____元，大写____元）作为定金支付给甲方；支付方式：（现金/指定账户）。

2. 甲方于合同签订（当日/____日）内，将本车（过户/转籍）所需的有关证件原件及复印件交付给____方，由____方负责办理（过户/转籍）手续。

3. 乙方于（过户/转籍）事项完成后（当日/____日）内向甲方支付剩余价款（人民币____元，大写____元）；支付方式：（现金/指定账户）。

第五条 双方的权利和义务

1. 甲方承诺车辆出让时不存在任何权属上的法律问题和各类尚未处理完毕的交通违章记录，所提供的证件、证明均真实、有效，无伪造情况；否则，致使出让车辆不能过户、转籍的，乙方有权单方解除本合同或终止本合同的履行，甲方应接受退回的车辆，并向乙方双倍返还定金和支付实际发生的费用。

____方如在收取有关文件、证明后____日内未办理（过户/转籍）手续或由于____方的过失导致（过户/转籍）手续不能办理或不能在合理期限内完成（双方约定该合理期限为收取文件、证明后的____日内），除非有正当理由或不可抗力，否则____方可单方终止本合同，并要求____方双倍返还定金和支付实际发生的费用。

2. 乙方承诺已对受让车辆的配置、技术状况和原使用性质了解清楚，

该车能根据居住管辖地车辆落籍规定办理落籍手续。如由于乙方的过失导致（过户／转籍）手续不能办理，则甲方可单方终止本合同，并不退还定金，已经发生的费用由乙方承担。

本合同签订后，乙方如未按本合同规定的时间支付定金，甲方有权单方解除本合同，并要求乙方赔偿相应的经济损失。

第六条　合同在履行中的变更及处理

本合同在履行期间，任何一方要求变更合同条款的，应及时书面通知对方，并征得对方的同意后，在约定的时限＿＿＿天内，签订补充条款，注明变更事项，未书面告知对方和征得对方同意，擅自变更造成的经济损失，由责任方承担。

本合同履行期间，双方因履行本合同而签署的补充协议及其他书面文件，均为本合同不可分割的一部分，具有同等效力。

第七条　违约责任

甲、乙双方如发生违约行为，违约方给守约方造成的经济损失，由守约方按照法律、法规的有关规定和本合同有关条款追偿。

第八条　风险承担

本车在过户、转籍手续完成前由甲方作为所有人承担一切风险责任；本车在过户、转籍手续完成后，乙方作为所有人承担一切风险责任。

第九条　其他规定

本合同未约定的事项，按照《中华人民共和国合同法》以及有关法律、法规的规定执行。

第十条　发生争议的解决办法

甲、乙双方若在履行本合同过程中发生争议，由双方协商解决；协商不成的，提请二手车交易市场或二手车交易管理协会调解。调解成功的，双方应当履行调解协议；调解不成的，按本合同约定的下列第（　　）项进行解决：

1. 向仲裁委员会申请仲裁；
2. 向法院提起诉讼。

第十一条　合同效力和订立数量

本合同内，空格部分填写的文字，其效力优于印刷文字的效力。本合同所称"日"，均指工作日。

本合同经双方当事人签字、盖章后生效；本合同一式三份，由甲方、乙方、二手车交易市场各执一份，均具有同等的法律效力。

甲方：出售方（名称）：_____

法定代表人／自然人：（签章）_____

经办人：（签章）_____

开户银行：_____

账号：_____

乙方：购车方（名称）：_____

法定代表人／自然人：（签章）_____

经办人：（签章）_____

开户银行：_____

账号：_____

三、二手车居间合同

1. 二手车居间合同的含义

二手车居间是指居间方向委托人报告订立二手车交易合同的机会或者提供订立合同的媒介服务，委托人支付佣金的经营行为。

二手车居间合同是指拥有二手车中介交易资质的二手车经纪公司与委托人相互之间为实现二手车交易的目的，明确相互权利义务关系所订立的协议。

2. 二手车居间合同的主体

二手车居间合同的主体由三方当事人即出让人（出售方）、受让人（收购方）和中介人（居间方）构成。

（1）出让人（出售方）：有意向出让二手车合法产权的法人或其他组织、自然人，即委托居间方出售二手车的当事人。

（2）受让人（购车方）：有意向受让二手车合法产权的法人或其他组织、自然人，即委托居间方买入二手车的当事人。

（3）中介人（居间方）：为出让人（出售方）提供居间服务，合法拥有二手车中介交易资质的二手车经纪公司。

3. 二手车居间合同的主要条款

（1）出让人（出售方）的基本情况，包括单位代码、经办人或自然人的姓名、经办人或自然人的身份证号码、单位地址或自然人住址、联系电话等内容。

（2）受让人（收购方）的基本情况，包括单位代码、经办人或自然人的姓名、经办人或自然人的身份证号码、单位地址或自然人住址、联系电话等内容。

（3）出售车辆的基本情况，主要有：

①车辆的名称、型号、生产厂家、出厂日期、颜色、初次注册登记日期、行驶里程、登记证号、发动机号、车架号等。

②机动车来历凭证、机动车行驶证、机动车登记证书、机动车号牌、道路运输证、机动车安全技术检验合格标志等法定证件。

③车辆购置税完税证明、养路费缴付凭证（2009年由燃油附加税代替，故2009年后不再有养路费交付凭证）、车船使用税缴付凭证、车辆保险单等税费凭证证明。

（4）车辆价款。

（5）付款及交付、过户。

（6）佣金标准、数额、收取方式、退赔。

（7）出让人（出售方）的权利和义务。

（8）受让人（收购方）的权利和义务。

（9）中介人（居间方）的权利和义务。

（10）合同在履行中的变更及处理。

（11）违约责任。

（12）风险承担。

（13）其他规定。

（14）发生争议的解决办法。

（15）合同效力和订立数量。

4. 注意事项

（1）接受委托从事二手车居间业务的组织以及提供服务的人员应具备具有从事二手车经纪活动资格。不具备资格和条件的，不得与委托人订立居间合同。委托人在委托有关二手车事务前，应查验接受委托业务的二手车经纪组织（居间方）的营业执照、备案证书以及提供服务的执业经纪人的执业证书，二手车经纪人应予以配合。

（2）订立二手车居间合同前，委托出让方应充分了解居间方提供居间服务的有关服务范围、内容，以及承诺的事项是否符合自己的需要；并仔细阅读居间方提供的书面告知资料及向居间方真实告知委托的二手车的情况，委托受让方应当仔细查验居间方提供的二手车车况、有关车辆的证件及了解各项服务内容。

（3）订立二手车居间合同时，委托人应当明确委托事项，详细了解与核对合同的条款、履行合同的时间、支付佣金的方式和数额、发生违约的退赔与补偿、发生争议的解决方法等。对居间方提供的咨询以及协商订立合同时发生疑问，可以向工商行政管理部门、公安车辆管理部门或二手车交易市场征询或核查。在合同约定或履行中，三方未尽事宜可通过"补充条款"予以补充约定。

（4）合同履行期间发生争议的，可通过协商解决争议；协商不成，应按照合同约定的方式解决。

5. 二手车手车居间合同格式

二手车居间合同

合同编号：_____

签订时间：____ 年 ____ 月 ____ 日

委托出让方（简称甲方）：_____

居间方：_____

委托买人方（简称乙方）：_____

第一条　目的

依据国家有关法律、法规和本市有关规定，三方在自愿、平等和协商一致的基础上，就居间方接受甲乙双方的委托，促成甲、乙双方二手车交易，并完成其他委托的服务事项达成一致，订立本合同。

第二条　当事人及车辆情况

一、甲方基本情况：

（1）单位代码证号□□□□□□□□-□，经办人_____，身份证号码□□□□□□□□□□□□□□□□□□，单位地址_____，联系电话_____。

（2）自然人身份证号码□□□□□□□□□□□□□□□□□□，现常住地址_____，联系电话_____。

二、乙方基本情况

（1）单位代码证号□□□□□□□□-□，经办人_____，身份证号码□□□□□□□□□□□□□□□□□□，单位地址_____，联系电话_____。

（2）自然人身份证号码□□□□□□□□□□□□□□□□□□，现常住地址_____，联系电话_____。

三、出售车辆基本情况

车辆牌号 _____，车辆类别 _____。

厂牌型号 _____，颜色 _____。

初次登记时间 _____，登记证号 _____。

发动机号码 _____，车架号码 _____。

行驶里程 ____km，允许使用年限至 ____年____月____日，

车辆年检签证有效期至 ____年____月，

车辆购置费完税交纳证号 _____/免税交纳（有证/无证），

车辆保险险种：1._____ 2._____ 3._____ 4._____。

保险有效期截止日期：____年____月____日；

配置 _____
_____。

其他情况：_____
_____。

第三条 车辆价款

经协商一致，本车价款定为人民币 ____元（大写：____元），上述价款包括车辆、备胎及_____等附件。

过户手续费为人民币 ____元（大写：____元），由 ____方负责。

第四条 付款及交付、过户

1. 乙方于合同签订后（当日/____日）内支付价款 ____%（人民币：____元，大写____元)作为定金支付给甲方；支付方式：（现金/指定账户）。

2. 甲方于合同签订（当日/____日）内，将本车辆存放于居间方指定地点，由居间方和乙方始查验认可，出具查验单后，由居间方代为保管或三方约定由甲方继续使用本车。甲方于合同签订后 ____日内将本车辆有关证件原件及复印件交付给乙方，并协助乙方办理过户手续。

3. 乙方于（过户/转籍）事项完成后（当日/____日）内向甲方支付剩余价款（人民币____元，大写____元）；支付方式：（现金/指定账户）。

第五条 佣金标准、数额、收取方式和退赔

（一）居间方已完成本合同约定的委托人甲方委托的事项，委托人甲方按照下列第____种方式计算支付佣金（任选一种）：

1. 按照该二手车成交价 ____ 的 ____%，具体数额为人民币 ____元作

为佣金支付给居间方。

2. 按双方约定，佣金为人民币＿＿＿＿元，支付给居间方。

（二）居间方已完成本合同约定的委托人乙方委托的事项，委托人乙方按照下列第＿＿＿＿种方式计算支付佣金（任选一种）：

1. 按照该二手车成交价＿＿＿＿的＿＿＿＿%，具体数额为人民币＿＿＿＿元作为佣金支付给居间方。

2. 按双方约定，佣金为人民币＿＿＿＿元，支付给居间方。

（三）居间方未完成本合同委托事项的，按照下列约定退还佣金：

1. 居间方未完成委托人甲方委托的事项，将本合同约定收取佣金的＿＿＿＿%，具体数额为人民币＿＿＿＿元退还给委托人甲方，已发生费用由居间方承担。

2. 居间方未完成委托人乙方委托的事项，将本合同约定收取佣金的＿＿＿＿%，具体数额为人民币＿＿＿＿元退还给委托人乙方，已发生费用由居间方承担。

第六条　甲方的权利和义务

甲方承诺车辆出让时不存在任何权属上的法律问题和各类尚未处理完毕的交通违章记录，所提供的证件、证明均真实、有效，无伪造情况；否则，致使出让车辆不能过户、转籍的，乙方有权单方解除本合同或终止本合同的履行，甲方应接受退回的车辆，全额退回车款，向居间方支付佣金和实际发生的费用，并承担赔偿责任。

本合同有效期内，甲方委托出让的车辆根据本合同约定将本车存放在指定的地点，并按规定支付停车费，因保管不善造成车辆毁损、灭失的，由责任方承担赔偿责任。

甲方不提供相关文件、证明，或未按本合同第四条第二款的约定将本车存放于指定地点，除非有正当理由或不可抗力，否则乙方有权终止本合同并要求双倍返还定金。

第七条　乙方的权利和义务

本合同签订后，乙方应向居间方预付定金（人民币＿＿＿＿元，大写＿＿＿＿元）。

乙方履行合同后，定金抵作乙方应当支付给居间方的佣金。如乙方违约，乙方无权要求返还定金并支付实际发生的费用；如居间方违约，应当双倍退还定金。

乙方如未按合同规定的时间支付定金，甲方有权单方解除本合同，并要求乙方赔偿相应的经济损失。

乙方如拒绝接受甲方提供的文件、证明，除非有正当理由或不可抗力，否则甲方可单方终止本合同，并不返还定金。

乙方如在收取有关文件、证明后____日内未办理（过户／转籍）手续或由于乙方的过失导致（过户／转籍）手续不能办理或不能在合理期限内完成（双方约定该合理期限为收取文件、证明后的____日内），除非有正当理由或不可抗力，否则甲方可单方终止本合同，并不退还定金，已经发生的费用应由乙方承担。

第八条　居间方的权利和义务

居间方应向甲、乙双方出示营业执照等有效证件。

居间方的执业经纪人应向甲、乙双方出示经纪执业证书，并应亲自处理委托事务，未经甲、乙双方同意，不得转委托。

居间方应按照甲、乙双方的要求处理委托事务，报告委托事务处理情况，为甲、乙双方保守商业秘密。

居间方应按约定或依规定收取甲、乙双方支付的款项并开具收款凭证。

居间方不得采取胁迫、欺诈、贿赂和恶意串通等手段，促成交易。

居间方不得伪造、涂改、买卖交易文件、证明和凭证。

第九条　合同在履行中的变更及处理

本合同在履行期间，任何一方要求变更合同条款的，应及时书面通知对方，并征得对方的同意后，在约定的时限____天内，签订补充条款，注明变更事项。未书面告知对方和征得对方同意，擅自变更造成的经济损失，由责任方承担。

本合同履行期间，三方因履行本合同而签署的补充协议及其他书面文件，均为本合同不可分割的一部分，具有同等效力。

第十条　违约责任

1. 三方商定，居间方有下列情况之一的，应承担违约责任：

（1）无正当理由解除合同的；

（2）与他人私下串通，损害委托人甲、乙双方利益的；

（3）其他过失影响委托人甲、乙双方交易的。

2. 三方商定，委托人甲、乙双方有下列情况之一的，应承担违约责任：

(1) 无正当理由解除合同的；

(2) 未能按照合同提供必要的文件、证明，造成居间方无法履行合同的；

(3) 相互或与他人私下串通，损害居间方利益的；

(4) 其他造成居间方无法完成委托事项的行为。

3. 三方商定，发生上述违约行为的，按照合同约定佣金总数的 ____%，计人民币违约金 ____ 元支付给各守约方。违约方给各守约方造成的其他经济损失，由守约方按照法律法规的有关规定追偿。

第十一条 风险承担

本车在过户、转籍手续完成前由甲方作为所有人承担一切风险责任；本车在过户、转籍手续完成后乙方作为所有人承担一切风险责任。

第十二条 其他规定

本合同未约定的事项，按照《中华人民共和国合同法》以及有关法律法规的规定执行。

第十三条 发生争议的解决办法

三方在履行本合同过程中发生争议，由三方协商解决；协商不成的，提请二手车交易市场和二手车交易管理协会调解。调解成功的，三方应当履行调解协议；调解不成的，按本合同约定的下列第 ____ 项进行解决：

1. 向仲裁委员会申请仲裁；
2. 向法院提起诉讼。

第十四条 合同效力和订立数量

本合同内，空格部分填写的文字，其效力优于印刷文字的效力。本合同所称"日"，均指工作日。

本合同经三方当事人签字、盖章后生效；本合同一式四份，由甲方、乙方、居间方、二手车交易市场各执一份，均具有同等的法律效力。

委托出售方（甲方）：_____

法定代表人／自然人：（签章）_____

经办人：（签章）_____

开户银行：_____

账号：_____

居间方（名称）：_____
营业执照注册号：_____
法定代表人：（签章）_____
执业经纪人：（签章）_____
执业经纪证书：（编号）_____
开户银行：_____
账号：_____
委托买入方（乙方）：_____
法定代表人/自然人：（签章）_____
经办人：（签章）_____
开户银行：_____
账号：_____

四、机动车过户

机动车过户是指已注册登记的机动车辆的所有权发生转移，且原机动车辆所有人和现机动车辆所有人的住所在车辆管理所同一管辖区的，现机动车所有人应当于车辆所有权转移之日起30日内，到机动车辆管辖地车辆管理所申请办理过户登记手续。

1. 机动车过户所需材料

机动车过户登记所需的主要证明材料有：

（1）《机动车转移登记申请表》（表格内容用钢笔或签字笔填写，不得涂改）。
（2）机动车登记证书。
（3）机动车行驶证。
（4）交验机动车。
（5）机动车所有人的身份证明原件和复印件。
（6）机动车所有权转移的证明、凭证。
（7）委托代理人办理，还应提交代理人身份证明原件及复印件，并且在《机动车转移登记申请表》上与机动车所有人共同签字。
（8）属于海关解除监管的机动车，还应提交海关出具的《中华人民共和国海关管理车辆解除监管证明书》。
（9）超过检验有效期的机动车，应当进行安全技术检验。
（10）提供一张符合要求的车辆照片。
（11）特殊情况还需提供的材料：
1）需现机动车所有人提交购置税税单的情况：

①香港、澳门特别行政区的居民、台湾居民的"Z"字号牌车辆和外国人的外籍号牌车辆及使领馆号牌车辆办理转移登记的。

②公务车自初次登记之日起未满三年办理转移登记的。

③留学回国人员和特批的自备车、摩托车，自初次登记之日起未满五年办理转移登记的。

④单位车辆自初次登记之日起未满两年办理转移登记给个人的。

2）部队改挂车辆办理转移登记，由档案管理科经办人审核相关资料无误后，计算机操作人员在计算机中消除"不准过户"信息，并分别在《机动车转移登记申请表》上方签注意见并盖章。再到机动车管理科检验岗确认车辆、旧车交易市场交易，凭相关资料到机动车管理科在用车受理窗口办理转移登记，经电脑选号后核发新号牌，相关资料存档。

3）特种车、施工车、环卫车、邮电车办理转移登记需经综合科审批；教练车办理转移登记时需驾驶员管理科审批。

2. 过户登记注意事项

现机动车辆所有人的姓名或者单位名称、身份证号码或者单位代码，过户登记的日期，其他事项与注册登记时的基本相同。需要特别注意的是，并不是所有机动车都能办理过户手续。车辆有下列情形之一的，不予办理过户手续：

①已经达到国家《机动车强制报废标准规定》以及各地制定的有关报废规定、报废标准的机动车，或者属于利用报废车辆的零部件拼（组）装的车辆。

②机动车与该车的机动车档案记载的事项不一致的。

③机动车未解除海关监管的。

④机动车办理了抵押登记的。

⑤机动车或者机动车档案被人民法院、人民检察院、行政执法部门依法查封扣押的。

⑥机动车所有人提交的资料无效的。

⑦机动车所有人的身份证明记载的姓名或者单位名称与机动车来历凭证记载的姓名或者单位名称不一致的。

⑧机动车所有人的机动车来历凭证（海关监管车辆除外）、车辆购置税的完税证明或者免税证明记载的内容与机动车不一致的。

⑨机动车所有人的住所不在车辆管理所管辖区内的。

⑩机动车环保或安全检验不符合强制性国家标准规定的。

⑪机动车属于被盗抢的。

五、机动车变更登记

机动车变更登记是指机动车辆注册登记之后，如果车主改变了姓名或住址，须向车辆管理所申请变更登记，并在机动车登记证书上记载变更登记事项，交回原机动车行驶证，领取重新核发的机动车行驶证。

1. 需要变更登记的事项

如果车主想改变车身颜色或者更换发动机等，应首先向车辆管理所提出变更申请，得到批准并完成变更后，再向车辆管理所申请变更登记，并在机动车登记证书上记载变更登记事项，交回原机动车行驶证，领取重新核发的机动车行驶证。机动车变更登记不仅是车主的义务，也是此后作为二手车交易时所必需的，否则将无法顺利办理过户手续。有下列情形之一的，应当申请变更登记：

①机动车所有人更改姓名、单位名称或者身份证明号码的。
②机动车所有人住所在本市范围内改变的。
③改变车身颜色的。
④更换发动机或者改变燃料种类的。
⑤因故损坏无法修复需要更换同型号车身或者车架的。
⑥因质量问题，制造厂家给机动车所有人更换整车或者更换同型号发动机、车身、车架的。

2. 变更登记所需材料

机动车变更登记需要提交以下资料并交验机动车：

①《机动车变更登记/备案申请表》原件；
②机动车所有人的身份证明原件和复印件；
③机动车登记证书；
④机动车行驶证；
⑤车辆识别代号（车架号）、发动机号码拓印膜；
⑥机动车照片；
⑦如需委托他人办理的，应提交委托书及代理人身份证明原件和复印件。

【任务实施】

（1）在实训场地，老师模拟设置一个二手车交易市场，每3名学生一组，分别扮演二手车车主、二手车评估师、二手车购买者。

（2）二手车评估师的扮演者要结合所学知识，为二手车评估，并且引导双方签订二手车交易合同，协助二手车车主和二手车购买者办理二手车交易过户、车辆购置税变更、车辆保险合同变更等业务。

（3）老师根据学生综合表现，对学生进行客观评价，填写表格 4-1。

表 4-1 实训考核记录表

实训名称：二手车交易过户

学号		姓名	
项目	必要的记录	分值	评分
与客户沟通情况		10	
语言表达		10	
协助签订交易合同		20	
对工作流程的掌握		40	
相关材料的核查		10	
需要向客户说明的相关问题		10	
总评成绩		100	

老师评价：

老师签字： 年 月 日

任务二　二手车转移登记

【任务描述】

凡是涉及两个城市之间的二手车交易，交易完成后，都要办理二手车的转出转入登记，统称二手车的转移登记。二手车的转移登记必须符合《机动车登记规定》的相关要求，并按照规定的程序办理。

【相关知识】

一、机动车转出和转入登记

1. 机动车转出登记

机动车转出登记是指已注册登记机动车所有人的住所迁出原车辆管理所管辖区的，或者机动车所有权发生转移且现机动车所有人的住所不在原车辆管理所管辖区的，现机动车所有人于住所迁出或者机动车所有权转移之日起 30 日内，向机动车管辖地车辆管理所申请办理转出登记手续。

在办理转出和转入登记手续时，机动车应在环保和安全检验合格有效期内。在二手车的异地交易业务中，都会涉及二手车的转出转入登记，登记事项包括机动车获得方式，机动车来历凭证的名称、编号和进口机动车的进口凭证的名称、编号，机动车销售单位或者交易市场的名称和机动车销售价格等。

2. 机动车转入登记

机动车转入登记是指已注册登记机动车的所有人的住所迁入一个新的车辆管理所管辖区且在原车辆管理所已办理转出登记的，或者机动车所有权发生转移且现机动车所有人的住所不在原车辆管理所管辖区，并已在原车辆管理所办理了转出登记，机动车所有人应当自办结转出登记之日起 90 日内，向机动车管辖地车辆管理所申请转入登记。在二手车的异地交易业务中，都需办理二手车的转入登记手续。

办理转入登记的机动车须符合转入地的环保规定，这一点对于从环保要求较低的地区向环保要求高的中心城市转入时的二手车交易，要特别注意。转入登记事项除了有关保险的内容外，其他内容都与转出登记时的相同。

3. 办理转入登记所需材料

已办理转出登记的机动车，机动车所有人应当自办结转出登记之日起九十日内，填写《机动车过户、转出、转入登记申请表》，持下列资料，向转入地车辆管理所申请登记，并交验车辆：

（1）个人车辆转入登记所需材料。

①机动车档案。

②《机动车登记证书》。

③身份证明：

常住人口：《居民身份证》或《居民户口簿》。

暂住人口：《居民身份证》和有效期一年以上的《暂住证》（暂住人口只能购买 9 座以下的小客车、轿车、摩托车）。

军人：军人身份证件和团以上单位出具的本人住所地址的证明（军人只能购买 9 座以下的小客车、轿车、摩托车）。

香港、澳门特别行政区的居民、台湾居民和外国人：公安机关核发的居留证件。

④填写或打印的《机动车注册登记／转入申请表》（车主可从网上直接填写打印，也可打印空白表格，手工填写，填写时只准采用蓝、黑钢笔或碳素笔）。

（2）单位车辆转入登记所需材料。

①机动车档案。

②《机动车登记证书》。

③身份证明：《组织机构代码证书》和经办人的《居民身份证》。

④省政府采购车辆统一购置单（仅限于国家机关、实行预算管理的事业单位和社会团体，其他单位不必办理，地点：各市财政局政府采购中心）。

⑤填写或打印的《机动车注册登记／转入申请表》。

具体办理流程与新车注册登记相似。

二、机动车抵押登记

1. 机动车抵押登记的含义

《机动车登记规定》第二十二条明确规定"机动车所有人将机动车作为抵押物抵押的，应当向登记地车辆管理所申请抵押登记"。

机动车抵押登记是指机动车所有人作为抵押人，将机动车作为抵押物，并与抵押权人一起，到车辆管理所或车管分所办理抵押登记。

2. 机动车抵押登记申报材料

如果在办结注册登记后办理抵押登记的，需在办理注册登记的车辆管理所办理抵押登记手续，提交的材料包括：

①《机动车抵押／质押备案申请表》。

②抵押人（机动车所有人）和抵押权人的身份证明。

③机动车所有人和抵押权人依法订立的主合同和抵押合同。

④机动车登记证书。

3. 机动车抵押登记注意事项

《机动车登记规定》第九条规定有以下情形之一的不予办理抵押登记：

①机动车所有人提交的证明、凭证无效的。

②机动车来历证明被涂改或者机动车来历证明记载的机动车所有人与身份证明不符的。

③机动车所有人提交的证明、凭证与机动车不符的。

④机动车未经国务院机动车产品主管部门许可生产或者未经国家进口机动车主管部门许可进口的。

⑤机动车的有关技术数据与国务院机动车产品主管部门公告的数据不符的。

⑥机动车的型号、发动机号码、车辆识别代号或者有关技术数据不符合国家安全技术标准的。

⑦机动车达到国家规定的强制报废标准的。

⑧机动车被人民法院、人民检察院、行政执法部门依法查封、扣押的。

⑨机动车属于被盗抢的。

⑩其他不符合法律、行政法规规定的情形。

另外，登记前应将涉及该车的交通违法行为和交通事故处理完毕。

公安车辆管理所办理抵押登记后，向双方当事人发放机动车辆抵押登记证书，抵押合同自登记之日起生效。抵押合同如需变更，双方当事人须在合同变更之日起15日内到公安车辆管理所办理变更抵押登记手续。

抵押登记的机动车辆在抵押期间不得改装、改型。确需改装、改型的，经双方协商同意报公安车辆管理所批准后，需重新办理抵押登记。

4. 解除抵押登记

申请解除抵押登记的，机动车所有人应当填写申请表，由机动车所有人和抵押权人共同申请，并提交下列证明、凭证：

①机动车所有人和抵押权人的身份证明。

②机动车登记证书。

人民法院调解、裁定、判决解除抵押的，机动车所有人或者抵押权人应当填写申请表，提交机动车登记证书、人民法院出具的已经生效的《调解书》《裁定书》或《判决书》，以及相应的《协助执行通知书》。

车辆管理所应当自受理之日起一日内，审查提交的证明、凭证，在机动车登记证书上签注解除抵押登记的内容和日期。

三、机动车注销登记

1. 机动车注销登记的含义

机动车注销登记是指已注册登记的机动车，在达到了国家规定的报废标准、灭失或者因故不在我国境内道路上使用的，机动车所有人到机动车管辖地车辆管理所申请办理注销登记手续。

2. 机动车注销登记的条件

（1）已达到国家强制报废标准的机动车，机动车所有人向机动车回收企业交售机动车时，应当填写《机动车注册、转移、注销登记/转入申请表》，提交机动车登记证书、号牌和行驶证。机动车回收企业应当确认机动车并解体，向机动车所有人出具《报废机动车回收证明》。报废的大型客、货车及其他营运车辆在车辆管理所的监督下解体。机动车回收企业应当在机动车解体后七日内将《机动车注册、转移、注销登记/转入申请表》、机动车登记证书、号牌、行驶证和《报废机动车回收证明》副本提交车辆管理所，申请注销登记。车辆管理所自受理之日起一日内，审查提交的证明、凭证，收回机动车登记证书、号牌、行驶证，出具注销证明。

（2）除（1）中规定的情形外，机动车有下列情形之一的，机动车所有人应当向登记地车辆管理所申请注销登记：

①机动车灭失的。

②机动车因故不在我国境内使用的。

③因质量问题退车的。已注册登记的机动车有下列情形之一的，登记地车辆管理所应当办理注销登记：

1）机动车登记被依法撤销的；

2）达到国家强制报废标准的机动车被依法收缴并强制报废的。属于机动车因故不在我国境内使用的、因质量问题退车的，机动车所有人申请注销登记前，应当将涉及该车的道路交通安全违法行为和交通事故处理完毕。

（3）属于机动车灭失的、机动车因故不在我国境内使用的、因质量问题退车的，机动车所有人申请注销登记的，应当填写《机动车注册、转移、注销登记/转入申请表》，并提交以下证明、凭证：

①机动车登记证书。

②机动车行驶证。

③属于机动车灭失的、机动车因故不在我国境内使用的、因质量问题退车的，还应当提交机动车所有人的身份证明和机动车灭失证明。

④属于机动车因故不在我国境内使用的，还应当提交机动车所有人的身份证明和出境证明，其中属于海关监管的机动车，还应当提交海关出具的《中华人民共和国海关监管车辆进（出）境领（销）牌照通知书》。

⑤属于因质量问题退车的，还应当提交机动车所有人的身份证明和机动车制造厂或者经销商出具的退车证明。车辆管理所自受理之日起一日内，审查提交的证明、凭证，收回机动车登记证书、号牌、行驶证，出具注销证明。

（4）因车辆损坏无法驶回登记地的，机动车所有人可以向车辆所在地机动车回收企业交售报废机动车。交售机动车时应当填写《机动车注册、转移、注销登记/转入申请表》，提交机动车登记证书、号牌和行驶证。机动车回收企业应当确认机动车并解体，向机动车所有人出具《报废机动车回收证明》。报废的大型客、货车及其他营运车辆应当在报废地车辆管理所的监督下解体。机动车回收企业应当在机动车解体后七日内将申请表、机动车登记证书、号牌、行驶证和《报废机动车回收证明》副本提交报废地车辆管理所，申请注销登记。报废地车辆管理所自受理之日起一日内，审查提交的证明、凭证，收回机动车登记证书、号牌、行驶证，并通过计算机登记系统将机动车报废信息传递给登记地车辆管理所。登记地车辆管理所自接到机动车报废信息之日起一日内办理注销登记，并出具注销证明。

（5）已注册登记的机动车有下列情形之一的，车辆管理所公告机动车登记证书、号牌、行驶证作废：

①达到国家强制报废标准，机动车所有人逾期不办理注销登记的。

②机动车登记被依法撤销后，未收缴机动车登记证书、号牌、行驶证的。

③达到国家强制报废标准的机动车被依法收缴并强制报废的。

④机动车所有人办理注销登记时未交回机动车登记证书、号牌、行驶证的。

（6）有下列情形之一的，不予办理注销登记：

①机动车所有人提交的证明、凭证无效的。

②机动车被人民法院、人民检察院、行政执法部门依法查封、扣押的。

③机动车属于被盗抢的。

④机动车与该车档案记载内容不一致的。

⑤机动车在抵押登记、质押备案期间的。

3. 机动车注销登记的申报材料

（1）《机动车注册、转移、注销登记/转入申请表》《机动车查验记录表》。

（2）机动车所有人的身份证明。

（3）机动车登记证书、行驶证、机动车号牌。

（4）《报废机动车回收证明》副本。

> **注意**
>
> 机动车灭失的，需提供灭失证明；因质量问题退车的，需机动车制造厂或经销商出具的退车证明；机动车因故不在我国境内使用的，需提供出境证明；机动车登记被撤销的，需公安机关交通管理部门出具的《公安交通管理撤销决定书》；被依法收缴并强制报废的，需机动车被依法收缴的法律文书；机动车在异地报废的，由异地负责报废，并将信息传到登记地车管所，由登记地车管所办理注销登记，出具注销证明。

四、车辆转移登记程序

1. 办理程序

二手车交易像买房子一样属于产权交易范畴，涉及相关的证明文件和必要手续。二手车交易后必须办理相关的证明文件的转移登记手续，以完成手续完备的、合法的交易。机动车法定证明是"机动车登记证书""机动车行驶证"和机动车号牌。根据买卖双方的住所是否在同一车辆管理所管辖区内，机动车产权转移登记手续可分为同一车辆管理所管辖区内的所有权转移登记（即同城转移登记）和不同车辆管理所管辖区的所有权转移登记（即异地转移登记）两种登记方式。

二手车同城转移登记手续应当在原车辆注册登记所在地公安交通管理部门办理。需要进行异地转移登记的，由车辆原属地公安交通管理部门办理车辆迁出手续，在接收地公安交通管理部门办理车辆迁入手续。

办理二手车转移登记手续的程序如图 4-1 所示。

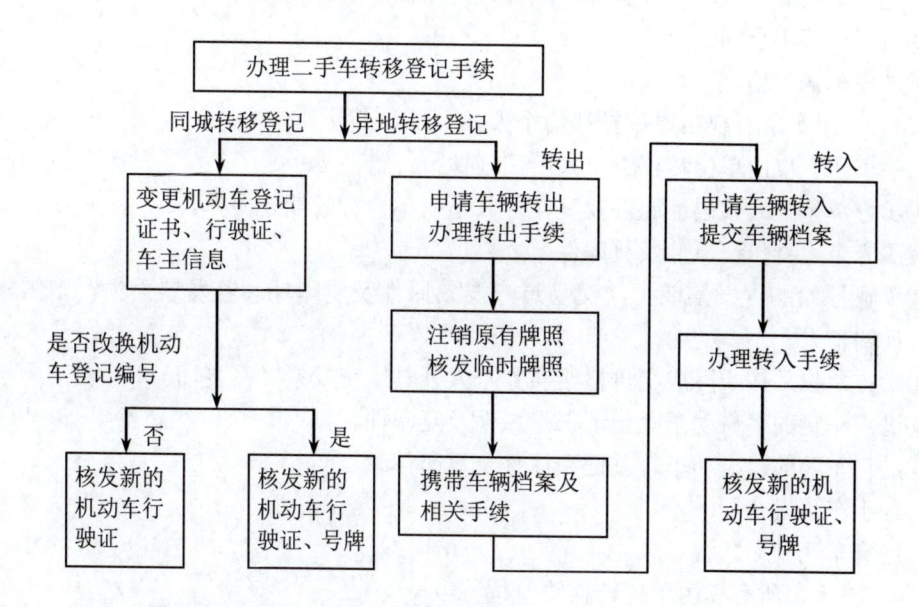

```
                    办理二手车转移登记手续
              ┌──────────────┴──────────────┐
        同城转移登记                    异地转移登记
              │                    ┌────────┴────────┐
              │                   转出              转入
              │                    │                 │
      变更机动车登记          申请车辆转出        申请车辆转入
      证书、行驶证、          办理转出手续        提交车辆档案
      车主信息                     │                 │
              │                    │                 │
     是否改换机动           注销原有牌照        办理转入手续
     车登记编号             核发临时牌照              │
        ┌───┴───┐                 │                 │
       否       是                 │                 │
        │       │                  │                 │
   核发新的  核发新的          携带车辆档案及      核发新的机
   机动车行  机动车行          相关手续            动车行驶证、
   驶证      驶证、号牌                            号牌
```

2. 二手车办理转移登记所需的手续及证件

二手车在同城交易和所有权转移登记时，根据买卖双方身份不同，二手车交易类型不同，办理转移登记时所需的手续和证件也相应不同。

（1）二手车所有权由个人转移给个人。

二手车所有权由个人转移给个人所需证件：

①卖方个人身份证原件及复印件。

②买方个人身份证原件及复印件。

③车辆原始购置发票或上次交易过户发票原件及复印件。

④过户车辆的"机动车登记证书"原件及复印件。

⑤过户车辆的"机动车行驶证"原件及复印件。

⑥二手车买卖合同。

⑦外地户口需持暂住证。

⑧过户车辆到场。

（2）二手车所有权由个人转移给单位。

二手车所有权由个人转移给单位所需证件：

①卖方个人身份证原件及复印件。

②买方单位法人代码证原件及复印件（须在年检有效期之内）。

③车辆原始购置发票或上次交易过户发票原件及复印件。

④过户车辆的"机动车登记证书"原件及复印件。

⑤过户车辆的"机动车行驶证"原件及复印件。

⑥二手车买卖合同。

⑦过户车辆到场。

（3）二手车所有权由单位转移给个人。

二手车所有权由单位转移给个人所需证件：

①卖方单位法人代码证原件及复印件（须在年检有效期之内）。

②买方个人身份证原件及复印件。

③车辆原始购置发票或上次交易过户发票原件及复印件（若发票丢失，则需本单位财务证明信）。

④卖方单位须按实际成交价格给买方个人开具成交发票（需复印）。

⑤过户车辆的"机动车登记证书"原件及复印件。

⑥过户车辆的"机动车行驶证"原件及复印件。

⑦二手车买卖合同。

⑧过户车辆到场。

（4）二手车所有权由单位转移给单位。

二手车所有权由单位转移给单位所需证件：

①卖方单位法人代码证原件及复印件（须在年检有效期之内）。

②买方单位法人代码证原件及复印件（须在年检有效期之内）。

③车辆原始购置发票或上次交易过户发票原件及复印件（若发票丢失需本单位财务证明信）。

④卖方单位须按实际成交价格给买方单位开具成交发票（需复印）。

⑤过户车辆的"机动车登记证书"原件及复印件。

⑥过户车辆的"机动车行驶证"原件及复印件。
⑦二手车买卖合同。
⑧过户车辆到场。

【任务实施】

（1）在实训场地，老师模拟设置一个二手车交易市场，每3名学生一组，分别扮演二手车车主、二手车评估师、二手车购买者。

（2）二手车评估师的扮演者要结合所学知识，为二手车评估，并且引导双方签订二手车交易合同，协助二手车车主和二手车购买者办理二手车转出登记和二手车转入登记等业务。

（3）老师根据学生综合表现，对学生进行客观评价，填写表格4-2。

表4-2 实训考核记录表

实训名称：二手车交易过户

学号		姓名	
项目	必要的记录	分值	评分
与客户沟通情况		10	
语言表达		10	
协助签订交易合同		20	
对工作流程的掌握		40	
相关材料的核查		10	
需要向客户说明的相关问题		10	
总评成绩		100	

老师评价：

老师签字：　　年　　月　　日

任务三　二手车经销

【任务描述】

二手车流通企业收购和出售二手车的价格都会以新车的市场价格作为参考，并且充分考虑影响二手车收购和销售定价的诸多因素，合理确定二手车收购价格与销售价格，兼顾本公司的利润空间和买卖双方的利益。

【相关知识】

一、二手车收购定价

1. 二手车的收购定价的影响因素

（1）车辆的总体价值。

二手车收购要充分考虑车辆的总体价值，主要包括车辆实体产品价值和各项手续价值。

①车辆实体的产品价值。除了用鉴定估价的方法评估车辆实体的产品价值外，还应根据经验结合目前市场行情综合评定。主要评定的项目包括：车身外观整齐程度、漆面质量如何等静态检查项目和发动机怠速声音、尾气排放情况等动态检查项目。另外，配置、装饰、改装等项目也很重要，包括有无 GPS、ABS、助力装置、真皮座椅、电动门窗、中控防盗锁、CD 音响等；有效的改装包括动力改装、悬架系统改装、音响改装、座椅及车内装饰改装等。

②各项手续的价值。主要包括：登记证、原始购车发票或交易过户发票、行驶证、购置税本、车船使用税证明、车辆保险合同等。如果欲收购车辆的证件和规费凭证不全，就会影响收购价格，因为代办手续不但要耗费人工成本，而且可能造成转籍过户中意想不到的麻烦和带来许多难以解决的后续问题。

（2）二手车收购后应支出的费用。

二手车收购除了支付车辆产品的货币以外，从收购到售出的期间内，还要支出的费用有：保险费、日常维护费、停车费、收购支出的货币利息和其他管理费等。

（3）市场宏观环境的变化。

二手车收购要关注国家的宏观政策、国家和地方法规条例的变化因素以及这些影响导致的车辆经济性贬值。

例如，从 2015 年 11 月 15 日起，济南市开始根据环保标志对不合符环保要求的机动车（俗称黄标车）进行限行。未持有环保检验合格标志的汽车将全天 24 小时禁止市内五区、长清区、章丘区、平阴县、济阳县、商河县规定区域内通行；自 2016 年 1 月 1 日起，全市区域内全天禁止黄标车通行。对黄标车闯禁行交通违法行为给予罚款 200 元，驾驶员记 3 分的处罚。

据了解，2015 年济南市黄标车有 37019 辆，在全面限行后，这些黄标车也必将要重新找出路。汽车专业人士分析表示"在这样的情况下，黄标车要想在济南的二手车市场里以比较理想的价格出售是不可能的事情，除非是个别二手车商将这些黄标车购入，然后卖到外地去。"所以，黄标车禁行后，这些车将加速贬值，也将加速黄标车退出济南市场。

（4）市场微观环境的变化。

这里的市场微观环境主要指新车价格的变动以及新车型的上市对收购价格的影响。例如，新上市的轿车降价后，旧车的保值率就降低了，贬值后收购价格自然也会降低。另外，新款车型问世也会挤压旧车型，"老面孔"身价自然受影响。

（5）经营的需要。

二手车经营者为了稳定经营，应根据本公司库存车辆的多少提高或降低收购价格。例如，本期库存车辆减少、货源紧张时，可以适当提高车辆收购价格，以补充货源保证库存的稳定。反之，库存车辆较多时，则应降低收购价格。另外一种情况是，如果某一畅销车型出现断档，则该车型的收购价格必定提高。如某公司本期二手桑塔纳轿车销售一空，为了保证货源供应，该公司会马上提高桑塔纳车型的收购价格。反之，如果某公司本期二手桑塔纳轿车销路不畅，库存积压严重，那么应降低桑塔纳轿车的收购价格，同时库存桑塔纳轿车的销售价格也会降低。

（6）品牌知名度和维修服务条件。

对不同品牌的二手车，由于其品牌知名度和售后服务的质量不同，也会影响到收购价格的制定。

像一汽、上汽、东风、广本等汽车企业，都是国内颇具实力的企业，其产品具有很高的品牌知名度，技术相对成熟，售后服务体系也健全，二手车收购定价可以适当提高。

2. 二手车收购定价的方法

二手车收购价格的确定是根据其特定的目的，在二手车鉴定估价的基础上，充分考虑市场的供求关系，对评估的价格做快速变现的特殊处理。按不同的原则，一般有以下几种方法：

(1) 以现行市价法、重置成本法的方法确定收购价格。

由现行市价法、重置成本法对二手车进行鉴定估算产生的客观价格，再根据快速变现原则，估定一个折扣率并以此确定二手车收购价格。如运用重置成本法估算某机动车辆价值为 10 万元，据市场销售调查得知，估定折扣率为 20% 可出售，则该车辆收购价格为 8 万元。

(2) 以清算价格的方法确定收购价格。

清算价格的特点是企业（或个人）由于破产或其他原因，欲在一定的期限内（在企业清算之日）将车辆卖出，实现迅速变现。具体来说主要根据二手车技术状况，运用现行市价法估算其正常价值，再根据处置情况和变现要求，乘以一个折扣率，最后确定收购价格。

以清算价格的方法确定收购价格，由于顾客要求快速转卖变现，因此收购估价可以大大低于二手车市场成交的同类型车辆的公平市价，一般来说也低于车辆现时状态客观存在的价格。

(3) 以快速折旧的方法确定收购价格。

根据机动车的价值，计算折旧额来确定收购价格。年折旧额的计算方法建议采用年份数求和法和双倍余额递减折旧法两种方法。

3. 二手车收购价格的计算

二手车收购价格的确定是指被收购车辆手续齐全的前提下对车辆实体价格的确定。如果所缺失的手续能以货币支出补办，则收购价格应扣除补办手续的货币支出、时间和精力的成本支出，具体可以采用以下几种方法：

(1) 运用重置成本法对二手车进行鉴定估价，然后根据快速变现的原则，估定一个折扣率，将被收购车辆的估算价格乘以折扣率，即得二手车的收购价格，用数学式表示为：

收购价格 = 评估价格 × 折扣率

(2) 运用现行市价法对二手车确定评估价格，再根据折扣率计算收购价格，表达式同运用重置成本法的收购价格表达式。

折扣率是指车辆能够当即出售的清算价格与现行市场价格之比值。折扣率的确定是经营者对市场销售情况的充分调查和了解凭经验估算的。

(3) 运用快速折旧法。首先计算出二手车已使用年数累计折旧额，然后，将重置成本全价减去累计折旧额，再减去车辆需要维修换件的总费用，即得二手车收购价格，用数学式表达为：

收购价格＝重置成本全价－累计折旧额维修费用

重置成本全价一律采用国内现行的新车市场价格。

累计折旧额的计算方法：先用年份数求和法或余额递减折旧法计算出年折旧额后，再将已使用年限内各年的折旧额汇总累加，即得累计折旧额。

维修费用是指车辆现时状态下，某项功能完全丧失，需要维修和换件的费用总支出。

在快速折旧计算时，机动车原值一般取机动车的重置成本全价，而不采用机动车账面原值。

4. 二手车收购的相关法律规定

《二手车交易规范》第十三条规定，二手车经销企业在收购车辆时，应按下列要求进行：

（1）确认卖方的身份及车辆的合法性。

①卖方身份证明或者机构代码证书原件合法有效。

②车辆号牌、机动车登记证书、机动车行驶证、机动车安全技术检验合格标志真实、合法、有效。

交易车辆不属于《二手车流通管理办法》第二十三条规定禁止交易的车辆。

（2）核实卖方的所有权或处置权证明。

①机动车登记证书、行驶证与卖方身份证明名称一致；国家机关、国有企事业单位出售的车辆，应附有资产处理证明。

②委托出售的车辆，卖方应提供车主授权委托书和身份证明。

③二手车经销企业销售的车辆，应具有车辆收购合同等能够证明经销企业拥有该车所有权或处置权的相关材料，以及原车主身份证明复印件。原车主名称应与机动车登记证、行驶证名称一致。

（3）与卖方商定收购价格。如对车辆技术状况及价格存有异议，经双方商定可委托二手车鉴定评估机构对车辆技术状况及价值进行鉴定评估。

（4）签订合同。达成车辆收购意向的，签订收购合同，收购合同中应明确收购方享有车辆的处置权。

（5）付款。按收购合同向卖方支付车款。

5. 二手车收购中的风险分析与防范

在二手车收购的过程中，二手车市场交易环境的变化有可能产生机会，也有可能带来风险。风险是指由于客观环境的变化带来损失，从而难以实现某种目的的可能性。二手车收购中的风险是指由于二手车收购环境的变化，给二手车的销售带来的各种损失。在二手车收购业务过程当中，既充满了机会，同时又会出现许多风险。所以，二手车流通企业的生存与发展，必须加强收购活动中的风险管控，能否获得期望利润，关键在于能否有效地控制和降低风险损失。

由于二手车收购价格的某些不可预见的因素，收购过程比销售过程的风险更大，对企业或个人造成的潜在损失也更大。因此，如何有效地将收购风险控制在一定的范围内，善于分析研究环境变化可能带来的风险，发现并及时规避风险，对于降低收购成本、提高企业的利润、最大限度地减小可能遭受的损失具有重大意义。

二手车收购的环境变化是绝对的、必然的，收购风险也是经常发生的。收购风险不可能完全避免，只能掌握战胜风险的策略和技巧，化险为夷，把风险变为机会，实现成功的转化，总体原则如下：

①要提高识别二手车收购风险的能力。应随时收集、分析并研究市场环境变化的资料和信息，判断收购风险发生的可能性，积累经验，培养并增强对二手车收购风险的敏感性，及时发现或预测收购风险。

②要提高风险的防范能力，尽可能规避风险。可通过预测风险，从而尽早采取防范措施来规避风险。在二手车收购工作中，每个环节都要谨慎，最大限度地杜绝二手车收购风险的发生。

③在无法避免的情况下，要提高处理二手车收购风险的能力，尽可能最大限度地降低损失，并防止引发其他负面效应和有可能派生出来的消极影响。

在二手车收购中的风险防范上，具体可从以下几个方面考虑影响二手车收购中的风险因素及其相应的防范措施：

（1）新车型的影响。

相对老车型来说，新车型往往应用了大量的新技术，新车型技术含量的提高使老车型相对贬值甚至被淘汰。从国内市场看，近几年新车型投放明显加快，技术含量和配置也越来越高。如助力转向、安全气囊、ABS+EBD、电子防盗、CD 音响等都已成了标准装备。以一汽捷达和上汽的桑塔纳为例，二者在国内生产三十多年来经历了多次改款，虽然生产平台未变，但是早期的捷达和桑塔纳与现在的新款车型在外观和配置上已不可同日而语。因此，二手车市场在收购旧车时应以最新款车型的技术装备和价格来做参照，否则会给二手车收购带来较大的风险。

（2）车市频繁降价的影响。

在新车市场频繁降价、促销活动众多的环境下，二手车经销公司面临着很大的风险，如出现损失只能自己承担。所以，在二手车收购过程中都是以某一款车目前新车市场的开票价格来计算折旧，而不会去考虑消费者买车时的价格。如果某一款车最近有降价的可能，二手车经销公司要考虑新车降价所带来的风险，开价往往要比正常的收购价还要低一些。如果某一款车刚降价，那么收购价就会稳定一段时期。为了减少新车频繁降价带来的风险，规范市场、稳定价格成为当务之急。另外通过二手车代卖的方式，一方面可从中收取一定的手术费，另一方面可以降低风险。

(3) 折旧加快的影响。

从实际行情看，使用期限在3年以内的车辆折旧最高，使用3年的车辆往往要折旧到40%～50%，其后的几年进入了一个相对稳定的低折旧期，接近10年折旧又开始加快。所以，3年以内的车要收购的话，收购定价要考虑车辆的大幅折旧因素的影响。

(4) 尾气排放标准提高的影响。

尾气排放标准提高也加速了在用车辆的折旧和淘汰。全国各地越来越严格的尾气排放标准将使老旧车型加速淘汰。因此，在确定二手车收购价格时应考虑车辆排放标准提高对老旧车型的影响。

(5) 车况好坏的影响。

有的车虽然开的时间不长，但是由于保养维护差，机件的磨损却很严重，操作起来感觉很差。而有的车虽然车龄较长，发动机的状况却依然良好，各机件操作顺畅。这些车辆技术状况的差异自然会影响到二手车的收购价格。

(6) 品牌知名度的影响。

知名品牌的汽车因其市场保有量大、质量可靠甚至保值率高而深受消费者的青睐。这些品牌的汽车在新车市场售价较为稳定，口碑好，所以在二手车市场认同率较高，贬值的程度相对来说要低一些。而一些知名度不高的品牌车辆市场的认同率低，贬值的程度也就相对较高，在确定二手车的收购价格时，应予以考虑。

(7) 库存的影响。

若二手车市场交易活跃，销售顺畅，求大于供，二手车经纪公司的库存急剧减少，商家们为了保持正常的经营运转，维持一定的库存，可适当抬高一些收购价格。反之在二手车市场销售低迷时，商家们的库存增加，供大于求，流通不畅，商家的主要矛盾是消化库存，这个时期应压低收购价格，规避由于库存增加而带来的风险。

(8) 二手车收购合法性的影响。

二手车的收购要防止收购盗抢车、伪劣拼装车，要防止收购那些伪造手续凭证、伪造车辆档案的车辆。一旦有所失误，不仅给公司造成直接经济损失，更重要的是造成社会的不良影响从而损害公司的公众形象。

(9) 宏观环境的影响。

要密切关注国家有关二手车交易的政策与法规的变化，做到未雨绸缪。要能够根据已有的和即将颁布的国家有关二手车交易的政策与法规预测二手车价格的市场可能走势，及时调整二手车的收购价格，确保二手车的收购风险降到最低。

二、二手车销售定价

1. 二手车销售定价的影响因素

（1）成本因素。

产品成本是定价的基础和最低界限，二手车的销售价格如果不能保证成本，企业的经营活动就难以维持。二手车流通企业销售定价应分析价格、需求量、成本、销量、利润之间的关系，正确地估算成本，并以此作为定价的依据。二手车销售定价时应考虑收购车辆的总成本费用，总成本费用由固定成本费用和变动成本费用之和构成。

①固定成本费用。固定成本费用是指在既定的经营目标内，不随收购车辆的不同而变动的成本费用。如分摊在这一经营项目的固定资产的折旧、管理费等项支出。

②固定成本费用摊销率。固定成本费用摊销率是指单位收购价值所包含的固定成本费用，即固定成本费用与收购车辆总价值之比。如某企业根据经营目标，预计某年度收购100万元的车辆价值，分摊固定成本费用1万元，则单位固定成本费用摊销率为1%。如花费5万元收购一辆旧桑塔纳轿车，则应该将500元（即5万的1%）计入固定成本费用。

③变动成本费用。变动成本费用指随收购价格和其他费用而相应变动的费用。主要包括车辆实体的价格、运输费、保险费、日常维护费、维修翻新费、资金占用的利息等。

由上面成本分析可知，一辆二手车收购的总成本费用是这辆车应分摊的固定成本费用与变动成本费用之和，用数学式表达为：

某二手车的总成本费用＝收购价格 × 固定成本费用摊销率 ＋ 变动成本费用

（2）供求关系。

在市场经济中，产品的价格由买卖双方的相互作用来决定，以市场供求为前提，决定价格的基本因素有两个，即市场供给与市场需求。若市场需求大于供给（特别是供不应求），价格就会上升；需求小于供给（特别是有市场积压现象），价格就会下降，市场的一切交易活动和价格的变动都受这一定律的支配。这就是供求规律或称供求法则。它是市场价格变化的基本规律。供求关系表明价格只能围绕价值上下波动，而价值仍然是确定价格水平及其变动的决定性因素。企业在定价决策时，除以产品价值为基础外，还可以自觉运用供求关系来分析和制定产品的价格。

价格受供求影响而有规律性的变动过程中，不同商品的变动幅度是不一样的。因此，我们在销售定价时还要考虑需求的价格弹性。所谓需求的价格弹性，是指因价格变动而引起的需求相应的变动率，它反映需求变动对价格变动的敏感程度。按照西方经济学理论，当某种产品需求弹性较小时（需求对价格不敏感），可以通过提高价格增加企业利润，反之，当产品需求富有弹性时（需求对价格敏感），企业可以通过降低价格从而扩大销量来增加企业利润，同时还能起到打击竞争对手，提高自己产品市场占有率的作用。

对于二手车来说，其需求弹性较强，即二手车价格的上升（或下降）会引起需求量较大幅度的减少（增加）。因此，在给二手车进行销售定价时，应该把价格定得低一些，以薄利多销达到增加盈利、服务顾客的目的。

（3）竞争状况。

在产品供不应求时，企业可以自由地选择定价方式。而在供大于求时，竞争必然随之加剧，定价方式的选择只能被动地根据市场竞争的需要来进行。为了稳定维持自己的市场份额，二手车的销售定价要考虑本地区同行业竞争对手的价格状况，根据自己的市场地位和定价的目标，选择与竞争对手相同的价格，甚至低于竞争对手的价格。

（4）国家政策法令。

任何国家对物价都有适度的管理，所不同的是，各个国家和地区对价格的控制程度、范围、方式等存在着一定的差异，绝对放开和绝对控制的情况是没有的。一般而言，国家可以通过物价部门直接对企业定价进行干预，也可以用一些财政、税收手段对企业定价实行间接影响。

2. 二手车销售定价的目标

二手车销售定价的目标是指二手车流通企业通过制定二手车的销售价格，凭借价格产生的效用来达到预期的目的。企业在定价以前，必须根据企业的内部和外部环境，制定出既不违背国家的方针政策，又能协调企业的其他经营目标的价格。企业定价目标类型较多，二手车流通企业要根据自己树立的市场观念和市场微观、宏观环境，确立自己的销售定价目标。企业定价目标主要有两大类，即以获取利润为目标和以占领市场为目标。

（1）以获取利润为目标。

利润是评价和分析二手车流通企业营销工作优劣的一项综合性指标，是二手车流通企业最主要的资金来源。以利润为定价目标有3种基本形式：预期收益、最大利润和合理利润。

①获取预期收益的目标。预期收益目标是指二手车流通企业以预期利润（包括预交税金）为定价基点，并以利润加上商品的完全成本构成价格出售商品，从而获取预期收益的一种定价目标。

预期收益目标有长期和短期之分，大多数企业都采用长期目标。预期收益高低的确定，应当考虑商品的质量与功能、同期的银行利率、消费者对价格的反应以及企业在同类企业中的地位和在市场竞争中的实力等因素。预期收益定得过高，企业会处于市场竞争的不利地位，定得过低，又会影响企业的利润，使投资回收期延长。一般情况下，预期收益适中，可能获得长期稳定的收益。

②获取最大利润目标。最大利润目标是指二手车流通企业在一定时期内综合考虑各种因素后，以总收入减去总成本的最大差额为基点，确定单位商品的价格，以取得最大利润的一种定价目标。

最大利润是企业在一定时期内可能并准备实现的最大利润总额，而不是单位商品的最高价格，最高价格不一定能获取最大利润。当企业的产品在市场上处于绝对有利地位时，往往采取这种定价目标，它能够使企业在短期内获得高额利润。最大利润一般应以长期的总利润为目标，在个别时期，甚至允许以低于成本的价格出售，以便招徕顾客。

③获取合理利润目标。合理利润目标是指二手车流通企业在补偿正常情况下的社会平均成本基础上，适当地加上一定的利润作为商品销售价格，以获取正常情况下合理利润的一种定价目标。企业在自身力量不足，不能实行最大利润目标或预期收益目标时，往往采取这一定价目标。这种定价目标以稳定市场价格、避免不必要的竞争、获取长期利润为前提，因而商品价格适中，顾客乐于接受，政府积极鼓励。

（2）以占领市场为目标。

以市场占有率为定价目标是一种志存高远的选择方式。市场占有率是指一定时期内某二手车流通企业的销售量占当地细分市场销售总量的份额。市场占有率高意味着企业的竞争能力较强，说明企业对消费信息把握得较准确、充分。资料表明，企业利润与市场占有率正向相关。提高市场占有率是增加企业利润的有效途径。

由于企业所处的市场营销环境不同，自身条件与营销目标不同，企业定价目标也大相径庭。因此，二手车流通企业应在综合考虑市场环境、自身实力及经营目标的基础上，将利润目标和占领市场目标结合起来，兼顾企业的眼前利益与长远利益，来确定适当的定价目标。

3. 二手车销售定价的方法

定价方法是二手车流通企业为了在细分市场实现定价目标，给产品制定基本价格和浮动范围的技术思路。由于成本、需求和竞争是影响企业定价的最基本因素，产品成本决定了价格的最低限，产品本身的特点决定了需求状况，从而确定了价格的最高限，竞争者产品与价格又为定价提供了参考的基点，因此形成了以成本、需求、竞争为导向的三大基本定价思路。

（1）成本导向定价法。

成本导向定价法可分为成本加成定价法、目标收益定价法和边际成本定价法3种。

①成本加成定价法。成本加成定价法也称为加额定价法、标高定价法或成本基数法，是一种应用比较普遍的定价方法。它首先确定单位产品总成本（包括单位变动成

本和平均分摊的固定成本），然后在单位产品总成本基础上加上一定比例的（即成数）利润从而形成产品的单位销售价格。该方法的计算公式是：

单位产品价格＝单位产品总成本×(1+成本加成率)

由此可以看到，成本加成定价法的关键是成本加成率的确定。一般来说，加成率应与单位产品成本成反比，与资金周转率成反比，与需求价格弹性成反比，需求价格弹性保持不变时，加成率也应保持相对稳定。

②目标收益定价法。目标收益定价法又称投资收益率定价法，是根据企业的投资总额、预期销量和投资回收期等因素来确定销售价格。在产品供不应求的条件下，或产品需求的价格弹性很小的细分市场中，可以采用目标收益法。

③边际成本定价法。边际成本是指每增加或减少单位产品所引起的总成本的增加量或减少量。采用边际成本定价法时是以单位产品的边际成本作为定价依据和可接受价格的最低界限。当销售价格高于边际成本时，企业出售产品的收入除完全补偿变动成本外，还可用来补偿一部分固定成本，甚至可能提供利润。在竞争激烈的市场条件下，边际成本定价法具有极大的灵活性，对于有效地应对竞争、开拓新市场、调节需求的季节差异、形成最优产品组合能够发挥巨大的作用。

（2）需求导向定价法。

需求导向定价是以消费者的认知价值、需求强度以及对价格的承受能力为依据，以市场占有率、品牌形象和最终利润为目标，真正按照有效需求来制定价格。需求导向定价法也称顾客导向定价法，是二手车流通企业根据市场需求状况和消费者的不同反应来确定产品价格的一种定价方式。其特点是：平均成本相同的同一产品的价格随市场需求变化而变化，一般是以该产品的历史价格为基础，根据市场需求变化情况，在一定的幅度内变动价格，致使同一商品可以按两种或两种以上价格销售。这种差价可以因顾客的购买能力、对产品的需求情况、产品的型号和式样以及时间、地点等因素的差异而采用不同的形式。

（3）竞争导向定价法。

竞争导向定价是以企业所处的行业地位和竞争定位来制定价格的一种方法，是二手车流通企业根据市场竞争状况确定二手车销售价格的一种定价方式。其特点是：价格的制定与成本和需求直接关系不大，而主要以竞争对手的价格为参照物，并与竞争品价格保持一定的比例。即竞争品价格未变，即使产品成本或市场需求变动了，也应维持原价；竞争品价格变动，即使产品成本和市场需求未变，也要相应调整价格。

上述定价方法中，企业要考虑产品成本、市场需求和竞争形势，研究价格怎样适应这些因素，但在实际定价过程中，企业往往只能侧重于某一类因素，选择某种定价方法，并通过一定的定价政策对计算结果进行修订，而成本加成定价法深受欢迎，主要有以下原因：

①定价过程简化。由于成本的不确定性比需求的不确定性小得多，定价着眼于成本可以使定价工作大大简化，不必随时随需求情况的变化而频繁地调整，因而大大地简化了企业的定价工作。

②可降低价格竞争程度。只要同行业都采用这种定价方法，那么在成本与加成率相似的情况下价格也大致相同，这样可以使价格战的竞争减至最低限度。

③对买卖双方都较为公平。卖方不利用买方需求量增大的优势而趁机哄抬价格，因而有利于买方，固定的加成率也可以使卖方获得相当稳定的投资收益。

4. 二手车销售定价的策略

在二手车的市场营销中，尽管非价格竞争作用在增长，但价格仍然是影响销售的重要因素，是营销组合中的关键因素。定价是否恰当，不仅直接关系到二手车的销量和企业的利润，而且还影响企业其他营销策略的制定。定价策略的意义在于有利于挖掘新的市场机会，实现企业的整体目标。在市场经济条件下，价格决策是企业经营决策者面临的具有现实意义的重大课题。

二手车销售定价策略是指二手车流通企业根据不同因素对二手车价格的影响程度而采用不同的定价方法，制定出适合市场竞争的二手车销售价格，进而实现定价目标的营销战术。

二手车销售定价策略分为阶段定价策略、心理定价策略和折扣定价策略等。

（1）阶段定价策略。

所谓阶段定价策略就是根据产品寿命周期各阶段不同的市场特征而采用不同的定价目标和对策。产品投入期以打开市场为主，成长期以获取目标利润为主，成熟期以保持市场份额、利润总量最大为主，衰退期以回笼资金为主。另外还要兼顾不同时期的市场行情，相应调整销售价格。

（2）心理定价策略。

不同的消费者有不同的消费心理，有的注重经济实惠、物美价廉；有的注重产品的品牌，有的注重产品的文化情感含量；有的追赶消费潮流，等等。心理定价策略就是在补偿成本的前提下，按不同的需求心理确定价格水平和调价幅度。如尾数定价策略就是企业针对消费者的求廉心理，在二手车定价时有意制定一个带有尾数（故意不凑成整数）的价格。这是一种具有强烈刺激作用的心理定价策略。价格尾数的微小差别，能够明显影响消费者的购买行为，会给消费者一种经过精确计算的、最低价格的感觉，如某品牌的二手车标价 69998 元，给人以便宜的感觉，认为只要六万多（不到 7 万）就能买一辆保养不错的品牌二手车。

（3）折扣定价策略。

二手车流通企业在市场营销活动中，一般按照确定的目录价格或标价出售商品。

但随着市场环境的变化，为了促进销售者、顾客更多地销售和购买本企业的产品，往往根据交易数量、付款方式等条件的不同，在价格上给销售人员和顾客一定的让价空间，这种给销售人员或消费者的一定幅度的价格让利空间就是折扣。灵活运用价格折扣策略，可以刺激需求、刺激购买，有利于企业搞活经营，提高经济效益。

5. 二手车销售最终价格的确定

二手车流通企业通过以上程序制定的价格即是基本价格，只是确定了价格的范围和调整的途径。为了实现定价目标，二手车流通企业还需要考虑国家的价格政策、用户的要求、产品的性价比、品牌价值及公司的服务水平，运用各种灵活的定价策略对基本价格进行调整，同时将价格策略和其他营销策略结合起来，如针对不同消费心理的心理定价和让利促销的各种折扣定价等，以确定具体的最终市场价格。

三、二手车置换

随着汽车产业的快速发展以及人们收入的不断增加，汽车走入寻常百姓家，汽车保有量越来越多，同时人们对汽车的需求也越来越多样化，汽车置换作为汽车交易的一种方式逐渐显示出满足人们需要的优越性和调节汽车流通的重要作用。

1. 汽车置换的定义

置换业务源自海外，从国内正在实施的汽车置换业务来看，对汽车置换的定义有狭义和广义之分。从狭义上来说，汽车置换就是以旧换新业务。经销商通过二手车的收购与新车的对等销售获取利益。目前，狭义的置换业务在世界各国都已成为流行的销售方式。而广义的汽车置换概念则是指在以旧换新业务的基础上，还同时兼容二手车整新、跟踪服务及二手车在销售乃至折抵分期付款等项目的一系列业务组合，从而使之成为一种独立的营销方式。国际上发达国家二手车与新车的销售几乎为1:1，某些国家能达到2:1，甚至更高，我国的二手车市场虽然起步较晚，但目前的交易规模已经相当可观，年交易量近800万辆，占到新车交易量的三成左右，狭义置换业务也得到长足的发展；广义的置换业务在国内尚处于萌芽状态，亟待各方面的关心和扶持。

2. 国内汽车置换的模式

（1）我国汽车置换模式。

从国内的交易情况来看，目前在我国进行的汽车置换有3种模式：

①用本厂旧车置换新车（即以旧换新）。如厂家为"一汽大众"，车主可将旧捷达车折价卖给一汽大众的经销商，同时，在该经销商处再买一辆新宝来或捷达。

②用本品牌旧车置换新车。如品牌为"大众"，假设某车主拥有一辆捷达，现在想买一辆帕萨特，那么他可以在任何一家"大众"的经销商处进行置换，也就是把他

的捷达卖给经销商，交上差价，买到一辆帕萨特车。

③只要购买新车，置换的旧车不限品牌。国外基本上采用的都是这种置换方式，我国现在很多经销商也接受了这种方式。如上海通用汽车的"诚新二手车"开展的就是这种汽车置换模式，消费者可以用任何品牌的二手车置换别克品牌的新车。

第3种方式给予消费者最大的选择空间和便利，不过，这种方式对厂商和经销商而言非常具有挑战性。这是因为，我国的车主一般既不从一而终地在指定维修点进行维修保养，自己也不保留车辆的维修档案，车况不透明；再者，不同品牌、不同型号的车在技术和零部件上千差万别，特别是对于个别已经停产车型更换零部件将越来越麻烦，这些车到了经销商手里要再出售有一定难度。

此外，我国也出现了委托寄卖等置换新模式。委托寄卖主要分为：一是自行定价型，即由车主自行定价，委托商家代卖，成交后再支付佣金；二是二次付款型，即由商家先行支付部分费用，等到成交后再付余款，佣金按利润的一定比例来定；三是周期寄卖型，其方式是由商家向车主承诺交易周期，车价由双方共同确定，而佣金则以成交时间和成交金额双重标准来定。

车辆更新对于车主来说，是一个繁琐的过程，首先要到二手车市场把旧车卖掉，这其中要经历了解市场行情、咨询二手车价格、与二手车经纪公司讨价还价直至成交、办理各种手续和等待回款，至少要好几天，等拿到钱后再到新车市场买新车，又是一番周折。对于车主来说更新一部车要比买新车麻烦得多。在生活节奏日益加快的今天，人们期盼能否有一种便捷的以旧换新业务，使人们能够在自由选择新车的同时，又很方便地处理原有的旧车。因此，具有汽车置换资质的经销商作为中介的重要作用就显现出来。

（2）汽车置换授权经销商。

汽车置换授权经销商是我国汽车置换运作的中介主体。汽车置换授权经销商的车辆置换服务将消费者淘汰旧车和购买新车的过程结合在一起，一次完成甚至一站完成卖旧车、购新车的全部业务，为车主节省了时间，提供了便利。我国汽车置换授权经销商的汽车置换服务一般具有以下特点。

①打破车型限制。与以往的一些开展汽车置换的厂家或品牌专卖店不同，汽车置换授权经销商对所要置换的旧车以及选择购买的新车，都没有品牌及车型的限制，可以任意置换。汽车置换授权经销商采用汽车连锁超市的模式经营新车的销售，连锁超市中经营的汽车品牌众多，可以满足不同消费者的各种需求，也可根据顾客的要求，到指定的经销商处，为顾客购进指定的车辆，真正做到了无品牌限制地置换。

②让利置换，旧车增值。汽车置换授权经销商将车辆置换作为顾客购买新车的一项增值服务，与顾客将旧车出售给二手车经纪公司不同，汽车置换授权经销商通常是以二手车交易市场二手车收购的最高价格甚至更高的价格，确定二手车价格，经双方

认可后，置换二手车的钱款直接冲抵新车的价格。

　　汽车置换授权经销商有自己的二手车经纪公司，同时与二手车交易市场中的众多经纪公司保持联系，保证市场信息渠道的畅通，以及所置换的旧车能够有快速的销路。车况较好的旧车，汽车置换授权经销商经过整修后，补充到租赁车队中投放低端租车市场，用租赁收入弥补旧车的增值部分后，到二手车市场处置；或者发挥汽车置换授权经销商租车网络优势，在中小城市进行租赁运营。

　　③"全程一对一"的置换服务。汽车置换授权经销商汽车连锁销售提供的车辆置换服务，是一种"全程一对一"的服务模式。由于汽车置换授权经销商的业务涉及汽车租赁、销售、汽车金融以及二手车经纪，因此顾客在汽车置换授权经销商选择置换的购车方式后，从旧车定价、过户手续、到新车的贷款、购买、保险、牌照等过程都由汽车置换授权经销商公司内部的专业部门完成，保证了效率和服务水准。

　　④完善的售后服务。在汽车置换授权经销商通过置换购买的新车，汽车置换授权经销商将提供包括保险、救援、替换车、异地租车等服务在内的完善的售后服务。对于符合条件的顾客，汽车置换授权经销商还可以提供更加个性化的车辆保值回购计划，使顾客可以无须考虑再次更新时的车辆残值，安心使用车辆。

3. 汽车置换质量认证

　　汽车置换业务中一个最重要、最容易引起争议的问题就是置换旧车的质量问题。和新车交易相比，二手车市场存在很多信息不对称的地方，二手车评估本身就比较复杂，加上二手车交易又是"一旦售出，后果自理"，所以在购买二手车的时候，大部分的二手车买家并不信任卖家。

　　为了保障交易双方权益、减少纠纷，国外汽车厂商从20世纪90年代就开始对二手汽车进行质量认证，近几年我国的汽车厂商也开始进行这一业务。汽车厂家利用自己的技术、设备、人员以及信誉优势，对回购的二手车进行检测、修复，给当前庞大的二手车消费群体提供"放心车""明白车"，即使价格高于市场上的其他二手车，消费者也认为值得。同时汽车厂家介入二手车市场也为规范二手车市场、降低交通安全隐患带来积极影响。

　　（1）认证的基本概念。

　　经汽车厂商授权的汽车经销商将收上来的该品牌二手车进行一系列检测、维修之后，使该车成为经品牌认证的车辆，可以给予一定的质量担保和品质保证，这一过程就是二手车认证。

　　二手车认证的开展是市场对二手车刮目相看的首要原因，现在已经得到广泛的支持，很多汽车生产厂家还针对二手车推出一些令人鼓舞的消费措施。目前，认证方案项目一般包括：合格的质量要求、严格的检测标准、质量改进保证、过户保证以及比照新车销售推出的送货方案，一些大公司开展的认证还包括提供与新车一样利率的购车贷款。通过认证，顾客和经销商双方都从中得到了实惠。首先顾客对自己购买二手车的心态更加趋于平和，相应地，经销商也实现了认证车辆的溢价销售。而且，顾客不会有二手车刚买到手就发生故障的担忧，经销商也不必再面对恼怒顾客的争吵。

（2）我国的二手车认证。

我国二手车认证主要是在一些合资企业中开展，这其中以上汽通用公司和一汽大众公司为代表，我国一般的二手车认证流程如图 4-2 所示。

①上汽通用公司的二手车认证。上海通用汽车认证的二手车要经过多道程序的严格筛选。首先，认证的二手车有自己统一的品牌，是和诚信谐音的"诚新"，能通过认证，并打上这个牌子的二手车要达到以下条件：首先是无法律纠纷，非事故车，无泡水经历；其次使用不超过 5 年，行驶 10 万 km 以内；原来用途不是用于营运和租赁。

上汽通用的二手车认证有 106 项检验项目，这 106 项检验要进行两次，进场第一次，整修后还要进行一次。106 项检验主要包括车身、电气、底盘、制动等 6 大类，基本囊括了整个汽车的零配件。通过筛选的二手车，经过整修，再进行 106 项检测，全部合格后才能获得上海通用公司的认证书。经认证过的二手车出售后能获得半年或 10000km 的质量保证，在质保期间，如果车辆出现质量问题，客户可以在全国联网的品牌专业维修店获得免费修理和零配件更换。

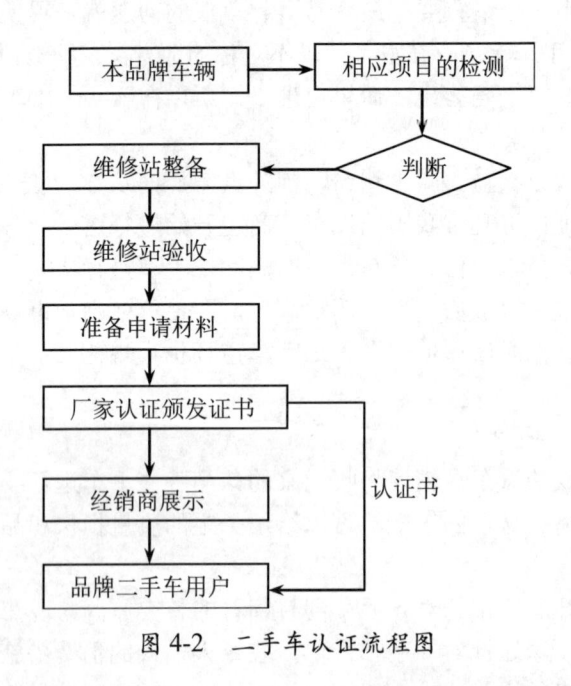

图 4-2 二手车认证流程图

②一汽大众的二手车认证。一汽大众的二手车认证有 138 项检测标准，包括：发

动机（检查压缩比、排放、点火正时等 11 项）；离合器（离合器线束调整、噪声检测等 5 项）；变速器（变速器各挡位操控性、变速器油油位等 8 项）；悬架（减振器泄漏等 5 项）；传动系统（差速器泄漏和噪声等 4 项）；转向系统（转向齿条等 7 项）；制动（制动蹄片磨损情况等 8 项）；制冷系统（管道泄漏等 4 项）；轮胎轮辋（前轮定位等 5 项）；仪表（仪表灯亮度等 15 项）；灯光系统（车内外灯光光线、报警灯等 10 项）；电子电器（蓄电池、各种熔断器等 8 项）；车辆外部（刮水器胶皮磨损等 7 项）；车辆内部（座椅、杯架、后视镜等 9 项）；空调（气流、风向等 6 项）；收音机及 CD（播放器、扬声器等 3 项）；内饰外观（各种塑料件、装饰件等 3 项）；车身及漆面（破裂、刮蹭等 5 项）；完备性（备胎、说明书等 7 项）；最终路试（操控性、循迹性等 11 项）。

4. 汽车置换的程序

汽车置换包括旧车出售和新车购买两个环节。不同的汽车置换授权经销商对汽车置换流程的规定不完全一样，一汽大众汽车置换流程如图 4-3 所示。

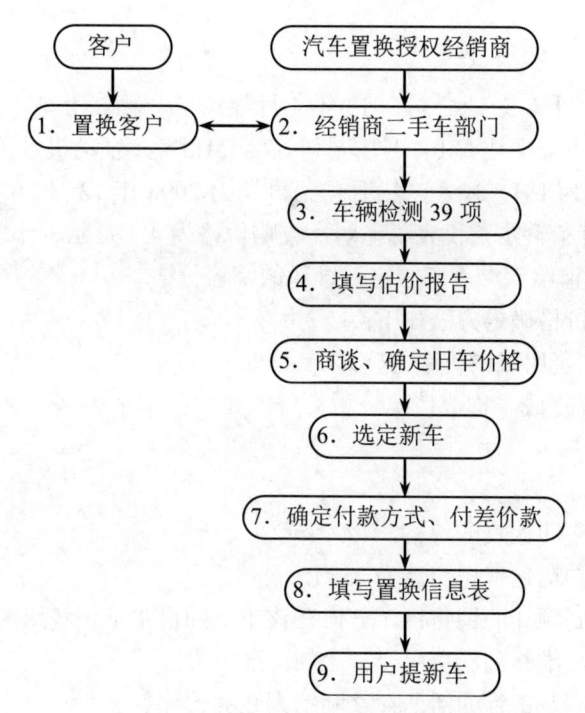

```
客户                    汽车置换授权经销商

1. 置换客户  ←→  2. 经销商二手车部门
                        ↓
                 3. 车辆检测 39 项
                        ↓
                 4. 填写估价报告
                        ↓
                 5. 商谈、确定旧车价格
                        ↓
                 6. 选定新车
                        ↓
                 7. 确定付款方式、付差价款
                        ↓
                 8. 填写置换信息表
                        ↓
                 9. 用户提新车
```

图 4-3　一汽大众二手车置换流程图

① 顾客通过电话或直接到汽车置换授权经销商处进行咨询，也可以登录汽车置换授权经销商的网站进行置换登记。

② 汽车评估定价。

③汽车置换授权经销商销售顾问陪同顾客选订新车。

④签订旧车购销协议以及置换协议。

⑤置换旧车的钱款直接冲抵新车的车款，顾客补足新车差价后，办理提车手续，或由汽车置换授权经销商的销售顾问协助在指定的经销商处提取所订车辆，汽车置换授权经销商提供一条龙服务。

⑥顾客如需贷款购新车，则置换旧车的钱款作为新车的首付款，汽车置换授权经销商为顾客办理购车贷款手续，提供汽车消费信贷所产生的资信管理服务，并建立个人资信数据库。

⑦汽车置换授权经销商办理旧车过户手续，顾客提供必要的协助和材料。

⑧汽车置换授权经销商为顾客提供全程后续服务。

在汽车置换中，新车可选择仍使用原车牌照，或上新牌照，购买新车需交钱款：新车价格 – 旧车评估价格，如果旧车贷款尚未还清，可由经销商垫付还清贷款，款项计入新车需交钱款。

四、范例

【例 4-1】某二手车经销公司 2013 年 4 月收购了一辆二手车，二手车的基本资料如下：品牌为一汽大众捷达 CIF，号牌号码辽 A55H3×，发动机号码 EK5647…，车辆识别代号 / 车架号为 LH×××，注册登记日期为 2008 年 12 月 20 日，年审检验合格至 2013 年 4 月，有车辆购置税完税证明，收购价格为 4.4 万元，计划该车欲于 2013 年 10 月前销售出去。请给该二手车制定一合适的销售价格。

解析：其销售价格确定方法如下：

（1）固定成本费用摊销售率的确定。

按该 4S 店的固定成本构成情况分析，分摊在二手车销售这一块的固定成本摊销售率为 1%。

（2）变动成本的确定。

①该车实体价格即为收购价格，4.4 万元。

②收购车辆时的运输费用合计为 25 元。

③从收购日起到预计的销售日，分摊在该车上的日常维护费用约 200 元。

④该车收购后，维修翻新费用合计 1800 元。

⑤车辆存放期间，银行的活期存款利率为 0.36%。

二手车的变动成本 =（收购价格 + 运输费用 + 维护费用 + 维修翻新费用）×（1+ 银行活期利率）

= (44000+25+200+1800)×(1+0.36%) =62594（元）

该二手车的总成本费用 = 收购价格 × 固定成本费用摊销率 + 变动成本

$$= 44000 \times 1\% + 62594 = 63034（元）$$

（3）确定销售价格。

按成本加成定价法，本车型属于大众车型，市场保有量较大，且销售情况平稳。根据销售时日的市场行情，一般成本加成率在 5% 左右。因此该车的销售价格为：

二手车销售价格 = 该车总成本 ×（1+ 成本加成率）
$$= 63034 \times (1+5\%) = 66185.7（元）$$

（4）确定最终价格。

①该 4S 店目前处于比较稳定的经营时期，二手车经销状况也比较稳定，故应以获取合理利润为目标，所以成本加成率不调整，即仍取 5%。

②该车不准备采用折扣定价策略，而上述计算结果中有精确的尾数，即采用尾数定价策略，只是取整即可，故该二手车的最终销售价格确定为 66186 元。

【例 4-2】引导客户办理二手车销售业务。

（1）二手车经销企业对车辆进行检测和整备。

（2）二手车经销企业对进入销售展示区的车辆按"车辆信息表"的要求填写有关信息，在显要位置予以明示，并可根据需要增加"车辆信息表"的有关内容。

（3）达成车辆销售意向的，二手车经销企业与买方签订销售合同，并将"车辆信息表"作为合同附件。

（4）按合同约定收取车款，向买方开具税务机关监制的统一发票，并如实填写成交价格。

（5）销售企业向买方提供质量保证书，并交付二手车。

（6）买方持规定的法定证明、凭证到公安机关交通管理部门办理转移登记手续。相关的证明、凭证包括以下种类：

①买方及其代理人的身份证明。

②机动车登记证书。

③机动车行驶证。

④二手车交易市场、经销企业、拍卖公司按规定开具的二手车销售统一发票。

⑤属于解除海关监管的车辆，应提供《中华人民共和国海关监管车辆解除监管证明书》。

（7）完成车辆转移登记后，买方应按国家有关规定，持新的机动车登记证书和机动车行驶证到有关部门办理车辆购置税、保险变更手续。

【任务实施】

实训一：二手车收购定价

（1）每 2 名学生分为一组，分别扮演二手车评估师和二手车收购者，二手车评估师要为二手车收购者讲解详细的收购流程及注意事项。

（2）老师为每组学生准备一辆二手车的详细资料，包括技术鉴定的资料和完善的税费证明以及各种证件，学生根据所学知识和能力，确定其收购价格，并将详细的计算过程编制成计算报告，上交老师。

（3）老师全程观察学生的表演过程并根据阅读计算报告给予学生综合考核成绩，完成表 4-3。

表 4-3　实训考核记录表

实训名称：二手车收购定价

学号		姓名	
项目	必要的记录	分值	评分
了解客户需求		10	
给客户讲解是否规范		10	
给客户讲解是否通俗易懂		10	
给客户讲解是否详细		10	
客户是否听明白		10	
报告的完整性		10	
报告的格式		10	
分析的准确性		10	
计算的准确性		10	
定价的合理性		10	
总评成绩		100	
老师评价： 　老师签字：　　年　月　日			

实训二：二手车销售定价

（1）每 2 名学生分为一组，分别扮演二手车评估师和二手车销售者，二手车评估师要为二手车销售者讲解详细的二手车销售流程及注意事项。

（2）老师为每组学生准备一辆二手车的详细资料，包括技术鉴定的资料和完善的税费证明以及各种证件，学生根据所学知识和能力，确定其销售价格，并将详细的计算过程编制成计算报告，上交老师。

（3）老师全程观察学生的表演过程并根据阅读计算报告给予学生综合考核成绩，完成表 4-3。

表 4-3　实训考核记录表

实训名称：二手车销售定价

学号		姓名	
项目	必要的记录	分值	评分
了解客户需求		10	
给客户讲解是否规范		10	
给客户讲解是否通俗易懂		10	
给客户讲解是否详细		10	
客户是否听明白		10	
报告的完整性		10	
报告的格式		10	
分析的准确性		10	
计算的准确性		10	
定价的合理性		10	
总评成绩		100	
老师评价：			
老师签字：　　年　　月　　日			

【项目总结】

随着汽车市场的迅速发展，二手车市场也每年以 25% 左右的速度扩张，二手车的交易主要是通过二手车流通企业的中介作用（二手车收购、二手车销售），当然也包括少量的买卖双方的直接交易，近几年出现的二手车置换实际上也是汽车经销商的销售业务的延伸，也就是将二手车的收购和新车的销售结合起来，促进业务量。

二手车交易相关环节包括的内容有签订二手车交易合同、二手车过户、二手车变更登记、二手车抵押登记、二手车注销登记、二手车转移登记以及二手车置换等。

二手车交易程序的主要环节有：车辆查验、车辆评估、车辆交易、初审受理、材料传送、过户制证、转出调档、材料回送、收费发还。

根据《二手车流通管理办法》规定，二手车交易双方应该签订交易合同，要在合同当中对二手车的状况、来源的合法性、费用负担以及出现问题的解决方法等各方面进行约定，以便分清各自的责任和义务。二手车交易合同按当事人在合同中处于出让、受让或居间中介的不同情况，可分为二手车买卖合同和二手车居间合同两种。

二手车交易就会带来汽车所有权的转让问题，也就是机动车要过户。机动车过户是指已注册登记的机动车辆的所有权发生转移，且原机动车辆所有人和现机动车辆所有人的住所在车辆管理所同一管辖区的，现机动车所有人应当于车辆所有权转移之日起30日内，到机动车辆管辖地车辆管理所申请办理过户登记手续。

无论是否交易，只要车辆的某些重要信息改变就要进行机动车变更登记，也就是机动车辆注册登记之后，如果车主改变了姓名或住址，须向车辆管理所申请变更登记，并在机动车登记证书上记载变更登记事项，交回原机动车行驶证，领取重新核发的机动车行驶证。

如果机动车所有人的住所迁出原车辆管理所管辖区的，或者机动车所有权发生转移且现机动车所有人的住所不在原车辆管理所管辖区的，现机动车所有人于住所迁出或者机动车所有权转移之日起30日内，向机动车管辖地车辆管理所申请办理转出登记手续。与之对应的就是机动车转入登记。

机动车所有人将机动车作为抵押物抵押的，应当向登记地车辆管理所申请抵押登记。

机动车在达到了国家规定的报废标准、灭失或者因故不在我国境内道路上使用的，机动车所有人到机动车管辖地车辆管理所申请办理注销登记手续。

在二手车的收购和销售过程中，最重要的环节就是定价问题。二手车的收购定价的影响因素有：车辆的总体价值、二手车收购后应支出的费用、市场宏观环境的变化、市场微观环境的变化、经营的需要以及品牌知名度和维修服务条件等；二手车销售定价的影响因素有：成本因素、市场供求关系、竞争状况、国家政策法令等。二手车流通企业在进行二手车收购和销售业务时，必须注意风险的防范。

【知识拓展】

试想一下：一辆北京牌照的 polo 家用轿车，开了 4 年，跑了 6 万公里，如果该车挂的是济南牌照，试问：分别在北京和济南作为二手车收购价格是否一样呢？简述你的理由。

【项目训练】

一、名词解释

机动车过户	机动车转出登记	机动车转入登记	机动车变更登记
二手车居间合同	机动车抵押登记	机动车注销登记	合理利润目标
最大利润目标	预期收益目标	心理定价	折扣定价
汽车置换			

二、简答题

1. 什么情况下不能办理机动车过户手续？
2. 什么情况下机动车需办理变更登记？
3. 简要说明二手车直接交易的一般程序。
4. 什么情况下可以进行二手车交易合同的变更或解除？
5. 什么情况下，二手车合同的一方当事人应当承担违约责任？
6. 如果针对二手车交易合同出现纠纷，可以通过哪些方式处理？
7. 二手车交易完成后，卖方应向买方交付哪些手续？
8. 简述办理二手车转移过户的程序。
9. 简述车辆保险合同变更的程序。
10. 影响二手车收购价格的因素有哪些？
12. 简述二手车收购定价的方法。
13. 简述影响二手车销售定价的因素有哪些？
14. 简单分析二手车销售定价的策略。

附录

【项目导读】

附录 A　机动车登记规定
附录 B　旧机动车鉴定估价师国家职业标准
附录 C　二手车流通管理办法
附录 D　二手车交易规范
附录 E　二手车鉴定评估技术规范

附录 A 机动车登记规定

中华人民共和国公安部令　　第 102 号令

第一章　总则

第一条　根据《中华人民共和国道路交通安全法》及其实施条例的规定，制定本规定。

第二条　本规定由公安机关交通管理部门负责实施。

省级公安机关交通管理部门负责本省（自治区、直辖市）机动车登记工作的指导、检查和监督。直辖市公安机关交通管理部门车辆管理所、设区的市或者相当于同级的公安机关交通管理部门车辆管理所负责办理本行政辖区内机动车登记业务。

县级公安机关交通管理部门车辆管理所可以办理本行政辖区内摩托车、三轮汽车、低速载货汽车登记业务。条件具备的，可以办理除进口机动车、危险化学品运输车、校车、中型以上载客汽车以外的其他机动车登记业务。具体业务范围和办理条件由省级公安机关交通管理部门确定。

警用车辆登记业务按照有关规定办理。

第三条　车辆管理所办理机动车登记，应当遵循公开、公正、便民的原则。

车辆管理所在受理机动车登记申请时，对申请材料齐全并符合法律、行政法规和本规定的，应当在规定的时限内办结。对申请材料不齐全或者其他不符合法定形式的，应当一次告知申请人需要补正的全部内容。对不符合规定的，应当书面告知不予受理、登记的理由。

车辆管理所应当将法律、行政法规和本规定的有关机动车登记的事项、条件、依据、程序、期限以及收费标准、需要提交的全部材料的目录和申请表示范文本等在办理登记的场所公示。

省级、设区的市或者相当于同级的公安机关交通管理部门应当在互联网上建立主页，发布信息，便于群众查阅机动车登记的有关规定，下载、使用有关表格。

第四条　车辆管理所应当使用计算机登记系统办理机动车登记，并建立数据库。不使用计算机登记系统登记的，登记无效。

计算机登记系统的数据库标准和登记软件全国统一。数据库能够完整、准确记录登记内容，记录办理过程和经办人员信息，并能够实时将有关登记内容传送到全国公安交通管理信息系统。计算机登记系统应当与交通违法信息系统和交通事故信息系统实行联网。

第二章　登记

第一节　注册登记

第五条　初次申领机动车号牌、行驶证的，机动车所有人应当向住所地的车辆管理所申请注册登记。

第六条　机动车所有人应当到机动车安全技术检验机构对机动车进行安全技术检验，取得机动车安全技术检验合格证明后申请注册登记。但经海关进口的机动车和国务院机动车产品主管部门认定免予安全技术检验的机动车除外。

免予安全技术检验的机动车有下列情形之一的，应当进行安全技术检验：

（一）国产机动车出厂后两年内未申请注册登记的；

（二）经海关进口的机动车进口后两年内未申请注册登记的；

（三）申请注册登记前发生交通事故的。

第七条　申请注册登记的，机动车所有人应当填写申请表，交验机动车，并提交以下证明、凭证：

（一）机动车所有人的身份证明；

（二）购车发票等机动车来历证明；

（三）机动车整车出厂合格证明或者进口机动车进口凭证；

（四）车辆购置税完税证明或者免税凭证；

（五）机动车交通事故责任强制保险凭证；

（六）法律、行政法规规定应当在机动车注册登记时提交的其他证明、凭证。

不属于经海关进口的机动车和国务院机动车产品主管部门规定免予安全技术检验的机动车，还应当提交机动车安全技术检验合格证明。

车辆管理所应当自受理申请之日起2日内，确认机动车，核对车辆识别代号拓印膜，审查提交的证明、凭证，核发机动车登记证书、号牌、行驶证和检验合格标志。

第八条　车辆管理所办理消防车、救护车、工程救险车注册登记时，应当对车辆的使用性质、标志图案、标志灯具和警报器进行审查。

车辆管理所办理全挂汽车列车和半挂汽车列车注册登记时，应当对牵引车和挂车分别核发机动车登记证书、号牌和行驶证。

第九条　有下列情形之一的，不予办理注册登记：

（一）机动车所有人提交的证明、凭证无效的；

（二）机动车来历证明被涂改或者机动车来历证明记载的机动车所有人与身份证

明不符的；

（三）机动车所有人提交的证明、凭证与机动车不符的；

（四）机动车未经国务院机动车产品主管部门许可生产或者未经国家进口机动车主管部门许可进口的；

（五）机动车的有关技术数据与国务院机动车产品主管部门公告的数据不符的；

（六）机动车的型号、发动机号码、车辆识别代号或者有关技术数据不符合国家安全技术标准的；

（七）机动车达到国家规定的强制报废标准的；

（八）机动车被人民法院、人民检察院、行政执法部门依法查封、扣押的；

（九）机动车属于被盗抢的；

（十）其他不符合法律、行政法规规定的情形。

第二节 变更登记

第十条 已注册登记的机动车有下列情形之一的，机动车所有人应当向登记地车辆管理所申请变更登记：

（一）改变车身颜色的；

（二）更换发动机的；

（三）更换车身或者车架的；

（四）因质量问题更换整车的；

（五）营运机动车改为非营运机动车或者非营运机动车改为营运机动车等使用性质改变的；

（六）机动车所有人的住所迁出或者迁入车辆管理所管辖区域的。

机动车所有人为两人以上，需要将登记的所有人姓名变更为其他所有人姓名的，可以向登记地车辆管理所申请变更登记。

属于本条第一款第（一）项、第（二）项和第（三）项规定的变更事项的，机动车所有人应当在变更后十日内向车辆管理所申请变更登记；属于本条第一款第（六）项规定的变更事项的，机动车所有人申请转出前，应当将涉及该车的道路交通安全违法行为和交通事故处理完毕。

第十一条 申请变更登记的，机动车所有人应当填写申请表，交验机动车，并提交以下证明、凭证：

（一）机动车所有人的身份证明；

（二）机动车登记证书；

（三）机动车行驶证；

（四）属于更换发动机、车身或者车架的，还应当提交机动车安全技术检验合格证明；

（五）属于因质量问题更换整车的，还应当提交机动车安全技术检验合格证明，但经海关进口的机动车和国务院机动车产品主管部门认定免予安全技术检验的机动车除外。

车辆管理所应当自受理之日起一日内，确认机动车，审查提交的证明、凭证，在机动车登记证书上签注变更事项，收回行驶证，重新核发行驶证。

车辆管理所办理本规定第十条第一款第（三）项、第（四）项和第（六）项规定的变更登记事项的，应当核对车辆识别代号拓印膜。

第十二条　车辆管理所办理机动车变更登记时，需要改变机动车号牌号码的，收回号牌、行驶证，确定新的机动车号牌号码，重新核发号牌、行驶证和检验合格标志。

第十三条　机动车所有人的住所迁出车辆管理所管辖区域的，车辆管理所应当自受理之日起三日内，在机动车登记证书上签注变更事项，收回号牌、行驶证，核发有效期为三十日的临时行驶车号牌，将机动车档案交机动车所有人。机动车所有人应当在临时行驶车号牌的有效期限内到住所地车辆管理所申请机动车转入。

申请机动车转入的，机动车所有人应当填写申请表，提交身份证明、机动车登记证书、机动车档案，并交验机动车。机动车在转入时已超过检验有效期的，应当在转入地进行安全技术检验并提交机动车安全技术检验合格证明和交通事故责任强制保险凭证。车辆管理所应当自受理之日起三日内，确认机动车，核对车辆识别代号拓印膜，审查相关证明、凭证和机动车档案，在机动车登记证书上签注转入信息，核发号牌、行驶证和检验合格标志。

第十四条　机动车所有人为两人以上，需要将登记的所有人姓名变更为其他所有人姓名的，应当提交机动车登记证书、行驶证、变更前和变更后机动车所有人的身份证明和共同所有的公证证明，但属于夫妻双方共同所有的，可以提供《结婚证》或者证明夫妻关系的《居民户口簿》。

变更后机动车所有人的住所在车辆管理所管辖区域内的，车辆管理所按照本规定第十一条第二款的规定办理变更登记。变更后机动车所有人的住所不在车辆管理所管辖区域内的，迁出地和迁入地车辆管理所按照本规定第十三条的规定办理变更登记。

第十五条　有下列情形之一的，不予办理变更登记：

（一）改变机动车的品牌、型号和发动机型号的，但经国务院机动车产品主管部门许可选装的发动机除外；

（二）改变已登记的机动车外形和有关技术数据的，但法律、法规和国家强制性标准另有规定的除外；

（三）有本规定第九条第（一）项、第（七）项、第（八）项、第（九）项规定情形的。

第十六条　有下列情形之一，在不影响安全和识别号牌的情况下，机动车所有人不需要办理变更登记：

（一）小型、微型载客汽车加装前后防撞装置；
（二）货运机动车加装防风罩、水箱、工具箱、备胎架等；
（三）增加机动车车内装饰。

第十七条 已注册登记的机动车，机动车所有人住所在车辆管理所管辖区域内迁移或者机动车所有人姓名（单位名称）、联系方式变更的，应当向登记地车辆管理所备案。

（一）机动车所有人住所在车辆管理所管辖区域内迁移、机动车所有人姓名（单位名称）变更的，机动车所有人应当提交身份证明、机动车登记证书、行驶证和相关变更证明。车辆管理所应当自受理之日起一日内，在机动车登记证书上签注备案事项，重新核发行驶证。

（二）机动车所有人联系方式变更的，机动车所有人应当提交身份证明和行驶证。车辆管理所应当自受理之日起一日内办理备案。

机动车所有人的身份证明名称或者号码变更的，可以向登记地车辆管理所申请备案。机动车所有人应当提交身份证明、机动车登记证书。车辆管理所应当自受理之日起一日内，在机动车登记证书上签注备案事项。

发动机号码、车辆识别代号因磨损、锈蚀、事故等原因辨认不清或者损坏的，可以向登记地车辆管理所申请备案。机动车所有人应当提交身份证明、机动车登记证书、行驶证。车辆管理所应当自受理之日起一日内，在发动机、车身或者车架上打刻原发动机号码或者原车辆识别代号，在机动车登记证书上签注备案事项。

第三节 转移登记

第十八条 已注册登记的机动车所有权发生转移的，现机动车所有人应当自机动车交付之日起三十日内向登记地车辆管理所申请转移登记。

机动车所有人申请转移登记前，应当将涉及该车的道路交通安全违法行为和交通事故处理完毕。

第十九条 申请转移登记的，现机动车所有人应当填写申请表，交验机动车，并提交以下证明、凭证：

（一）现机动车所有人的身份证明；
（二）机动车所有权转移的证明、凭证；
（三）机动车登记证书；
（四）机动车行驶证；
（五）属于海关监管的机动车，还应当提交《中华人民共和国海关监管车辆解除监管证明书》或者海关批准的转让证明；
（六）属于超过检验有效期的机动车，还应当提交机动车安全技术检验合格证明和交通事故责任强制保险凭证。

现机动车所有人住所在车辆管理所管辖区域内的，车辆管理所应当自受理申请之日起一日内，确认机动车，核对车辆识别代号拓印膜，审查提交的证明、凭证，收回号牌、行驶证，确定新的机动车号牌号码，在机动车登记证书上签注转移事项，重新核发号牌、行驶证和检验合格标志。

现机动车所有人住所不在车辆管理所管辖区域内的，车辆管理所应当按照本规定第十三条的规定办理。

第二十条 有下列情形之一的，不予办理转移登记：

（一）机动车与该车档案记载内容不一致的；

（二）属于海关监管的机动车，海关未解除监管或者批准转让的；

（三）机动车在抵押登记、质押备案期间的；

（四）有本规定第九条第（一）项、第（二）项、第（七）项、第（八）项、第（九）项规定情形的。

第二十一条 被人民法院、人民检察院和行政执法部门依法没收并拍卖，或者被仲裁机构依法仲裁裁决，或者被人民法院调解、裁定、判决机动车所有权转移时，原机动车所有人未向现机动车所有人提供机动车登记证书、号牌或者行驶证的，现机动车所有人在办理转移登记时，应当提交人民法院出具的未得到机动车登记证书、号牌或者行驶证的《协助执行通知书》，或者人民检察院、行政执法部门出具的未得到机动车登记证书、号牌或者行驶证的证明。车辆管理所应当公告原机动车登记证书、号牌或者行驶证作废，并在办理转移登记的同时，补发机动车登记证书。

第四节 抵押登记

第二十二条 机动车所有人将机动车作为抵押物抵押的，应当向登记地车辆管理所申请抵押登记；抵押权消灭的，应当向登记地车辆管理所申请解除抵押登记。

第二十三条 申请抵押登记的，机动车所有人应当填写申请表，由机动车所有人和抵押权人共同申请，并提交下列证明、凭证：

（一）机动车所有人和抵押权人的身份证明；

（二）机动车登记证书；

（三）机动车所有人和抵押权人依法订立的主合同和抵押合同。

车辆管理所应当自受理之日起一日内，审查提交的证明、凭证，在机动车登记证书上签注抵押登记的内容和日期。

第二十四条 申请解除抵押登记的，机动车所有人应当填写申请表，由机动车所有人和抵押权人共同申请，并提交下列证明、凭证：

（一）机动车所有人和抵押权人的身份证明；

（二）机动车登记证书。

人民法院调解、裁定、判决解除抵押的，机动车所有人或者抵押权人应当填写申请表，提交机动车登记证书、人民法院出具的已经生效的《调解书》、《裁定书》或者《判决书》，以及相应的《协助执行通知书》。

车辆管理所应当自受理之日起一日内，审查提交的证明、凭证，在机动车登记证书上签注解除抵押登记的内容和日期。

第二十五条　机动车抵押登记日期、解除抵押登记日期可以供公众查询。

第二十六条　有本规定第九条第（一）项、第（七）项、第（八）项、第（九）项或者第二十条第（二）项规定情形之一的，不予办理抵押登记。对机动车所有人提交的证明、凭证无效，或者机动车被人民法院、人民检察院、行政执法部门依法查封、扣押的，不予办理解除抵押登记。

第五节　注销登记

第二十七条　已达到国家强制报废标准的机动车，机动车所有人向机动车回收企业交售机动车时，应当填写申请表，提交机动车登记证书、号牌和行驶证。机动车回收企业应当确认机动车并解体，向机动车所有人出具《报废机动车回收证明》。报废的大型客、货车及其他营运车辆应当在车辆管理所的监督下解体。

机动车回收企业应当在机动车解体后七日内将申请表、机动车登记证书、号牌、行驶证和《报废机动车回收证明》副本提交车辆管理所，申请注销登记。

车辆管理所应当自受理之日起一日内，审查提交的证明、凭证，收回机动车登记证书、号牌、行驶证，出具注销证明。

第二十八条　除本规定第二十七条规定的情形外，机动车有下列情形之一的，机动车所有人应当向登记地车辆管理所申请注销登记：

（一）机动车灭失的；

（二）机动车因故不在我国境内使用的；

（三）因质量问题退车的。

已注册登记的机动车有下列情形之一的，登记地车辆管理所应当办理注销登记：

（一）机动车登记被依法撤销的；

（二）达到国家强制报废标准的机动车被依法收缴并强制报废的。

属于本条第一款第（二）项和第（三）项规定情形之一的，机动车所有人申请注销登记前，应当将涉及该车的道路交通安全违法行为和交通事故处理完毕。

第二十九条　属于本规定第二十八条第一款规定的情形，机动车所有人申请注销登记的，应当填写申请表，并提交以下证明、凭证：

（一）机动车登记证书；

（二）机动车行驶证；

（三）属于机动车灭失的，还应当提交机动车所有人的身份证明和机动车灭失证明；

（四）属于机动车因故不在我国境内使用的，还应当提交机动车所有人的身份证明和出境证明，其中属于海关监管的机动车，还应当提交海关出具的《中华人民共和国海关监管车辆进（出）境领（销）牌照通知书》；

（五）属于因质量问题退车的，还应当提交机动车所有人的身份证明和机动车制造厂或者经销商出具的退车证明。

车辆管理所应当自受理之日起一日内，审查提交的证明、凭证，收回机动车登记证书、号牌、行驶证，出具注销证明。

第三十条　因车辆损坏无法驶回登记地的，机动车所有人可以向车辆所在地机动车回收企业交售报废机动车。交售机动车时应当填写申请表，提交机动车登记证书、号牌和行驶证。机动车回收企业应当确认机动车并解体，向机动车所有人出具《报废机动车回收证明》。报废的大型客、货车及其他营运车辆应当在报废地车辆管理所的监督下解体。

机动车回收企业应当在机动车解体后七日内将申请表、机动车登记证书、号牌、行驶证和《报废机动车回收证明》副本提交报废地车辆管理所，申请注销登记。

报废地车辆管理所应当自受理之日起一日内，审查提交的证明、凭证，收回机动车登记证书、号牌、行驶证，并通过计算机登记系统将机动车报废信息传递给登记地车辆管理所。

登记地车辆管理所应当自接到机动车报废信息之日起一日内办理注销登记，并出具注销证明。

第三十一条　已注册登记的机动车有下列情形之一的，车辆管理所应当公告机动车登记证书、号牌、行驶证作废：

（一）达到国家强制报废标准，机动车所有人逾期不办理注销登记的；

（二）机动车登记被依法撤销后，未收缴机动车登记证书、号牌、行驶证的；

（三）达到国家强制报废标准的机动车被依法收缴并强制报废的；

（四）机动车所有人办理注销登记时未交回机动车登记证书、号牌、行驶证的。

第三十二条　有本规定第九条第（一）项、第（八）项、第（九）项或者第二十条第（一）项、第（三）项规定情形的之一的，不予办理注销登记。

第三章　其他规定

第三十三条　申请办理机动车质押备案或者解除质押备案的，由机动车所有人和典当行共同申请，机动车所有人应当填写申请表，并提交以下证明、凭证：

（一）机动车所有人和典当行的身份证明；

（二）机动车登记证书。

车辆管理所应当自受理之日起一日内，审查提交的证明、凭证，在机动车登记证书上签注质押备案或者解除质押备案的内容和日期。

有本规定第九条第（一）项、第（七）项、第（八）项、第（九）项规定情形之一的，不予办理质押备案。对机动车所有人提交的证明、凭证无效，或者机动车被人民法院、人民检察院、行政执法部门依法查封、扣押的，不予办理解除质押备案。

第三十四条　机动车登记证书灭失、丢失或者损毁的，机动车所有人应当向登记地车辆管理所申请补领、换领。申请时，机动车所有人应当填写申请表并提交身份证明，属于补领机动车登记证书的，还应当交验机动车。车辆管理所应当自受理之日起一日内，确认机动车，审查提交的证明、凭证，补发、换发机动车登记证书。

启用机动车登记证书前已注册登记的机动车未申领机动车登记证书的，机动车所有人可以向登记地车辆管理所申领机动车登记证书。但属于机动车所有人申请变更、转移或者抵押登记的，应当在申请前向车辆管理所申领机动车登记证书。申请时，机动车所有人应当填写申请表，交验机动车并提交身份证明。车辆管理所应当自受理之日起五日内，确认机动车，核对车辆识别代号拓印膜，审查提交的证明、凭证，核发机动车登记证书。

第三十五条　机动车号牌、行驶证灭失、丢失或者损毁的，机动车所有人应当向登记地车辆管理所申请补领、换领。申请时，机动车所有人应当填写申请表并提交身份证明。

车辆管理所应当审查提交的证明、凭证，收回未灭失、丢失或者损毁的号牌、行驶证，自受理之日起一日内补发、换发行驶证，自受理之日起十五日内补发、换发号牌，原机动车号牌号码不变。

补发、换发号牌期间应当核发有效期不超过十五日的临时行驶车号牌。

第三十六条　机动车具有下列情形之一，需要临时上道路行驶的，机动车所有人应当向车辆管理所申领临时行驶车号牌：

（一）未销售的；

（二）购买、调拨、赠予等方式获得机动车后尚未注册登记的；

（三）进行科研、定型试验的；

（四）因轴荷、总质量、外廓尺寸超出国家标准不予办理注册登记的特型机动车。

第三十七条　机动车所有人申领临时行驶车号牌应当提交以下证明、凭证：

（一）机动车所有人的身份证明；

（二）机动车交通事故责任强制保险凭证；

（三）属于本规定第三十六条第（一）项、第（四）项规定情形的，还应当提交机动车整车出厂合格证明或者进口机动车进口凭证；

（四）属于本规定第三十六条第（二）项规定情形的，还应当提交机动车来历证明，以及机动车整车出厂合格证明或者进口机动车进口凭证；

（五）属于本规定第三十六条第（三）项规定情形的，还应当提交书面申请和机动车安全技术检验合格证明。

车辆管理所应当自受理之日起一日内，审查提交的证明、凭证，属于本规定第三十六条第（一）项、第（二）项规定情形，需要在本行政辖区内临时行驶的，核发有效期不超过十五日的临时行驶车号牌；需要跨行政辖区临时行驶的，核发有效期不超过三十日的临时行驶车号牌。属于本规定第三十六条第（三）项、第（四）项规定情形的，核发有效期不超过九十日的临时行驶车号牌。

因号牌制作的原因，无法在规定时限内核发号牌的，车辆管理所应当核发有效期不超过十五日的临时行驶车号牌。

对具有本规定第三十六条第（一）项、第（二）项规定情形之一，机动车所有人需要多次申领临时行驶车号牌的，车辆管理所核发临时行驶车号牌不得超过三次。

第三十八条　机动车所有人发现登记内容有错误的，应当及时要求车辆管理所更正。车辆管理所应当自受理之日起五日内予以确认。确属登记错误的，在机动车登记证书上更正相关内容，换发行驶证。需要改变机动车号牌号码的，应当收回号牌、行驶证，确定新的机动车号牌号码，重新核发号牌、行驶证和检验合格标志。

第三十九条　已注册登记的机动车被盗抢的，车辆管理所应当根据刑侦部门提供的情况，在计算机登记系统内记录，停止办理该车的各项登记和业务。被盗抢机动车发还后，车辆管理所应当恢复办理该车的各项登记和业务。

机动车在被盗抢期间，发动机号码、车辆识别代号或者车身颜色被改变的，车辆管理所应当凭有关技术鉴定证明办理变更备案。

第四十条　机动车所有人可以在机动车检验有效期满前三个月内向登记地车辆管理所申请检验合格标志。

申请前，机动车所有人应当将涉及该车的道路交通安全违法行为和交通事故处理完毕。申请时，机动车所有人应当填写申请表并提交行驶证、机动车交通事故责任强制保险凭证、机动车安全技术检验合格证明。

车辆管理所应当自受理之日起一日内，确认机动车，审查提交的证明、凭证，核发检验合格标志。

第四十一条　除大型载客汽车以外的机动车因故不能在登记地检验的，机动车所有人可以向登记地车辆管理所申请委托核发检验合格标志。申请前，机动车所有人应当将涉及机动车的道路交通安全违法行为和交通事故处理完毕。申请时，应当提交机动车登记证书或者行驶证。

车辆管理所应当自受理之日起一日内，出具核发检验合格标志的委托书。

机动车在检验地检验合格后，机动车所有人应当按照本规定第四十条第二款的规定向被委托地车辆管理所申请检验合格标志，并提交核发检验合格标志的委托书。被委托地车辆管理所应当自受理之日起一日内，按照本规定第四十条第三款的规定核发检验合格标志。

第四十二条　机动车检验合格标志灭失、丢失或者损毁的，机动车所有人应当持行驶证向机动车登记地或者检验合格标志核发地车辆管理所申请补领或者换领。车辆管理所应当自受理之日起一日内补发或者换发。

第四十三条　办理机动车转移登记或者注销登记后，原机动车所有人申请办理新购机动车注册登记时，可以向车辆管理所申请使用原机动车号牌号码。

申请使用原机动车号牌号码应当符合下列条件：

（一）在办理转移登记或者注销登记后六个月内提出申请；

（二）机动车所有人拥有原机动车三年以上；

（三）涉及原机动车的道路交通安全违法行为和交通事故处理完毕。

第四十四条　确定机动车号牌号码采用计算机自动选取和由机动车所有人按照机动车号牌标准规定自行编排的方式。

第四十五条　机动车所有人可以委托代理人代理申请各项机动车登记和业务，但申请补领机动车登记证书的除外。对机动车所有人因死亡、出境、重病、伤残或者不可抗力等原因不能到场申请补领机动车登记证书的，可以凭相关证明委托代理人代理申领。

代理人申请机动车登记和业务时，应当提交代理人的身份证明和机动车所有人的书面委托。

第四十六条　机动车所有人或者代理人申请机动车登记和业务，应当如实向车辆管理所提交规定的材料和反映真实情况，并对其申请材料实质内容的真实性负责。

第四章　法律责任

第四十七条　有下列情形之一的，由公安机关交通管理部门处警告或者二百元以下罚款：

（一）重型、中型载货汽车及其挂车的车身或者车厢后部未按照规定喷涂放大的牌号或者放大的牌号不清晰的；

（二）机动车喷涂、粘贴标识或者车身广告，影响安全驾驶的；

（三）载货汽车、挂车未按照规定安装侧面及后下部防护装置、粘贴车身反光标识的；

（四）机动车未按照规定期限进行安全技术检验的；

（五）改变车身颜色、更换发动机、车身或者车架，未按照本规定第十条规定的时限办理变更登记的；

（六）机动车所有权转移后，现机动车所有人未按照本规定第十八条规定的时限办理转移登记的；

（七）机动车所有人办理变更登记、转移登记，机动车档案转出登记地车辆管理所后，未按照本规定第十三条规定的时限到住所地车辆管理所申请机动车转入的。

第四十八条　除本规定第十条和第十六条规定的情形外，擅自改变机动车外形和已登记的有关技术数据的，由公安机关交通管理部门责令恢复原状，并处警告或者五百元以下罚款。

第四十九条　以欺骗、贿赂等不正当手段取得机动车登记的，由公安机关交通管理部门收缴机动车登记证书、号牌、行驶证，撤销机动车登记；申请人在三年内不得申请机动车登记。对涉嫌走私、盗抢的机动车，移交有关部门处理。

以欺骗、贿赂等不正当手段办理补、换领机动车登记证书、号牌、行驶证和检验合格标志等业务的，由公安机关交通管理部门处警告或者二百元以下罚款。

第五十条　省、自治区、直辖市公安厅、局可以根据本地区的实际情况，在本规定的处罚幅度范围内，制定具体的执行标准。

对本规定的道路交通安全违法行为的处理程序按照《道路交通安全违法行为处理程序规定》执行。

第五十一条　交通警察违反规定为被盗抢、走私、非法拼（组）装、达到国家强制报废标准的机动车办理登记的，按照国家有关规定给予处分，经教育不改又不宜给予开除处分的，按照《公安机关组织管理条例》规定予以辞退；对聘用人员予以解聘。构成犯罪的，依法追究刑事责任。

第五十二条　交通警察有下列情形之一的，按照国家有关规定给予处分；对聘用人员予以解聘。构成犯罪的，依法追究刑事责任：

（一）不按照规定确认机动车和审查证明、凭证的；

（二）故意刁难，拖延或者拒绝办理机动车登记的；

（三）违反本规定增加机动车登记条件或者提交的证明、凭证的；

（四）违反本规定第四十四条的规定，采用其他方式确定机动车号牌号码的；

（五）违反规定跨行政辖区办理机动车登记和业务的；

（六）超越职权进入计算机登记系统办理机动车登记和业务，或者不按规定使用机动车登记系统办理登记和业务的；

（七）向他人泄漏、传播计算机登记系统密码，造成系统数据被篡改、丢失或者破坏的；

（八）利用职务上的便利索取、收受他人财物或者谋取其他利益的；

（九）强令车辆管理所违反本规定办理机动车登记的。

第五十三条　公安机关交通管理部门有本规定第五十一条、第五十二条所列行为之一的，按照国家有关规定对直接负责的主管人员和其他直接责任人员给予相应的处分。

公安机关交通管理部门及其工作人员有本规定第五十一条、第五十二条所列行为之一，给当事人造成损失的，应当依法承担赔偿责任。

第五章　附则

第五十四条　机动车登记证书、号牌、行驶证、检验合格标志的种类、式样，以及各类登记表格式样等由公安部制定。机动车登记证书由公安部统一印制。

机动车登记证书、号牌、行驶证、检验合格标志的制作应当符合有关标准。

第五十五条　本规定下列用语的含义：

（一）进口机动车是指：

1. 经国家限定口岸海关进口的汽车；
2. 经各口岸海关进口的其他机动车；
3. 海关监管的机动车；
4. 国家授权的执法部门没收的走私、无合法进口证明和利用进口关键件非法拼（组）装的机动车。

（二）进口机动车的进口凭证是指：

1. 进口汽车的进口凭证，是国家限定口岸海关签发的《货物进口证明书》；
2. 其他进口机动车的进口凭证，是各口岸海关签发的《货物进口证明书》；
3. 海关监管的机动车的进口凭证，是监管地海关出具的《中华人民共和国海关监管车辆进（出）境领（销）牌照通知书》；
4. 国家授权的执法部门没收的走私、无进口证明和利用进口关键件非法拼（组）装的机动车的进口凭证，是该部门签发的《没收走私汽车、摩托车证明书》。

（三）机动车所有人是指拥有机动车的个人或者单位。

1. 个人是指我国内地的居民和军人（含武警）以及香港、澳门特别行政区、台湾地区居民、华侨和外国人；
2. 单位是指机关、企业、事业单位和社会团体以及外国驻华使馆、领馆和外国驻华办事机构、国际组织驻华代表机构。

（四）身份证明是指：

1. 机关、企业、事业单位、社会团体的身份证明，是该单位的《组织机构代码证书》、加盖单位公章的委托书和被委托人的身份证明。机动车所有人为单位的内设机构，本身不具备领取《组织机构代码证书》条件的，可以使用上级单位的《组织机构代码证书》作为机动车所有人的身份证明。上述单位已注销、撤销或者破产，其机动车需要办理变更登记、转移登记、解除抵押登记、注销登记、解除质押备案、申领机动车登记证书和补、换领机动车登记证书、号牌、行驶证的,已注销的企业的身份证明,是工商行政管理部门出具的注销证明。已撤销的机关、事业单位、社会团体的身份证明,是其上级主管机关出具的有关证明。已破产的企业的身份证明,是依法成立的财产清算机构出具的有关证明;

2. 外国驻华使馆、领馆和外国驻华办事机构、国际组织驻华代表机构的身份证明,是该使馆、领馆或者该办事机构、代表机构出具的证明;

3. 居民的身份证明,是《居民身份证》或者《临时居民身份证》。在暂住地居住的内地居民,其身份证明是《居民身份证》或者《临时居民身份证》,以及公安机关核发的居住、暂住证明;

4. 军人(含武警)的身份证明,是《居民身份证》或者《临时居民身份证》。在未办理《居民身份证》前,是指军队有关部门核发的《军官证》《文职干部证》《士兵证》《离休证》《退休证》等有效军人身份证件,以及其所在的团级以上单位出具的本人住所证明;

5. 香港、澳门特别行政区居民的身份证明,是其入境时所持有的《港澳居民来往内地通行证》或者《港澳同胞回乡证》、香港、澳门特别行政区《居民身份证》和公安机关核发的居住、暂住证明;

6. 台湾地区居民的身份证明,是其所持有的有效期六个月以上的公安机关核发的《台湾居民来往大陆通行证》或者外交部核发的《中华人民共和国旅行证》和公安机关核发的居住、暂住证明;

7. 华侨的身份证明,是《中华人民共和国护照》和公安机关核发的居住、暂住证明;

8. 外国人的身份证明,是其入境时所持有的护照或者其他旅行证件、居(停)留期为六个月以上的有效签证或者居留许可,以及公安机关出具的住宿登记证明;

9. 外国驻华使馆、领馆人员、国际组织驻华代表机构人员的身份证明,是外交部核发的有效身份证件。

(五)住所是指:

1. 单位的住所为其主要办事机构所在地的地址;

2. 个人的住所为其身份证明记载的地址。在暂住地居住的内地居民的住所是公安机关核发的居住、暂住证明记载的地址。

(六)机动车来历证明是指:

1. 在国内购买的机动车,其来历证明是全国统一的机动车销售发票或者二手车交易发票。在国外购买的机动车,其来历证明是该车销售单位开具的销售发票及其翻译文本,但海关监管的机动车不需提供来历证明;

2. 人民法院调解、裁定或者判决转移的机动车,其来历证明是人民法院出具的已经生效的《调解书》《裁定书》或者《判决书》，以及相应的《协助执行通知书》；

3. 仲裁机构仲裁裁决转移的机动车，其来历证明是《仲裁裁决书》和人民法院出具的《协助执行通知书》；

4. 继承、赠予、中奖、协议离婚和协议抵偿债务的机动车，其来历证明是继承、赠予、中奖、协议离婚、协议抵偿债务的相关文书和公证机关出具的《公证书》；

5. 资产重组或者资产整体买卖中包含的机动车，其来历证明是资产主管部门的批准文件；

6. 机关、企业、事业单位和社会团体统一采购并调拨到下属单位未注册登记的机动车，其来历证明是全国统一的机动车销售发票和该部门出具的调拨证明；

7. 机关、企业、事业单位和社会团体已注册登记并调拨到下属单位的机动车，其来历证明是该单位出具的调拨证明。被上级单位调回或者调拨到其他下属单位的机动车，其来历证明是上级单位出具的调拨证明；

8. 经公安机关破案发还的被盗抢且已向原机动车所有人理赔完毕的机动车，其来历证明是《权益转让证明书》。

（七）机动车整车出厂合格证明是指：

1. 机动车整车厂生产的汽车、摩托车、挂车，其出厂合格证明是该厂出具的《机动车整车出厂合格证》；

2. 使用国产或者进口底盘改装的机动车，其出厂合格证明是机动车底盘生产厂出具的《机动车底盘出厂合格证》或者进口机动车底盘的进口凭证和机动车改装厂出具的《机动车整车出厂合格证》；

3. 使用国产或者进口整车改装的机动车，其出厂合格证明是机动车生产厂出具的《机动车整车出厂合格证》或者进口机动车的进口凭证和机动车改装厂出具的《机动车整车出厂合格证》；

4. 人民法院、人民检察院或者行政执法机关依法扣留、没收并拍卖的未注册登记的国产机动车，未能提供出厂合格证明的，可以凭人民法院、人民检察院或者行政执法机关出具的证明替代。

（八）机动车灭失证明是指：

1. 因自然灾害造成机动车灭失的证明是，自然灾害发生地的街道、乡、镇以上政府部门出具的机动车因自然灾害造成灭失的证明；

2. 因失火造成机动车灭失的证明是，火灾发生地的县级以上公安机关消防部门出具的机动车因失火造成灭失的证明；

3. 因交通事故造成机动车灭失的证明是，交通事故发生地的县级以上公安机关交通管理部门出具的机动车因交通事故造成灭失的证明。

（九）本规定所称"一日""二日""三日""五日""七日""十日""十五日"，

是指工作日，不包括节假日。

临时行驶车号牌的最长有效期"十五日""三十日""九十日"，包括工作日和节假日。

本规定所称以下、以上、以内，包括本数。

第五十六条　本规定自 2008 年 10 月 1 日起施行。2004 年 4 月 30 日公安部发布的《机动车登记规定》（公安部令第 72 号）同时废止。本规定实施前公安部发布的其他规定与本规定不一致的，以本规定为准。

附录 B 旧机动车鉴定估价师国家职业标准

(1999 年 4 月 30 日劳动和社会保障部颁布执行)

1. 职业背景

1.1 职业概况

1.1.1 职业名称：旧机动车鉴定估价师。

1.1.2 职业定义：通过目测、路试、检测及检查有关证件和票据等手段，对旧机动车进行技术状况鉴定，并评估定价。

1.1.3 职业等级：旧机动车鉴定估价师和旧机动车高级鉴定估价师。

1.2 职业条件

1.2.1 职业环境：可在室内外工作。

1.2.2 能力倾向：具有良好的语言表达能力、计算能力，观察判断能力，动作协调灵活。

1.2.3 文化程度：具有高中及以上文化程度（或同等学历）。

1.3 培训要求

1.3.1 培训期限：采取脱产培训，每期培训时间不低于 80 标准学时。

1.3.2 培训教师：汽车相关专业，市场营销专业，大学以上文化程度，中级以上技术职称。

1.3.3 培训场地：设备有良好的理论、实践教学基地，有完备的实习设备。

1.4 鉴定要求

1.4.1 适用对象：国家和地方商品流通行业管理部门批准成立的旧机动车交易中心（市场）及其他从事机动车租赁、拍卖、卖新收旧等业务的企、事业单位的从业人员。

1.4.2 申报条件

1.4.2.1 旧机动车鉴定估价师需同时具备以下条件：

（1）文化程度具备以下条件之一：

① 高中毕业，从事本行业工作 5 年以上；

② 中等专科学校毕业，非机动车专业，从事本行业工作 4 年以上；机动车专业，从事本行业工作 2 年以上；

③ 大专以上，非机动车专业，从事本行业工作 2 年以上。机动车专业，从事本行业工作 1 年以上。

（2）会驾驶机动车；

（3）具有一定的车辆性能判断能力；

（4）具有一定的机动车营销知识。

1.4.2.2　旧机动车高级鉴定估价师需同时具备以下条件：

（1）文化程度具备以下条件之一：

① 高中毕业，从事本行业工作 8 年以上；

② 中等专科学校毕业，非机动车专业，从事本行业工作 6 年以上；机动车专业，从事本行业工作 4 年以上；

③ 大学专科以上，非机动车专业，从事本行业工作 5 年以上；机动车专业，从事本行业工作 3 年以上。

（2）具有机动车驾驶证，驾龄不低于 3 年；

（3）具有较强的机动车性能判别能力；

（4）具有丰富的机动车营销知识和经验。

1.4.3　鉴定方式：理论知识考试采用笔试方式，实际技能考核采用实际操作、现场问答、模拟演示方式。考试、考核均采用百分制。理论知识考试成绩按标准答案评分，技能考核由 4 至 5 名考核员成立考评员成立考评小组，考评员按技能考核规定各自分别打分，取平均分为考核得分。

1.4.4　鉴定时间：理论知识考试为 120 分钟，实际技能考核为 60 分钟。

1.4.5　鉴定场所、设备

理论知识考试场地：教室；

实际技能考核场地：室内外；

实际技能考核设备：不同类型的旧机动车和有关设备。

2. 基本要求

2.1　职业道德

热爱本职工作，遵守职业道德，具有较高的政治素质和法制观念，从事业务要保证公正、公平、公开，不得利用职业之便损害国家、集体和个人利益。

2.2　基础知识

2.2.1　机动车结构和原理知识

2.2.2　旧机动车价格及营销知识

2.2.3　机动车驾驶技术

2.2.4　国家关于旧机动车管理的政策及法规

3. 技能要求（见附表 1 和附表 2）

附表1 旧机动车鉴定估价师技能要求

职业技能	工作内容	技能要求	相关知识	配分比例
一、咨询与服务	（一）业务接待	1. 能按岗位责任和规范要求，文明用语、礼貌待客； 2. 能够简要介绍旧机动车交易方式、程序和有关规定	1. 岗位责任和规范要求； 2. 旧机动车交易主要方式、程序和有关规定	1
	（二）法规咨询	1. 能向客户解答旧机动车交易的法定手续； 2. 能向客户说明不同车主、不同类型旧机动车交易的有关法规	1. 国家对不同车主、不同类型旧动车交易的规定； 2. 《汽车报废标准》《旧机动车交易管理办法》等	1
一、咨询与服务	（三）技术咨询	1. 能向客户解答机动车常用的技术参数、基本构造原理及使用性能； 2. 能识别机动车类别、国产车型号和进口汽车出厂日期； 3. 能根据客户提供的情况，初步鉴别旧机动车新旧程度	1. 机动车主要技术参数、使用性能及基本构造原理； 2. 机动车分类标准、国产车型号编制规则及进口车出厂日期的识别方法； 3. 鉴别机动车新旧程度基本方法	2
	（四）价格咨询	1. 能掌握机动车市场价格行情； 2. 能向客户简要介绍汽车市场的供求状况； 3. 能向客户介绍汽车交易所需的基本费用	1. 机动车价格行情、供求信息的收集渠道和方法； 2. 旧机动车交易各项费用及价格构成因素	1
二、手续检查	检查车辆各项手续	1. 能按规定检查旧机动车交易所需的各项手续； 2. 能识别旧机动车交易所需票证的真伪	1. 旧机动车交易手续和相关知识； 2. 旧机动车交易所需票证识伪常识	8

续表

职业技能	工作内容	技能要求	相关知识	配分比例
三、车况检测	（一）技术状况检查	1. 通过目测、耳听、试模等手段，能判断旧机动车外观和主要总成的基本状况； 2. 通过路试，能判断发动机动力性能、传动系、转向系、制动系、电路、油路等工作情况	1. 目测、耳听、试模检查旧机动车的方法和要领； 2. 路试检查旧机动车的方法和要领； 3. 机动车检测技术常识	40
	（二）技术状况检测	1. 能读懂机动车检测报告； 2. 会使用简单的检测仪器和设备		
四、技术鉴定	（一）机动车主要部件技术状况鉴定	1. 熟悉机动车主要部件正常工作的状态； 2. 能判定旧机动车主要部件的技术状况	1. 机动车主要部件的工作原理； 2. 检测报告数据分析方法； 3. 旧机动车技术状况等级鉴定方法	22
	（二）机动车整车技术状况鉴定	1. 能正确分析检测报告的数据； 2. 能判定旧动车整车的技术状况等级		
五、评估定价	（一）评估价格	1. 根据车况检测和技术鉴定结果，确定旧机动车的成新率； 2. 根据旧机动车成新率及市场行情，确定旧机动车价格	1. 确定旧机动车成新率的方法； 2. 旧机动车价格评估程序和方法	25
	（二）编写评估报告	能编写旧机动车鉴定估价报告	评估报告的格式、要求	

附表2　旧机动车高级鉴定估价师职业技能标准

职业技能	工作内容	技能要求	相关知识	配分比例
一、咨询与服务	（一）业务接待技能要求	1. 能合理运用社交礼仪及社交语言； 2. 能与国外客户进行简单交流； 3. 能发现客户的需求和交易动机，营造和谐的洽谈气氛	1. 营销工作中的公关语言、礼仪； 2. 常用外语口语； 3. 客户的需求心理、交易的动机等常识	1
	（二）法规咨询	1. 能向客户说明国家关于旧机动车交易的政策法规； 2. 能引导客户合法交易	国家关于旧机动车交易的政策法规	1
	（三）技术咨询	1. 能向客户解答说明机动车主要的工作原理； 2. 能向客户介绍机动车维修、保养常识； 3. 能为客户判断旧机动车常见故障； 4. 能理解国外常见车型代号的含义； 5. 能看懂进口汽车英文产品介绍、使用说明等技术资料	1. 机动车主要总成工作原理； 2. 机动车维修、保养常识； 3. 机动车常见故障； 4. 国外常见车辆型号的含义； 5. 汽车专业英语基础	2
	（四）价格咨询	1. 能通过计算机网络查询机动车价格行情和供求信息； 2. 能分析说明机动车市场价格、供求变化趋势； 3. 能根据车辆使用情况，初步估计旧机动车价格	1. 计算机信息系统软件使用方法； 2. 价格学、市场学基础知识； 3. 旧机动车价格粗估方法	1
	（五）投资咨询	1. 能帮助客户根据用途选择车型； 2. 能根据客户需要提供投资建议	1. 机动车用途及购买常识； 2. 机动车投资收益分析方法	2

续表

职业技能	工作内容	技能要求	相关知识	配分比例
二、手续检查	检查车辆各项手续	1. 能掌握机动车上路行驶所需的手续； 2. 能判别旧机动车交易所需票证的真伪	1. 机动车交通管理常识； 2. 机动车手续判别真伪知识	5
三、车况检测	（一）技术状况检查	1. 能识别事故车辆； 2. 能识别翻新、大修车辆； 3. 能发现旧机动车主要部件更换情况	1. 识别事故车辆、翻新车辆、大修车辆的方法； 2. 机动车维修常识； 3. 机动车基本的检测技术和方法	38
	（二）技术状况检测	1. 熟悉机动车检测的基本项目； 2. 能掌握机动车基本检测方法； 3. 会使用机动车常用的检测仪器和设备		
四、技术鉴定	（一）机动车主要部件的技术状况鉴定	熟知机动车主要部件的技术状况对整车性能的影响	1. 机动车部件损耗规律； 2. 旧机动车技术鉴定报告格式和内容	20
	（二）机动车整车技术状况分析与鉴定	能撰写旧机动车技术鉴定结果报告		
五、评估定价	（一）评估价格	1. 能掌握国家有关设备折旧规定和计算方法； 2. 能掌握和运用多种评估定价方法； 3. 能利用计算机鉴定估价软件进行估价	1. 设备折旧法； 2. 旧机动车估价软件使用方法； 3. 价格策略与常用定价方法；成本定价法、需求定价法、竞争定价	25
	（二）编写评估报告	能够运用计算机编写评估报告	计算机文字处理软件使用方法	

续表

职业技能	工作内容	技能要求	相关知识	配分比例
六、工作指导	指导鉴定估价的工作	1．了解机动车的发展动态； 2．能指导旧机动车鉴定估价师处理工作中遇到的较复杂问题； 3．能结合实际情况，对鉴定估价工作提出改进意见	机动车发展动态，以及鉴定估价的相关知识	5

本标准对旧机动车鉴定估价师的技能要求依次递进，高级鉴定估价师技能要求涵盖鉴定估价师的技能要求。

附录 C 二手车流通管理办法

(商务部、公安部、工商总局、税务总局令 2005 年第 2 号)

第一章 总则

第一条 为加强二手车流通管理，规范二手车经营行为，保障二手车交易双方的合法权益，促进二手车流通健康发展，依据国家有关法律、行政法规，制定本办法。

第二条 在中华人民共和国境内从事二手车经营活动或者与二手车相关的活动，适用本办法。

本办法所称二手车，是指从办理完注册登记手续到达到国家强制报废标准之前进行交易并转移所有权的汽车（包括三轮汽车、低速载货汽车，即原农用运输车，下同）、挂车和摩托车。

第三条 二手车交易市场是指依法设立、为买卖双方提供二手车集中交易和相关服务的场所。

第四条 二手车经营主体是指经工商行政管理部门依法登记，从事二手车经销、拍卖、经纪、鉴定评估的企业。

第五条 二手车经营行为是指二手车经销、拍卖、经纪、鉴定评估等。

（一）二手车经销是指二手车经销企业收购、销售二手车的经营活动；

（二）二手车拍卖是指二手车拍卖企业以公开竞价的形式将二手车转让给最高应价者的经营活动；

（三）二手车经纪是指二手车经纪机构以收取佣金为目的，为促成他人交易二手车而从事居间、行纪或者代理等经营活动；

（四）二手车鉴定评估是指二手车鉴定评估机构对二手车技术状况及其价值进行鉴定评估的经营活动。

第六条 二手车直接交易是指二手车所有人不通过经销企业、拍卖企业和经纪机构将车辆直接出售给买方的交易行为。二手车直接交易应当在二手车交易市场进行。

第七条 国务院商务主管部门、工商行政管理部门、税务部门在各自的职责范围内负责二手车流通有关监督管理工作。

省、自治区、直辖市和计划单列市商务主管部门（以下简称省级商务主管部门）、工商行政管理部门、税务部门在各自的职责范围内负责辖区内二手车流通有关监督管理工作。

第二章 设立条件和程序

第八条 二手车交易市场经营者、二手车经销企业和经纪机构应当具备企业法人条件，并依法到工商行政管理部门办理登记。

第九条 二手车鉴定评估机构应当具备下列条件：

（一）是独立的中介机构；

（二）有固定的经营场所和从事经营活动的必要设施；

（三）有3名以上从事二手车鉴定评估业务的专业人员（包括本办法实施之前取得国家职业资格证书的旧机动车鉴定估价师）；

（四）有规范的规章制度。

第十条 设立二手车鉴定评估机构，应当按下列程序办理：

（一）申请人向拟设立二手车鉴定评估机构所在地省级商务主管部门提出书面申请，并提交符合本办法第九条规定的相关材料；

（二）省级商务主管部门自收到全部申请材料之日起20个工作日内作出是否予以核准的决定，对予以核准的，颁发《二手车鉴定评估机构核准证书》；不予核准的，应当说明理由；

（三）申请人持《二手车鉴定评估机构核准证书》到工商行政管理部门办理登记手续。

第十一条 外商投资设立二手车交易市场、经销企业、经纪机构、鉴定评估机构的申请人，应当分别持符合第八条、第九条规定和《外商投资商业领域管理办法》、有关外商投资法律规定的相关材料报省级商务主管部门。省级商务主管部门进行初审后，自收到全部申请材料之日起1个月内上报国务院商务主管部门。合资中方有国家计划单列企业集团的，可直接将申请材料报送国务院商务主管部门。国务院商务主管部门自收到全部申请材料3个月内会同国务院工商行政管理部门，作出是否予以批准的决定，对予以批准的，颁发或者换发《外商投资企业批准证书》；不予批准的，应当说明理由。

申请人持《外商投资企业批准证书》到工商行政管理部门办理登记手续。

第十二条 设立二手车拍卖企业（含外商投资二手车拍卖企业）应当符合《中华人民共和国拍卖法》和《拍卖管理办法》有关规定，并按《拍卖管理办法》规定的程序办理。

第十三条 外资并购二手车交易市场和经营主体及已设立的外商投资企业增加二

手车经营范围的，应当按第十一条、第十二条规定的程序办理。

第三章 行为规范

第十四条 二手车交易市场经营者和二手车经营主体应当依法经营和纳税，遵守商业道德，接受依法实施的监督检查。

第十五条 二手车卖方应当拥有车辆的所有权或者处置权。二手车交易市场经营者和二手车经营主体应当确认卖方的身份证明，车辆的号牌、《机动车登记证书》、《机动车行驶证》，有效的机动车安全技术检验合格标志、车辆保险单、交纳税费凭证等。

国家机关、国有企事业单位在出售、委托拍卖车辆时，应持有本单位或者上级单位出具的资产处理证明。

第十六条 出售、拍卖无所有权或者处置权车辆的，应承担相应的法律责任。

第十七条 二手车卖方应当向买方提供车辆的使用、修理、事故、检验以及是否办理抵押登记、交纳税费、报废期等真实情况和信息。买方购买的车辆如因卖方隐瞒和欺诈不能办理转移登记，卖方应当无条件接受退车，并退还购车款等费用。

第十八条 二手车经销企业销售二手车时应当向买方提供质量保证及售后服务承诺，并在经营场所予以明示。

第十九条 进行二手车交易应当签订合同。合同示范文本由国务院工商行政管理部门制定。

第二十条 二手车所有人委托他人办理车辆出售的，应当与受托人签订委托书。

第二十一条 委托二手车经纪机构购买二手车时，双方应当按以下要求进行：

（一）委托人向二手车经纪机构提供合法身份证明；

（二）二手车经纪机构依据委托人要求选择车辆，并及时向其通报市场信息；

（三）二手车经纪机构接受委托购买时，双方签订合同；

（四）二手车经纪机构根据委托人要求代为办理车辆鉴定评估，鉴定评估所发生的费用由委托人承担。

第二十二条 二手车交易完成后，卖方应当及时向买方交付车辆、号牌及车辆法定证明、凭证。车辆法定证明、凭证主要包括：

（一）《机动车登记证书》；

（二）《机动车行驶证》；

（三）有效的机动车安全技术检验合格标志；

（四）车辆购置税完税证明；

（五）养路费缴付凭证；

（六）车船使用税缴付凭证；

（七）车辆保险单。

第二十三条 下列车辆禁止经销、买卖、拍卖和经纪：

（一）已报废或者达到国家强制报废标准的车辆；

（二）在抵押期间或者未经海关批准交易的海关监管车辆；

（三）在人民法院、人民检察院、行政执法部门依法查封、扣押期间的车辆；

（四）通过盗窃、抢劫、诈骗等违法犯罪手段获得的车辆；

（五）发动机号码、车辆识别代号或者车架号码与登记号码不相符，或者有凿改迹象的车辆；

（六）走私、非法拼（组）装的车辆；

（七）不具有第二十二条所列证明、凭证的车辆；

（八）在本行政辖区以外的公安机关交通管理部门注册登记的车辆；

（九）国家法律、行政法规禁止经营的车辆。

二手车交易市场经营者和二手车经营主体发现车辆具有（四）、（五）、（六）情形之一的，应当及时报告公安机关、工商行政管理部门等执法机关。

对交易违法车辆的，二手车交易市场经营者和二手车经营主体应当承担连带赔偿责任和其他相应的法律责任。

第二十四条 二手车经销企业销售、拍卖企业拍卖二手车时，应当按规定向买方开具税务机关监制的统一发票。

进行二手车直接交易和通过二手车经纪机构进行二手车交易的，应当由二手车交易市场经营者按规定向买方开具税务机关监制的统一发票。

第二十五条 二手车交易完成后，现车辆所有人应当凭税务机关监制的统一发票，按法律、法规有关规定办理转移登记手续。

第二十六条 二手车交易市场经营者应当为二手车经营主体提供固定场所和设施，并为客户提供办理二手车鉴定评估、转移登记、保险、纳税等手续的条件。二手车经销企业、经纪机构应当根据客户要求，代办二手车鉴定评估、转移登记、保险、纳税等手续。

第二十七条 二手车鉴定评估应当本着买卖双方自愿的原则，不得强制进行；属国有资产的二手车应当按国家有关规定进行鉴定评估。

第二十八条 二手车鉴定评估机构应当遵循客观、真实、公正和公开原则，依据国家法律法规开展二手车鉴定评估业务，出具车辆鉴定评估报告；并对鉴定评估报告中车辆技术状况，包括是否属事故车辆等评估内容负法律责任。

第二十九条 二手车鉴定评估机构和人员可以按国家有关规定从事涉案、事故车辆鉴定等评估业务。

第三十条 二手车交易市场经营者和二手车经营主体应当建立完整的二手车交易购销、买卖、拍卖、经纪以及鉴定评估档案。

第三十一条 设立二手车交易市场、二手车经销企业开设店铺，应当符合所在地城市发展及城市商业发展有关规定。

第四章 监督与管理

第三十二条 二手车流通监督管理遵循破除垄断，鼓励竞争，促进发展和公平、公正、公开的原则。

第三十三条 建立二手车交易市场经营者和二手车经营主体备案制度。凡经工商行政管理部门依法登记，取得营业执照的二手车交易市场经营者和二手车经营主体，应当自取得营业执照之日起2个月内向省级商务主管部门备案。省级商务主管部门应当将二手车交易市场经营者和二手车经营主体有关备案情况定期报送国务院商务主管部门。

第三十四条 建立和完善二手车流通信息报送、公布制度。二手车交易市场经营者和二手车经营主体应当定期将二手车交易量、交易额等信息通过所在地商务主管部门报送省级商务主管部门。省级商务主管部门将上述信息汇总后报送国务院商务主管部门。国务院商务主管部门定期向社会公布全国二手车流通信息。

第三十五条 商务主管部门、工商行政管理部门应当在各自的职责范围内采取有效措施，加强对二手车交易市场经营者和经营主体的监督管理，依法查处违法违规行为，维护市场秩序，保护消费者的合法权益。

第三十六条 国务院工商行政管理部门会同商务主管部门建立二手车交易市场经营者和二手车经营主体信用档案，定期公布违规企业名单。

第五章 附则

第三十七条 本办法自2005年10月1日起施行，原《商务部办公厅关于规范旧机动车鉴定评估管理工作的通知》（商建字[2004]第70号）、《关于加强旧机动车市场管理工作的通知》（国经贸贸易[2001]1281号）、《旧机动车交易管理办法》（内贸机字[1998]第33号）及据此发布的各类文件同时废止。

附录 D 二手车交易规范

(商务部公告 2006 年第 22 号)

第一章 总则

第一条 为规范二手车交易市场经营者和二手车经营主体的服务、经营行为,以及二手车直接交易双方的交易行为,明确交易规程,增加交易透明度,维护二手车交易双方的合法权益,依据《二手车流通管理办法》,制定本规范。

第二条 在中华人民共和国境内从事二手车交易及相关的活动适用于本规范。

第三条 二手车交易应遵循诚实、守信、公平、公开的原则,严禁欺行霸市、强买强卖、弄虚作假、恶意串通、敲诈勒索等违法行为。

第四条 二手车交易市场经营者和二手车经营主体应在各自的经营范围内从事经营活动,不得超范围经营。

第五条 二手车交易市场经营者和二手车经营主体应按下列项目确认卖方的身份及车辆的合法性:

(一)卖方身份证明或者机构代码证书原件合法有效;

(二)车辆号牌、机动车登记证书、机动车行驶证、机动车安全技术检验合格标志真实、合法、有效;

(三)交易车辆不属于《二手车流通管理办法》第二十三条规定禁止交易的车辆。

第六条 二手车交易市场经营者和二手车经营主体应核实卖方的所有权或处置权证明。车辆所有权或处置权证明应符合下列条件:

(一)机动车登记证书、行驶证与卖方身份证明名称一致;国家机关、国有企事业单位出售的车辆,应附有资产处理证明;

(二)委托出售的车辆,卖方应提供车主授权委托书和身份证明;

(三)二手车经销企业销售的车辆,应具有车辆收购合同等能够证明经销企业拥有该车所有权或处置权的相关材料,以及原车主身份证明复印件。原车主名称应与机动车登记证、行驶证名称一致。

第七条 二手车交易应当签订合同,明确相应的责任和义务。交易合同包括:收购合同、销售合同、买卖合同、委托购买合同、委托出售合同、委托拍卖合同等。

第八条 交易完成后,买卖双方应当按照国家有关规定,持下列法定证明、凭证向公安机关交通管理部门申办车辆转移登记手续：

（一）买方及其代理人的身份证明；

（二）机动车登记证书；

（三）机动车行驶证；

（四）二手车交易市场、经销企业、拍卖公司按规定开具的二手车销售统一发票；

（五）属于解除海关监管的车辆，应提供《中华人民共和国海关监管车辆解除监管证明书》。

车辆转移登记手续应在国家有关政策法规所规定的时间内办理完毕，并在交易合同中予以明确。

完成车辆转移登记后，买方应按国家有关规定，持新的机动车登记证书和机动车行驶证到有关部门办理车辆购置税、养路费变更手续。

第九条　二手车应在车辆注册登记所在地交易。二手车转移登记手续应按照公安部门有关规定在原车辆注册登记所在地公安机关交通管理部门办理。需要进行异地转移登记的，由车辆原属地公安机关交通管理部门办理车辆转出手续，在接收地公安机关交通管理部门办理车辆转入手续。

第十条　二手车交易市场经营者和二手车经营主体应根据客户要求提供相关服务，在收取服务费、佣金时应开具发票。

第十一条　二手车交易市场经营者、经销企业、拍卖公司应建立交易档案，交易档案主要包括以下内容：

（一）本规范第五条第二款规定的法定证明、凭证复印件；

（二）购车原始发票或者最近一次交易发票复印件；

（三）买卖双方身份证明或者机构代码证书复印件；

（四）委托人及授权代理人身份证或者机构代码证书以及授权委托书复印件；

（五）交易合同原件；

（六）二手车经销企业的《车辆信息表》（见附件一），二手车拍卖公司的《拍卖车辆信息》（见附件二）和《二手车拍卖成交确认书》（见附件三）；

（七）其他需要存档的有关资料。

交易档案保留期限不少于3年。

第十二条　二手车交易市场经营者、二手车经营主体发现非法车辆、伪造证照和车牌等违法行为，以及擅自更改发动机号、车辆识别代号（车架号码）和调整里程表等情况，应及时向有关执法部门举报，并有责任配合调查。

第二章 收购和销售

第十三条 二手车经销企业在收购车辆时，应按下列要求进行：

（一）按本规范第五条和第六条所列项目核实卖方身份以及交易车辆的所有权或处置权，并查验车辆的合法性；

（二）与卖方商定收购价格，如对车辆技术状况及价格存有异议，经双方商定可委托二手车鉴定评估机构对车辆技术状况及价值进行鉴定评估。达成车辆收购意向的，签订收购合同，收购合同中应明确收购方享有车辆的处置权；

（三）按收购合同向卖方支付车款。

第十四条 二手车经销企业将二手车销售给买方之前，应对车辆进行检测和整备。

二手车经销企业应对进入销售展示区的车辆按《车辆信息表》的要求填写有关信息，在显要位置予以明示，并可根据需要增加《车辆信息表》的有关内容。

第十五条 达成车辆销售意向的，二手车经销企业应与买方签订销售合同，并将《车辆信息表》作为合同附件。按合同约定收取车款时，应向买方开具税务机关监制的统一发票，并如实填写成交价格。

买方持本规范第八条规定的法定证明、凭证到公安机关交通管理部门办理转移登记手续。

第十六条 二手车经销企业向最终用户销售使用年限在 3 年以内或行驶里程在 6 万公里以内的车辆（以先到者为准，营运车除外），应向用户提供不少于 3 个月或 5000 公里（以先到者为准）的质量保证。质量保证范围为发动机系统、转向系统、传动系统、制动系统、悬挂系统等。

第十七条 二手车经销企业向最终用户提供售后服务时，应向其提供售后服务清单。

第十八条 二手车经销企业在提供售后服务的过程中，不得擅自增加未经客户同意的服务项目。

第十九条 二手车经销企业应建立售后服务技术档案。售后服务技术档案包括以下内容：

（一）车辆基本资料。主要包括车辆品牌型号、车牌号码、发动机号、车架号、出厂日期、使用性质、最近一次转移登记日期、销售时间、地点等；

（二）客户基本资料。主要包括客户名称（姓名）、地址、职业、联系方式等；

（三）维修保养记录。主要包括维修保养的时间、里程、项目等。

售后服务技术档案保存时间不少于 3 年。

第三章 经纪

第二十条 购买或出售二手车可以委托二手车经纪机构办理。委托二手车经纪机构购买二手车时,应按《二手车流通管理办法》第二十一条规定进行。

第二十一条 二手车经纪机构应严格按照委托购买合同向买方交付车辆、随车文件及本规范第五条第二款规定的法定证明、凭证。

第二十二条 经纪机构接受委托出售二手车,应按以下要求进行:
(一)及时向委托人通报市场信息;
(二)与委托人签订委托出售合同;
(三)按合同约定展示委托车辆,并妥善保管,不得挪作它用;
(四)不得擅自降价或加价出售委托车辆。

第二十三条 签订委托出售合同后,委托出售方应当按照合同约定向二手车经纪机构交付车辆、随车文件及本规范第五条第二款规定的法定证明、凭证。

车款、佣金给付按委托出售合同约定办理。

第二十四条 通过二手车经纪机构买卖的二手车,应由二手车交易市场经营者开具国家税务机关监制的统一发票。

第二十五条 进驻二手车交易市场的二手车经纪机构应与交易市场管理者签订相应的管理协议,服从二手车交易市场经营者的统一管理。

第二十六条 二手车经纪人不得以个人名义从事二手车经纪活动。

二手车经纪机构不得以任何方式从事二手车的收购、销售活动。

第二十七条 二手车经纪机构不得采取非法手段促成交易,以及向委托人索取合同约定佣金以外的费用。

第四章 拍卖

第二十八条 从事二手车拍卖及相关中介服务活动,应按照《拍卖法》及《拍卖管理办法》的有关规定进行。

第二十九条 委托拍卖时,委托人应提供身份证明、车辆所有权或处置权证明及其他相关材料。拍卖人接受委托的,应与委托人签订委托拍卖合同。

第三十条 委托人应提供车辆真实的技术状况,拍卖人应如实填写《拍卖车辆信息》。

如对车辆的技术状况存有异议,拍卖委托双方经商定可委托二手车鉴定评估机构对车辆进行鉴定评估。

第三十一条　拍卖人应于拍卖日 7 日前发布公告。拍卖公告应通过报纸或者其他新闻媒体发布，并载明下列事项：
（一）拍卖的时间、地点；
（二）拍卖的车型及数量；
（三）车辆的展示时间、地点；
（四）参加拍卖会办理竞买的手续；
（五）需要公告的其他事项。

拍卖人应在拍卖前展示拍卖车辆，并在车辆显著位置张贴《拍卖车辆信息》。车辆的展示时间不得少于 2 天。

第三十二条　进行网上拍卖，应在网上公布车辆的彩色照片和《拍卖车辆信息》，公布时间不得少于 7 天。

网上拍卖是指二手车拍卖公司利用互联网发布拍卖信息，公布拍卖车辆技术参数和直观图片，通过网上竞价，网下交接，将二手车转让给超过保留价的最高应价者的经营活动。

网上拍卖过程及手续应与现场拍卖相同。网上拍卖组织者应根据《拍卖法》及《拍卖管理办法》有关条款制定网上拍卖规则，竞买人则需要办理网上拍卖竞买手续。

任何个人及未取得二手车拍卖人资质的企业不得开展二手车网上拍卖活动。

第三十三条　拍卖成交后，买受人和拍卖人应签署《二手车拍卖成交确认书》。

第三十四条　委托人、买受人可与拍卖人约定佣金比例。

委托人、买受人与拍卖人对拍卖佣金比例未作约定的，依据《拍卖法》及《拍卖管理办法》有关规定收取佣金。

拍卖未成交的，拍卖人可按委托拍卖合同的约定向委托人收取服务费用。

第三十五条　拍卖人应在拍卖成交且买受人支付车辆全款后，将车辆、随车文件及本规范第五条第二款规定的法定证明、凭证交付给买受人，并向买受人开具二手车销售统一发票，如实填写拍卖成交价格。

第五章　直接交易

第三十六条　二手车直接交易方为自然人的，应具有完全民事行为能力。无民事行为能力的，应由其法定代理人代为办理，法定代理人应提供相关证明。

二手车直接交易委托代理人办理的，应签订具有法律效力的授权委托书。

第三十七条　二手车直接交易双方或其代理人均应向二手车交易市场经营者提供其合法身份证明，并将车辆及本规范第五条第二款规定的法定证明、凭证送交二手车交易市场经营者进行合法性验证。

第三十八条　二手车直接交易双方应签订买卖合同，如实填写有关内容，并承担相应的法律责任。

第三十九条　二手车直接交易的买方按照合同支付车款后，卖方应按合同约定及时将车辆及本规范第五条第二款规定的法定证明、凭证交付买方。

车辆法定证明、凭证齐全合法，并完成交易的，二手车交易市场经营者应当按照国家有关规定开具二手车销售统一发票，并如实填写成交价格。

第六章　交易市场的服务与管理

第四十条　二手车交易市场经营者应具有必要的配套服务设施和场地，设立车辆展示交易区、交易手续办理区及客户休息区，做到标识明显，环境整洁卫生。交易手续办理区应设立接待窗口，明示各窗口业务受理范围。

第四十一条　二手车交易市场经营者在交易市场内应设立醒目的公告牌，明示交易服务程序、收费项目及标准、客户查询和监督电话号码等内容。

第四十二条　二手车交易市场经营者应制定市场管理规则，对场内的交易活动负有监督、规范和管理责任，保证良好的市场环境和交易秩序。由于管理不当给消费者造成损失的，应承担相应的责任。

第四十三条　二手车交易市场经营者应及时受理并妥善处理客户投诉，协助客户挽回经济损失，保护消费者权益。

第四十四条　二手车交易市场经营者在履行其服务、管理职能的同时，可依法收取交易服务和物业等费用。

第四十五条　二手车交易市场经营者应建立严格的内部管理制度，牢固树立为客户服务、为驻场企业服务的意识，加强对所属人员的管理，提高人员素质。二手车交易市场服务、管理人员须经培训合格后上岗。

第七章　附则

第四十六条　本规范自发布之日起实施。

附件一：车辆信息表

车辆信息表

质量保证类别						
车 牌 号						
经销企业名称						
营业执照号码		地址				
车辆基本信息	车辆价格	¥ 元	品牌型号		车身颜色	
	初次登记	年 月 日	行驶里程	公里	燃料	
	发动机号		车架号码		生产厂家	
	出厂日期	年 月	年检到期	年 月	排放等级	
	结构特点	□自动挡　□手动挡　□ABS　□其他				
	使用性质	□营运　□出租车　□非营运　□营转非　□出租营转非　□教练车　□其他				
	交通事故记录 次数/类别/程度					
	重大维修记录 时间/部件					
法定证明、凭证	□号牌　□行驶证　□登记证　□年检证明　□车辆购置税完税证明 □养路费缴付证明　□车船使用税完税证明　□保险单　□其他					
车辆技术状况							
质量保证							
声明	本车辆符合《二手车流通管理办法》有关规定，属合法车辆。					

买方（签章）　　　　　　经销企业（签章）
经办人（签章）
　　　　　　　　　　　　年　月　日

备注：
1. 本表由经销企业负责填写。
2. 本表一式三份，一份用于车辆展示，其余作为销售合同附件。

填表说明：

1. 质量保证类别。车辆使用年限在 3 年以内或行使里程在 6 万公里以内（以先到者为准，营运车除外），填写"本车属于质量保证车辆"。

如果超出质量保证范围，则在质量保证类别栏中填写"本车不属于质量保证车辆"，质量保证栏填写"本公司无质量担保责任"。

2. 经销企业名称、营业执照号码及地址应按照企业营业执照所登记的内容填写。

3. 车辆基本信息按车辆登记证书所载信息填写。

（1）行驶里程按实际行驶里程填写。如果更换过仪表，应注明更换之前行驶里程；如果不能确定实际行驶里程，则应予以注明。

（2）年检到期日以车辆最近一次年检证明所列日期为准。

（3）车辆价格按二手车经销企业拟卖出价格填写，可以不是最终销售价。

（4）其他信息根据车辆具体情况，符合项在□中划√。

（5）使用性质按表中所列分类，符合项在□中划√。

（6）交通事故记录次数/类别/程度，应根据可查记录或原车主的描述以及在对车辆进行技术状况检测过程中发现的，对车辆有重大损害的交通事故次数、类别及程度填写。未发生过重大交通事故填写"无"。

（7）重大维修记录应根据可查记录或原车主的描述以及在车辆检测过程中发现的更换或维修车辆重要部件部分（比如发动机大中修等）填写有关内容。车辆未经过大中修填写"无"。

4. 法定证明、凭证等按表中所列项目，符合项在□中划√。

5. 车辆技术状况是指车辆在展示前，二手车经销企业对车辆技术状况及排放状况进行检测，检测项目及检测方式根据企业具体情况实施，并将检测结果在表中填写。同时，检验员应在表中相应位置签字。

6. 属于质量担保车辆的，经销企业根据交易车辆的实际情况，填写质量保证部件、里程和时间。一般情况下，质量保证可按以下内容填写：

（1）质量保证范围为从车辆售出之日起 3 个月或行驶 5000 公里，以先到为准。

（2）本公司在车辆销售之前或之后质量保证期内，保证车辆安全技术性能。

（3）质量保证不包括轮胎、电瓶、内饰和车身油漆，也不包括因车辆碰撞、车辆用于赛车或拉力赛等非正常使用造成的质量问题。

经销企业也可根据实际情况适当延长质量保证期限，放宽对使用年限和行驶里程的限制。

7. 当车辆实现销售时，由经销企业及其经办人和买方分别在签章栏中签章。

附件二：拍卖车辆信息表

拍卖车辆信息表

拍卖企业名称					
营业执照号码			地址		
拍卖时间		年 月 日	拍卖地点		
车辆基本信息	车牌号		厂牌型号		车身颜色
	初次登记日期	年 月 日	行驶里程	公里	燃料
	发动机号		车架号		
	出厂日期	年 月	发动机排量		
	年检到期日	年 月	生产厂家		
	结构特点	□自动挡　□手动挡　□ABS　□其他			
	使用性质	□营运 □出租车 □非营运 □营转非 □出租营转非 □教练车 □其他			
	交通事故记录次数/类别/程度				
	重大维修记录				
	其他提示				
法定证明、凭证等	□号牌□行驶证　□登记证　□年检证明　□车辆购置税完税证明　□养路费缴付证明　□车船使用税完税证明　□保险单　□其他				
车辆技术状况					
	检测日期		检测人		
质量保证					

续表

声明	本车辆符合《二手车流通管理办法》有关规定，属合法车辆。
其他载明事项	
拍卖人（签章）：	
备注	1. 本表由拍卖人填写。 2. 本表一式三份，一份用于车辆展示，其余作为拍卖成交确认书附件。

填表说明：

1. 拍卖企业名称、营业执照号码及地址应按照企业营业执照所登记的内容填写。
2. 拍卖时间、地点填写拍卖会举办的时间和地点。
3. 车辆基本信息按车辆登记证书所载信息填写。

（1）行驶里程按实际行驶里程填写。如果更换过仪表，应注明更换之前行驶里程；如果不能确定实际行驶里程，则应予以注明。

（2）年检到期日以车辆最近一次年检证明所列日期为准。

（3）其他信息根据车辆具体情况，符合项在□中划√。

（4）使用性质按表中所列分类，符合项在□中划√。

（5）交通事故记录次数/类别/程度，应根据可查记录或委托方的描述以及在对车辆进行技术状况检测过程中发现的，对车辆有重大损害的交通事故次数、类别及程度填写。确定未发生过重大交通事故填写"无"。

（6）重大维修记录应根据可查记录或委托方的描述以及在车辆检测过程中发现的更换或维修车辆重要部件部分（比如发动机大中修等）填写有关内容。确定未经过大中修填写"无"。

（7）拍卖企业应在其他提示栏中指出车辆存在的质量缺陷、未排除的故障等方面的瑕疵。

4. 法定证明、凭证等按表中所列项目，符合项在□中划√。
5. 车辆技术状况是指车辆在展示前，拍卖企业对车辆技术状况及排放状况进行检测，检测项目及检测方式根据企业具体情况实施，并将检测结果在表中填写。同时，检验员应在表中相应位置签字。
6. 有能力的拍卖企业可为拍卖车辆提供质量保证，质量担保范围可参照经销企业的《车辆信息表》有关要求。质量保证部件、里程和时间可根据实际情况由企业自行掌握。
7. 其他载明事项是拍卖企业需要对车辆进行特殊说明的事项。
8. 当车辆拍卖成交时，拍卖人在签章栏中签章。

附件三：二手车拍卖成交确认书

二手车拍卖成交确认书

拍卖人：
买受人：
签订地点：
签订时间：
经审核本拍卖标的手续齐全，符合国家有关规定，属于合法车辆。
　　拍卖人于 _____ 年 _____ 月 _____ 日在 _____ 举行拍卖会上，竞标号码为 _____ 的竞买人 _____，经过公开竞价，成功竞得 _____。拍卖标的物的详情见附件《拍卖车辆信息》。依照《二手车流通管理办法》《中华人民共和国拍卖法》及有关法律、行政法规之规定，双方签订拍卖成交确认书如下：
　　一、成交拍卖标的：拍卖编号为 _____ 的二手机动车，车牌号码为 _____。
　　二、成交价款及佣金：标的成交价款为人民币大写 _____ 元（¥ _____），佣金比例为成交总额的 _____%，佣金为人民币大写 _____ 元（¥ _____），合计大写 _____ 元（¥ _____）。
　　三、付款方式：拍卖标的已经拍定，其买受人在付足全款后方可领取该车。
　　四、交接：拍卖人在买受人付足全款后，应将拍出的车辆移交给买受人，并向买受人提供车辆转移登记所需的号牌、《机动车登记证书》、《机动车行驶证》、有效的机动车安全技术检验合格标志、车辆购置税完税证明、养路费缴付凭证、车船使用税缴付凭证、车辆保险单等法定证明、凭证。
　　五、转移登记：买受人应自领取车辆及法定证明、凭证之日起 30 日内，向公安机关交通管理部门申办转移登记手续。
　　六、质量保证：_____。
　　七、声明：买受人已充分了解拍卖标的全部情况，承认并且愿意遵守《中华人民共和国拍卖法》和国家有关法律、行政法规之各项条款。
　　八、其他约定事项：
_____
_____

买受人（签章）：　　　　　　　拍卖人（签章）：

法定代表人：　　　　　　　　　法定代表人：

附录 E 二手车鉴定评估技术规范

引 言

为规范二手车鉴定评估行为,营造公平、公正的二手车消费环境,保护消费者合法权益,促进汽车市场健康发展,制定本标准。

本标准在制定过程中,参考了国外二手车鉴定评估有关法规与行业标准的主要思路与方法。

1. 范围

本标准规定了二手车鉴定评估的术语和定义、企业要求、作业流程和方法等技术要求。

本标准适用于从事二手乘用车鉴定评估的活动。从事其他二手车鉴定评估,以及其他涉及汽车鉴定评估活动参照执行。

2. 规范性引用文件

下列规范所包含的条文,通过在本规范中引用而构成本规范的条文。本规范出版时,所示版本均为有效。所有规范都会被修订,使用本规范的各方应探讨使用下列规范最新版本的可能性。凡是不注明日期的引用文件,其最新版本适用于本规范。

《机动车运行安全技术条件》(GB7258—2004)。

3. 术语和定义

本规范采用下列定义:

3.1 二手车 used automobile

本规范所述二手车是指从办理完注册登记手续到达到国家强制报废标准之前进行交易并转移所有权的汽车。

3.2 二手车鉴定评估 appraisal and inspection

是指对二手车进行技术状况检测、鉴定,确定某一时点价值的过程。

3.2.1 二手车技术状况鉴定 technical inspection

对车辆技术状况进行缺陷描述、等级评定。

3.2.2 二手车价值评估 evaluation

根据二手车技术状况鉴定结果和鉴定评估目的,对目标车辆价值评估。价值评估方法主要包括现行市价法、重置成本法。

3.2.2.1 现行市价法 Current market price method
根据车辆技术状况按照市场现行价格计算出被评估车辆价值的方法。

3.2.2.2 重置成本法 Replacement cost method
按照相同车型市场现行价格重新购置一个全新状态的评估对象,用所需的全部成本减去评估对象的实体性、功能性和经济性陈旧贬值后的差额,以其作为评估对象现时价值的方法。

3.3 二手车鉴定评估机构 appraisal and inspection enterprises
从事二手车鉴定评估经营活动的第三方服务机构。

3.4 二手车鉴定评估师 appraiser 与高级二手车鉴定评估师 advanced appraiser
分别指依法取得二手车鉴定评估师、高级二手车鉴定评估师国家职业资格的人员。

4. 二手车鉴定评估机构条件和要求

4.1 场所
经营面积不少于 $200m^2$。

4.2 设施设备
4.2.1 具备汽车举升设备;
4.2.2 车辆故障信息读取设备、车辆结构尺寸检测工具或设备。
4.2.3 具备车辆外观缺陷测量工具、漆面厚度检测设备。
4.2.4 具备照明工具、照相机、螺丝刀、扳手等常用操作工具。

4.3 人员
具有 3 名以上二手车鉴定评估师,1 名以上高级二手车鉴定评估师。

4.4 其他
4.4.1 具备电脑等办公设施。
4.4.2 具备符合国家有关规定的消防设施。

5. 二手车鉴定评估程序

5.1 二手车鉴定评估作业流程
二手车鉴定评估机构开展二手车鉴定评估经营活动按图1流程作业,并按附录四填写《二手车鉴定评估作业表》。二手车经销、拍卖、经纪等企业开展业务涉及二手车鉴定评估活动的,参照图1有关内容和顺序作业,即查验可交易车辆——登记基本信息——判别事故车——鉴定技术状况,并参照附录三填写《二手车技术状况表》。

5.2 受理鉴定评估
了解委托方及其车辆的基本情况,明确委托方要求,主要包括委托方要求的评估目的、评估基准日、期望完成评估的时间等。

5.3 查验可交易车辆

5.3.1 查验机动车登记证书、行驶证、有效机动车安全技术检验合格标志、车辆购置税完税证明、车船使用税缴付凭证、车辆保险单等法定证明、凭证是否齐全，并按照表1检查所列项目是否全部判定为"Y"。

```
受理鉴定评估 ──→ 明确评估目的、评估对象和其他业务基本事项
      ↓
查验可交易车辆 ──→ 对不可交易的车辆，除特殊需要外，不进行技术鉴定和价值评估
      ↓
签订委托书 ──→ 拟订评估计划，安排鉴定评估人员
      ↓
登记基本信息 ──→ 车辆类别、名称、型号、生产厂家、初次登记日等
      ↓
判别事故车 ──是──→ 指出事故部位与事故状态，用代码表示
      ↓否
鉴定技术状况 ──→ 检查车身及重要部件、计算技术状况分值、描述缺陷、评定技术等级
      ↓
评估车辆价值
      ↓
撰写并出具鉴定评估报告 ──→ 向委托方出具鉴定评估报告
      ↓
归档工作底稿
```

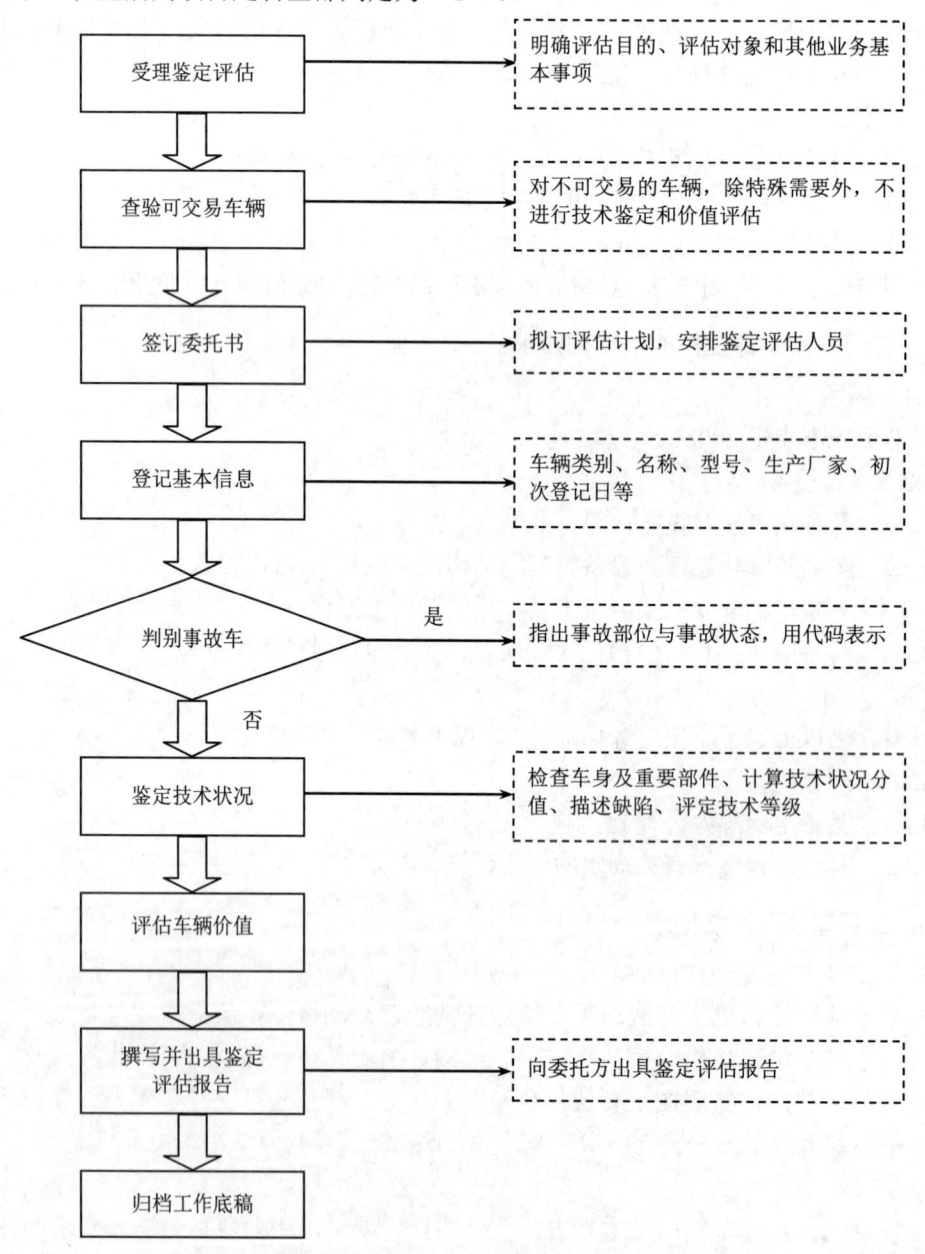

图1 二手车鉴定评估作业流程

表 1 可交易车辆判别表

序号	检查项目	判别
1	是否达到国家强制报废标准	Y 否 N 是
2	是否为抵押期间或海关监管期间	Y 否 N 是
3	是否为人民法院、检察院、行政执法等部门依法查封、扣押期间的车辆	Y 否 N 是
4	是否为通过盗窃、抢劫、诈骗等违法犯罪手段获得的车辆	Y 否 N 是
5	发动机号与机动车登记证书登记号码是否一致，且无凿改痕迹	Y 是 N 否
6	车辆识别代号或车架号码与机动车登记证书登记号码是否一致，且无凿改痕迹	Y 是 N 否
7	是否走私、非法拼组装车辆	Y 否 N 是
8	是否法律法规禁止经营的车辆	Y 否 N 是

5.3.2 如发现上述法定证明、凭证不全、或表一检查项目任何一项判别为"N"的车辆，应告知委托方，不需继续进行技术鉴定和价值评估（司法机关委托等特殊要求的除外）。

5.3.3 发现法定证明、凭证不全，或者表一中第 1 项、4 项至 8 项任意一项判断为"N"的车辆应及时报告公安机关等执法部门。

5.4 签订委托书

对相关证照齐全、表 1 检查项目全部判别为"Y"的，或者司法机关委托等特殊要求的车辆，按附件 1（见后）签署二手车鉴定评估委托书。

5.5 登记基本信息

5.5.1 登记车辆使用性质信息，明确营运与非营运车辆。

5.5.2 登记车辆基本情况信息，包括车辆类别、名称、型号、生产厂家、初次登记日期、表征行驶里程等。如果表征行驶里程如与实际车况明显不符，应在《二手车鉴定评估报告》或《二手车技术状况表》有关技术缺陷描述时予以注明。

5.6 判别事故车

5.6.1 参照图 2 所示车体部位，按照表 2 要求检查车辆外观，判别车辆是否发生过碰撞、火烧，确定车体结构是否完好无损或者有事故痕迹。

5.6.2 使用漆面厚度检测设备配合对车体结构部件进行检测；使用车辆结构尺寸检测工具或设备检测车体左右对称性。

5.6.3 根据表 2、表 3 对车体状态进行缺陷描述。即：车身部位＋状态。例：4SH，即：左 C 柱有烧焊痕迹。

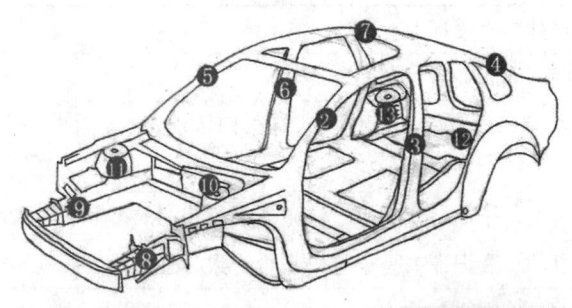

5.6.4 当表2中任何一个检查项目存在表3中对应的缺陷时,则该车为事故车。

5.6.5 事故车的车辆技术鉴定和价值评估不在本规范的范围之内。

2 左A柱　　6 右B柱　　10 左减震器悬挂部位
3 左B柱　　7 右C柱　　11 右减震器悬挂部位
4 左C柱　　8 左纵梁　　12 左后减震器悬挂部位
5 右A柱　　9 右纵梁　　13 右后减震器悬挂部位

图2 车体结构示意图

表2 车体部位代码表

序号	检查项目	序号	检查项目
1	车体左右对称性	8	左前纵梁
2	左A柱	9	右前纵梁
3	左B柱	10	左前减震器悬挂部位
4	左C柱	11	右前减震器悬挂部位
5	右A柱	12	左后减震器悬挂部位
6	右B柱	13	右后减震器悬挂部位
7	右C柱		

表3 车辆缺陷状态描述对应表

代表字母	BX	NQ	GH	SH	ZZ
缺陷描述	变形	扭曲	更换	烧焊	褶皱

5.7 鉴定车辆技术状况

5.7.1 按照车身、发动机舱、驾驶舱、启动、路试、底盘等项目顺序检查车辆技术状况。

5.7.2 根据检查结果确定车辆技术状况的分值。总分值为各个鉴定项目分值累加，即鉴定总分＝∑项目分值，满分 100 分。

5.7.3 根据鉴定分值，按照表 4 确定车辆对应的技术等级。

表4 车辆技术状况等级分值对应表

技术状况等级	分值区间
一级	鉴定总分≥90
二级	60≤鉴定总分＜90
三级	20≤鉴定总分＜60
四级	鉴定总分＜20
五级	事故车

5.8 评估车辆价值

5.8.1 根据按照车辆有关情况，确立估值方法，并对车辆价值进行估算。

5.8.2 估值方法选用原则：一般情况下，推荐选用现行市价法；在无参照物、无法使用现行市价法的情况下，选用重置成本法。

5.8.3 现行市价法的运用方法：评估价值为相同车型、配置和相同技术状况鉴定检测分值的车辆近期的交易价格；如无参照，可从本区域本月内的交易记录中调取相同车型、相近分值，或从相邻区域的成交记录中调取相同车型、相近分值的成交价格，并结合车辆技术状况鉴定分值加以修正。

5.8.4 当无任何参照体时，使用重置成本法计算车辆价值。

车辆评估价值＝更新重置成本 × 综合成新率

1. 更新重置成本为相同型号、配置的新车在评估基准日的市场零售价格；

2. 综合成新率由技术鉴定成新率与年限成新率组成，即：

综合成新率＝年限成新率 ×α + 技术鉴定成新率 ×β。其中，年限成新率＝预计车辆剩余使用年限/车辆使用年限（乘用车使用年限15年，超过15年的按实际年限计算；有年限规定的车辆、营运车辆按实际要求计算）；技术鉴定成新率＝车辆技术状况分值/100；α、β 分别为技术鉴定成新率与年限成新率系数，由评估人员根据市场行情等因素确定，且 $\alpha+\beta=1$。

技术鉴定成新率 ×β，相当于实体性陈旧贬值与功能性陈旧贬值后，车辆剩余的价值率；年限成新率 ×α，相当于经济性陈旧贬值后，车辆剩余的价值率。

5.9 撰写及出具鉴定评估报告

5.9.1 根据车辆技术状况鉴定等级和价值评估结果等情况，按照附件二（见后）要求撰写《二手车鉴定评估报告》，做到内容完整、客观、准确，书写工整。

5.9.2 按委托书要求及时向客户出具《二手车鉴定评估报告》，并由鉴定评估人与复核人签章、鉴定评估机构加盖公章。

5.10 归档工作底稿

将《二手车鉴定评估报告》及其附件与工作底稿独立汇编成册，存档备查。档案保存一般不低于 5 年；鉴定评估目的涉及财产纠纷的，其档案至少应当保存 10 年；法律法规另有规定的，从其规定。

6. 正常车辆技术状况鉴定有关要求

6.1 车身

6.1.1 参照图 3 标示，按照表 5、表 6 要求检查 26 个项目，程度为 1 的扣 0.5 分，每增加 1 个程度加扣 0.5 分。共计 20 分，扣完为止。轮胎部分需高于程度 4 的标准，不符合标准扣 1 分。

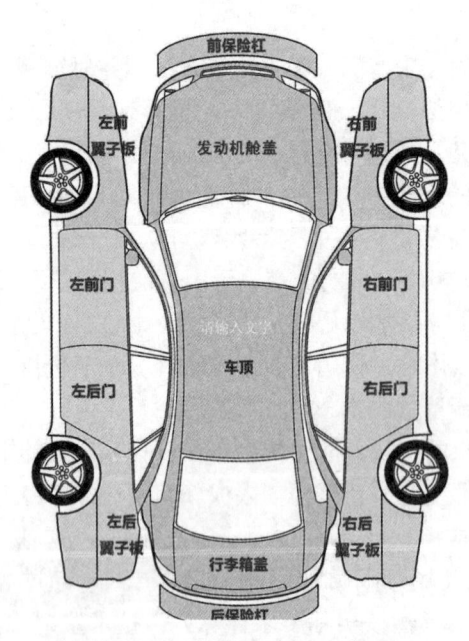

图 3 车身外观展开示意图

6.1.2 使用车辆外观缺陷测量工具与漆面厚度检测检测仪器结合目测法对车身外观进行检测。

6.1.3 根据表 5、表 6 描述缺陷，车身外观项目的转义描述为：车身部位 + 状态 + 程度。

例如，21XS2 对应描述为：左后车门有锈蚀，面积为大于 100mm×100mm，小于或等于 200mm×300mm。

表 5　车身外观部位代码对应表

代码	部位	代码	部位
14	发动机舱盖表面	27	后保险杠
15	左前翼子板	28	左前轮
16	左后翼子板	29	左后轮
17	右前翼子板	30	右前轮
18	右后翼子板	31	右后轮
19	左前车门	32	前大灯
20	右前车门	33	后尾灯
21	左后车门	34	前挡风玻璃
22	右后车门	35	后挡风玻璃
23	行李箱盖	36	四门风窗玻璃
24	行李箱内则	37	左后视镜
25	车顶	38	右后视镜
26	前保险杠	39	轮胎

表 6　车身外观状态描述对应表

代码	HH	BX	XS	LW	AX	XF
描述	划痕	变形	锈蚀	裂纹	凹陷	修复痕迹

程度：1——面积小于或等于 100mm×100mm；

2——面积大于 100mm×100mm 并小于或等于 200mm×300mm；

3——面积大于 200mm×300mm；

4——轮胎花纹深度小于 1.6mm。

6.2　发动机舱

按表 7 项要求检查 10 个项目。选择 A 不扣分，第 40 项选择 B 或 C 扣 15 分；第

41 项选择 B 或 C 扣 5 分；第 44 项选择 B 扣 2 分，选择 C 扣 4 分；其余各项选择 B 扣 1.5 分，选择 C 扣 3 分。共计 20 分，扣完为止。

如检查第 40 项时发现机油有冷却液混入、检查第 41 项时发现缸盖外有机油渗漏，则应在《二手车鉴定评估报告》或《二手车技术状况表》的技术状况缺陷描述中分别予以注明，并提示修复前不宜使用。

表 7　发动机舱检查项目作业表

序号	检查项目	A	B	C
40	机油有无冷却液混入	无	轻微	严重
41	缸盖外是否有机油渗漏	无	轻微	严重
42	前翼子板内缘、水箱框架、横拉梁有无凹凸或修复痕迹	无	轻微	严重
43	散热器格栅有无破损	无	轻微	严重
44	蓄电池电极桩柱有无腐蚀	无	轻微	严重
45	蓄电池电解液有无渗漏、缺少	无	轻微	严重
46	发动机皮带有无老化	无	轻微	严重
47	油管、水管有无老化、裂痕	无	轻微	严重
48	线束有无老化、破损	无	轻微	严重
49	其它	只描述缺陷，不扣分		

6.3　驾驶舱

按表 8 要求检查 15 个项目。选择 A 不扣分，第 50 项选择 C 扣 1.5 分；第 51、52 项选择 C 扣 0.5 分；其余项目选择 C 扣 1 分。共计 10 分，扣完为止。

如检查第 60 项时发现安全带结构不完整或者功能不正常，则应在《二手车鉴定评估报告》或《二手车技术状况鉴定书》的技术状况缺陷描述中予以注明，并提示修复或更换前不宜使用。

表 8　驾驶舱检查项目作业表

序号	检查项目	A	C
50	车内是否无水泡痕迹	是	否
51	车内后视镜、座椅是否完整、无破损、功能正常	是	否
52	车内是否整洁、无异味	是	否

续表

序号	检查项目	A	C
53	方向盘自由行程转角是否小于15度	是	否
54	车顶及周边内饰是否无破损、松动及裂缝和污迹	是	否
55	仪表台是否无划痕,配件是否无缺失	是	否
56	排档把手柄及护罩是否完好、无破损	是	否
57	储物盒是否无裂痕,配件是否无缺失	是	否
58	天窗是否移动灵活、关闭正常	是	否
59	门窗密封条是否良好、无老化	是	否
60	安全带结构是否完整、功能是否正常	是	否
61	驻车制动系统是否灵活有效	是	否
62	玻璃窗升降器、门窗工作是否正常	是	否
63	左、右后视镜折叠装置工作是否正常	是	否
64	其他	只描述缺陷,不扣分	

6.4 启动

按表9要求检查10个项目。选择A不扣分,第65、66项选择C扣2分;第67项选择C扣1分;第68至71项,选择C扣0.5分;第72、73项选择C扣10分。共计20分,扣完为止。

如检查第66项时发现仪表板指示灯显示异常或出现故障报警,则应查明原因,并在《二手车鉴定评估报告》或《二手车技术状况鉴定书》的技术状况缺陷描述中予以注明。

优先选用车辆故障信息读取设备对车辆技术状况进行检测。

表9 启动检查项目作业表

序号	检查项目	A	C
65	车辆启动是否顺畅(时间少于5秒,或一次启动)	是	否
66	仪表板指示灯显示是否正常,无故障报警	是	否
67	各类灯光和调节功能是否正常	是	否
68	泊车辅助系统工作是否正常	是	否
69	制动防抱死系统(ABS)工作是否正常	是	否
70	空调系统风量、方向调节、分区控制、自动控制、制冷工作是否正常	是	否
71	发动机在冷、热车条件下怠速运转是否稳定	是	否

续表

序号	检查项目	A	C
72	怠速运转时发动机是否无异响，空档状态下逐渐增加发动机转速，发动机声音过渡是否无异响	是	否
73	车辆排气是否无异常	是	否
74	其他	只描述缺陷，不扣分	

6.5 路试

按表10要求检查10个项目。选择A不扣分，选择C扣2分。共计15分，扣完为止。

如果检查第80项时发现制动系统出现刹车距离长、跑偏等不正常现象，则应在《二手车鉴定评估报告》或《二手车技术状况表》的技术缺陷描述中予以注明，并提示修复前不宜使用。

表10 路试检查项目作业表

序号	检查项目	A	C
75	发动机运转、加速是否正常	是	否
76	车辆启动前踩下制动踏板，保持5～10秒钟，踏板无向下移动的现象	是	否
77	踩住制动踏板启动发动机，踏板是否向下移动	是	否
78	行车制动系最大制动效能在踏板全行程的4/5以内达到	是	否
79	行驶是否无跑偏	是	否
80	制动系统工作是否正常有效、制动不跑偏	是	否
81	变速箱工作是否正常、无异响	是	否
82	行驶过程中车辆底盘部位是否无异响	是	否
83	行驶过程中车辆转向部位是否无异响	是	否
84	其他	只描述缺陷，不扣分	

6.6 底盘

按表11要求检查8个项目。选择A不扣分，第85、86项，选择C扣4分；第87、88项，选择C扣3分；第89、90、91项，选择C扣2分。共计15分，扣完为止。

表 11　底盘检查项目作业表

序号	检查项目	A	C
85	发动机油底壳是否无渗漏	是	否
86	变速箱体是否无渗漏	是	否
87	转向节臂球销是否无松动	是	否
88	三角臂球销是否无松动	是	否
89	传动轴十字轴是否无松框	是	否
90	减震器是否无渗漏	是	否
91	减震弹簧是否无损坏	是	否
92	其他	只描述缺陷，不扣分	

6.7　功能性零部件

对表 12 所示部件功能进行检查。结构、功能坏损的，直接进行缺陷描述，不计分。

表 12　车辆功能性零部件项目表

序号	类别	零部件名称	序号	类别	零部件名称
93	车身外部件	发动机舱盖锁止	105	随车附件	备胎
94		发动机舱盖液压撑杆	106		千斤顶
95		后门/后备箱液压支撑杆	107		轮胎扳手及随车工具
96		各车门锁止	108		三角警示牌
97		前后雨刮器	109		灭火器
98		立柱密封胶条	110	其它	全套钥匙
99		排气管及消音器	111		遥控器及功能
100		车轮轮毂	112		喇叭高低音色
101	驾驶舱内部件	车内后视镜	113	其他	玻璃加热功能
102		座椅调节及加热			
103		仪表板出风管道			
104		中央集控			

6.8　拍摄车辆照片

6.8.1　外观图片。分别从车辆左前部与右后部 45 度角拍摄外观图片各 1 张。拍摄外观破损部位带标尺的正面图片 1 张。

6.8.2　驾驶舱图片。分别拍摄仪表台操纵杆、前排座椅、后排座椅正面图片各 1 张，拍摄破损部位带标尺的正面图片 1 张。

6.8.3　拍摄发动机舱图片 1 张。

7. 二手车鉴定评估机构经营管理

7.1　有规范的名称、组织机构、固定场所和章程，遵守国家有关法律、法规及行规行约，客观公正地开展二手车鉴定评估业务。

7.2　在经营场所明显位置悬挂二手车鉴定评估机构核准证书和营业执照等证照，张贴二手车鉴定评估流程和收费标准。

7.3　二手车鉴定评估人员应严格遵守职业道德、职业操守和执业规范。

7.4　开展二手车鉴定评估活动应坚持客观、独立、公正、科学的原则，按照关联回避原则，回避与本机构、评估人有关联的当事人委托的鉴定评估业务。

7.5　建立内部培训考核制度，保证鉴定评估人员职业素质和鉴定评估工作质量。

7.6　建立和完善二手车鉴定评估档案制度，并根据评估对象及有关保密要求，合理确定适宜的建档内容、档案查阅范围和保管期限。

附件一：二手车鉴定评估委托书（示范文本）

委托书编号：_____

委托方名称（姓名）：　　　　　法人代码证（身份证）号：

鉴定评估机构名称：　　　　　　法人代码证：

委托方地址：　　　　　　　　　鉴定评估机构地址：

联系人：　　　　　　　　　　　电话：

因 □交易 □典当 □拍卖 □置换 □抵押 □担保 □咨询 □司法裁决需要，委托人与受托人达成委托关系，号牌号码为_____，车辆类型为_____，车架号（VIN码）为_____的车辆进行技术状况鉴定并出具评估报告书，___年___月___日前完成。

委托评估车辆基本信息

车辆情况	厂牌型号		使用用途	营运 □ 非营运 □
	总质量/座位/排量		燃料种类	
	初次登记日期	年 月 日	车身颜色	
	已使用年限	年 个月	累计行驶里程（万公里）	
	大修次数	发动机（次）	整车（次）	
	维修情况			
	事故情况			
价值反映	购置日期	年 月 日	原始价格（元）	
备注：				

委托方：（签字、盖章）　　　　　受托方：（签字、盖章）
　　　　　　　　　　　　　　　　（二手车鉴定评估机构盖章）
　　　年　月　日　　　　　　　　　　　　　年　月　日

1. 委托方保证所提供的资料客观真实，并负法律责任。
3. 仅对车辆进行鉴定评估。
4. 评估依据：《机动车运行安全技术条件》《二手车鉴定评估技术规范》等。
5. 评估结论仅对本次委托有效，不做它用。
6. 鉴定评估人员与有关当事人没有利害关系。
7. 委托方如对评估结论有异议，可于收到《二手车鉴定评估报告》之日起 10 日内向受托方提出，受托方应给予解释。

附件二：二手车鉴定评估报告（示范文本）

××××鉴定评估机构评报字（20　　年）第××号

一、绪言

　　_____（鉴定评估机构）接受_____的委托，根据国家有关评估及《二手车流通管理办法》和《二手车鉴定评估技术规范》的规定，本着客观、独立、公正、科学的原则，按照公认的评估方法，对牌号为_____的车辆进行了鉴定。本机构鉴定评估人员按照必要的程序，对委托鉴定评估的车辆进行了实地勘察与市场调查，并对其在_____年_____月_____日所表现的市场价值作出了公允反映。现将该车辆鉴定评估结果报告如下：

二、委托方信息

委托方：_____ 委托方联系人：_____ 联系电话：_____ 车主姓名/名称：（填写机动车登记证书所示的名称）

三、鉴定评估基准日

_____年_____月_____日

四、鉴定评估车辆信息

厂牌型号：_____　　　　牌照号码：_____

发动机号：_____　　　　车辆VIN码：_____

车身颜色：_____ 表征里程：_____ 初次登记日期：_____

年审检验合格至：_____年_____月　交强险截至日期：_____年_____月

车船税截至日期：_____年_____月

是否查封、抵押车辆：□是 □否　车辆购置税（费）证：□有 □无

机动车登记证书：□有 □无　机动车行驶证：□有 □无

未接受处理的交通违法记录：□有 □无

使用性质：□公务用车 □家庭用车 □营运用车 □出租车 □其他：_____

五、技术鉴定结果

技术状况缺陷描述：_____

_____

重要配置及参数信息：_____

_____

技术状况鉴定等级：_____　　等级描述：_____

六、价值评估

价值估算方法：□现行市价法□重置成本法□其他 _____

价值估算结果：车辆鉴定评估价值为人民币 _____ 元，金额大写：_____

七、特别事项说明

八、鉴定评估报告法律效力

本鉴定评估结果可以作为作价参考依据。本项鉴定评估结论有效期为90天，自鉴定评估基准日至 _____ 年 _____ 月 _____ 日止。

九、声明：

（1）本鉴定评估机构对该鉴定评估报告承担法律责任；

（2）本报告所提供的车辆评估价值为评估基准日的价值；

（3）该鉴定评估报告的使用权归委托方所有，其鉴定评估结论仅供委托方为本项目鉴定评估目的使用和送交二手车鉴定评估主管机关审查使用，不适用于其他目的，否则本鉴定评估机构不承担相应法律责任；因使用本报告不当而产生的任何后果与签署本报告书的鉴定评估人员无关；

（4）本鉴定评估机构承诺，未经委托方许可，不将本报告的内容向他人提供或公开，否则本鉴定评估机构将承担相应法律责任。

附件：

一、二手车鉴定评估委托书

二、二手车技术状况鉴定作业表

三、车辆行驶证、机动车登记证书证复印件

四、被鉴定评估二手车照片（要求外观清晰，车辆牌照能够辨认）

二手车鉴定评估师（签字、盖章）　　　　复核人（签字、盖章）

　　　　　　　　　　　年　月　日　（二手车鉴定评估机构盖章）

　　　　　　　　　　　　　　　　　　　　年　月　日

[1] 特别事项是指在已确定鉴定评估结果的前提下，鉴定评估人员认为需要说明在鉴定过程中已发现可能影响鉴定评估结论，但非鉴定评估人员执业水平和能力所能鉴定评定估算的有关事项以及其他问题。

[2] 复核人是指具有高级二手车鉴定评估师资格的人员。

备注：①本报告书和作业表一式三份，委托方二份，受托方一份；

②鉴定评估基准日即为《二手车鉴定评估委托书》签订的日期。

附件三：二手车技术状况表（示范文本）

车辆基本信息	厂牌型号			牌照号码	
	发动机号			VIN 码	
	初次登记日期	年 月 日		表征里程	万公里
	品牌名称		□国产 □进口	车身颜色	
	年检证明	□有（至 年 月）□无		购置税证书	□有 □无
	车船税证明	□有（至 年 月）□无		交强险	□有（至 年 月）□无
	使用性质	□营运用车 □出租车 □公务用车 □家庭用车 □其它			
	其他法定凭证、证明	□机动车号牌 □机动车行驶证 □机动车登记证书 □第三者强制保险单 □其它			
	车主名称/姓名			企业法人证书代码/身份证号码	
重要配置	燃料标号		排量	缸数	
	发动机功率		排放标准	变速器形式	
	气囊		驱动方式	ABS	□有 □无
	其他重要配置				
是否为事故车	□是 □否	损伤位置及损伤状况			
鉴定结果	分值			技术状况等级	
车辆技术状况鉴定缺陷描述	鉴定科目	鉴定结果（得分）	缺陷描述		
	车身检查				
	发动机检查				
	车内检查				
	启动检查				
	路试检查				
	底盘检查				

二手车鉴定评估师：_____ 　　鉴定单位：（盖章）

鉴定日期： 年 月 日

声明： 本二手车技术状况表所体现的鉴定结果仅为鉴定日期当日被鉴定车辆的技术状况表现与描述，若在当日内被鉴定车辆的市场价值或因交通事故等原因导致车辆的价值发生变化，对车辆鉴定结果产生明显影响时，本技术状况鉴定说明书不作为参考依据。

说明： 本二手车技术状况表由二手车经销企业、拍卖企业、经纪企业使用，作为二手车交易合同的附件。车辆展卖期间，放置在驾驶室前风挡玻璃左下方，供消费者参阅。

附件四：二手车鉴定评估作业表（示范文本）

评估单位名称（盖章）：

流水号：

厂牌型号			鉴定评估日	年 月 日		
牌照号码			行驶证/仪表			km
VIN码			里程鉴定			km
发动机号			车身颜色			
企业法人证 书代码/身 份证号码			车主姓名/ 名称			
年检证明	□有（至 年 月） □无		使用性质	□营运 □出租车 □公务用 □家庭用 □其他		
交强险	□有（至 年 月） □无					
车船使用税 购置税完证书	□有 □无					
其他法定证、证明	□号牌 □行驶证 □登记证书 □保险单					
是否为事故车	□是 □否		损伤部位及损伤状况			

车辆功能性零部件一览表

器试检查			车辆功能性零部件一览表	
车内是否无水格桃板	是 否		中央锁止	
发动机运转、加速是否正常	是 否		备胎	
车内是否有机械踏板、保持（一10秒钟、踏板无向下移动的现象	是 否		千斤顶	
制动踏板达到最大制动效能后全行程的45以内	是 否		三角警示牌	
行车制动系统最大制动位是否正常	是 否		轮胎拆卸工具	
法刹	是 否		灭火器	
行驶是否无跑偏	是 否		全套钥匙	
变速箱工作是否正常	是 否		遥控器及功能	
行驶过程中车辆底盘液压是否正常	是 否		喇叭、高低音色	
合计扣分			玻璃维修及加热	
			各门下膨止	
发动机舱盖开启	是 否		发动机盖液压支架	
车内顶、后备箱等	是 否			
变速箱油底壳是否无滲漏	是 否		前各雨刮器	
转向节是螺栓销是否无自动	是 否		后视镜胶条	
传动轴护套是否完好	是 否		排气及消音器	
三角摆架上下铰是否无松旷	是 否		车轮后胶胶	
空档条件下踢出车身下降斯时	是 否		车轮颜色	
加压发动机、发动机声过度及噪音	是 否		暖调加热功能	
车辆是否无异常	是 否		仪表及出风管道	
其他	只描述缺陷，不扣分			只描述缺陷，不扣分
合计扣分			合计扣分	

车体骨架鉴定项目

代字字母	BX	GH	NQ	SH	ZZ	缺陷
鉴定描述	变形	更换	切割	松旷	褶皱	
整车判定					正密车	

车体骨架鉴定项目	左右对称性
左A柱	左前纵梁
左B柱	右前纵梁
左C柱	左减震器悬挂部位
右A柱	右减震器悬挂部位
右B柱	左后减震器悬挂部位
右C柱	右后减震器悬挂部位

1 面板左右对称性
2 左A柱
3 左B柱
4 左C柱
5 右C柱
6 右B柱
7 右A柱
8 左机架
9 右机架
10 左减震器悬挂部位
11 右减震器悬挂部位
12 左后减震器悬挂部位
13 右后减震器悬挂部位

车身检查

车身检查	状态描述			程度			扣分
			无	轻微	严重		
发动机舱盖表面	划痕 HH						
左前翼子板	变形 BX						
右前翼子板	锈蚀 XS						
左后翼子板	裂纹 LW						
右后翼子板	凹陷 AX						
左前门	修复程度 XF						
右前门	缺陷程度						
左后门	1—面积小于或等于（时间少于5秒或一次划以） 100mm×100mm						
右后门	2—面积大于100mm× 100mm并小于或等于 200mm×300mm						
行李箱盖	3—面积大于200mm× 300mm						
左前轮	4—轮胎花纹浅沟小于 1.6mm						
右前轮							
左后轮							
右后轮							
前保险杠							
后保险杠							
前后挡风玻璃							
左右后视镜							
其他项目	缺陷描述						只描述缺陷，不扣分
合计扣分							

总得分
技术等级
估价方法
参考价格
评估师（盖章）
申核人（盖章）
二手车鉴定评估结论

参考文献

[1] 赵培全,蔡云. 汽车评估学. 北京:中国水利水电出版社,2015.
[2] 国家国内贸易局. 旧机动车鉴定评估. 北京:人民交通出版社,2000.
[3] 王永盛. 汽车评估. 北京:机械工业出版社,2009.
[4] 刘仲国,鲁值雄. 旧机动车鉴定与评估. 北京:人民交通出版社,2006.
[5] 李江天,明平顺. 旧机动车鉴定估价. 北京:人民交通出版社,2006.
[6] 毛矛,张鹏九. 汽车评估实务. 北京:机械工业出版社,2008.
[7] 王若平,葛如海. 汽车评估师. 北京:北京理工大学出版社,2005.
[8] 陈永革. 二手车贸易. 北京:机械工业出版社,2006.
[9] 庞昌乐. 二手车评估与交易实务. 北京:北京理工大学出版社,2007.
[10] 杜建. 汽车评估. 北京:人民交通出版社,2008.
[11] 高群钦. 二手车鉴定与评估一点通. 北京:国防工业出版社,2006.
[12] 上海市国有资产监督管理委员会. 资产评估与管理. 上海:上海财经大学出版社,2006.
[13] 全国注册资产评估师考试用书编写组. 资产评估. 北京:经济科学出版社,2007.